Kohlhammer

Die Autorin

Dr. Christine Preißmann ist Ärztin, Psychotherapeutin in eigener Praxis mit Schwerpunkt Autismus und selbst Autistin, hält Vorträge und schreibt Bücher für Betroffene, Angehörige und Fachleute.

Christine Preißmann

Autismus und Gesundheit

2., aktualisierte Auflage

Verlag W. Kohlhammer

Dieses Werk einschließlich aller seiner Teile ist urheberrechtlich geschützt. Jede Verwendung außerhalb der engen Grenzen des Urheberrechts ist ohne Zustimmung des Verlags unzulässig und strafbar. Das gilt insbesondere für Vervielfältigungen, Übersetzungen, Mikroverfilmungen und für die Einspeicherung und Verarbeitung in elektronischen Systemen.

Pharmakologische Daten, d. h. u. a. Angaben von Medikamenten, ihren Dosierungen und Applikationen, verändern sich fortlaufend durch klinische Erfahrung, pharmakologische Forschung und Änderung von Produktionsverfahren. Verlag und Autoren haben große Sorgfalt darauf gelegt, dass alle in diesem Buch gemachten Angaben dem derzeitigen Wissensstand entsprechen. Da jedoch die Medizin als Wissenschaft ständig im Fluss ist, da menschliche Irrtümer und Druckfehler nie völlig auszuschließen sind, können Verlag und Autoren hierfür jedoch keine Gewähr und Haftung übernehmen. Jeder Benutzer ist daher dringend angehalten, die gemachten Angaben, insbesondere in Hinsicht auf Arzneimittelnamen, enthaltene Wirkstoffe, spezifische Anwendungsbereiche und Dosierungen anhand des Medikamentenbeipackzettels und der entsprechenden Fachinformationen zu überprüfen und in eigener Verantwortung im Bereich der Patientenversorgung zu handeln. Aufgrund der Auswahl häufig angewendeter Arzneimittel besteht kein Anspruch auf Vollständigkeit.

Die Wiedergabe von Warenbezeichnungen, Handelsnamen und sonstigen Kennzeichen in diesem Buch berechtigt nicht zu der Annahme, dass diese von jedermann frei benutzt werden dürfen. Vielmehr kann es sich auch dann um eingetragene Warenzeichen oder sonstige geschützte Kennzeichen handeln, wenn sie nicht eigens als solche gekennzeichnet sind.

Es konnten nicht alle Rechtsinhaber von Abbildungen ermittelt werden. Sollte dem Verlag gegenüber der Nachweis der Rechtsinhaberschaft geführt werden, wird das branchenübliche Honorar nachträglich gezahlt.

Dieses Werk enthält Hinweise/Links zu externen Websites Dritter, auf deren Inhalt der Verlag keinen Einfluss hat und die der Haftung der jeweiligen Seitenanbieter oder -betreiber unterliegen. Zum Zeitpunkt der Verlinkung wurden die externen Websites auf mögliche Rechtsverstöße überprüft und dabei keine Rechtsverletzung festgestellt. Ohne konkrete Hinweise auf eine solche Rechtsverletzung ist eine permanente inhaltliche Kontrolle der verlinkten Seiten nicht zumutbar. Sollten jedoch Rechtsverletzungen bekannt werden, werden die betroffenen externen Links soweit möglich unverzüglich entfernt.

2., aktualisierte Auflage 2024

Alle Rechte vorbehalten
© W. Kohlhammer GmbH, Stuttgart
Gesamtherstellung: W. Kohlhammer GmbH, Stuttgart

Print:
ISBN 978-3-17-043084-6

E-Book-Formate:
pdf: ISBN 978-3-17-043085-3
epub: ISBN 978-3-17-043086-0

Inhalt

Vorwort und Einleitung: Autismus und Gesundheit **11**
    Menschen mit Autismus und das Recht auf Gesundheit 12
    Gesundheit und Krankheit bei Menschen mit Autismus 12
    Zu diesem Buch 12

Vorsorge und Gesundheitsförderung **15**
    Psychoedukation 15
        Was ist Autismus und welche Formen gibt es? 17
        Häufigkeit und Ursachen 18
        Diagnostik 19
        Möglichkeiten der Behandlung und Unterstützung 20
        Verlauf 20
    Hygiene 21
        Körperhygiene 22
        Geschlechtsspezifische Hygiene 23
        Hygiene im Alltag 24
    Gesunde Lebensführung und Sport 25
        Ernährung und Körpergewicht – Problematik 25
        Gesunde Ernährung – mögliche Hilfen 27
        Gesunde Ernährung – allgemeine Empfehlungen 29
        Sport – Problematik 29
        Motorische Auffälligkeiten 31
        Sport und Bewegung – mögliche Hilfen 32
        Bewegung im Alltag 33
    Sexualität 34
        Sexualberatung 35
        Ich als Frau / Ich als Mann 37
        Masturbation 37
        Liebe und Partnerschaft 38
        Sexualkontakte 39
        Empfängnisverhütung, »Safer Sex« etc. 42
        Kinderwunsch und Elternschaft 42
        Sexueller Missbrauch 44
    Wahrnehmungsbesonderheiten 45
        Sinneswahrnehmung 45
        Reizüberflutung 47

Allgemeine Maßnahmen bei Reizüberflutung 48
Therapeutische Maßnahmen bei Reizüberflutung 49
Körperwahrnehmung 51
Detailwahrnehmung 52
Stress und Entspannung 53
Ursachen und Folgen von chronischem Stress 53
Stress bei Menschen mit Autismus 54
Sozialkontakte 55
Einsamkeit 57
Entspannung – allgemeine Maßnahmen 58
Entspannungsverfahren 59
Medizinische Vorsorgemaßnahmen 60
Impfungen 60
Früherkennungsuntersuchungen 62
Arbeitsmedizinische Aspekte 63
Resilienz und die Rolle der Angehörigen 64
Resilienz 64
Menschen mit Autismus und Resilienz 66
Die Situation der Eltern 69
Was können betroffene Eltern für sich tun? 70
Wie sollte das Umfeld reagieren? 71

Ambulante und stationäre medizinische Versorgung **74**
Diagnostik einer Autismus-Spektrum-Störung 74
Ansprechpartner für eine Diagnose 76
Differenzialdiagnosen 77
Checkliste: mögliche Auffälligkeiten bei Erwachsenen 80
Was folgt nun? – Vorgehen nach der Diagnose 80
Spezialisierte (fachärztliche) Betreuung 82
Kontinuierliche Begleitung 82
Transition 82
Fachärztliche Versorgung in Krisen 84
Medikamentöse Behandlung 86
Allgemeinärztliche/zahnärztliche Behandlung 88
Besonderheiten der Arzt-Patienten-Beziehung 89
Probleme durch autismusspezifische Besonderheiten 90
Probleme bei der Terminvereinbarung und dem Aufsuchen
der Praxis 91
Probleme bei Wartezeit vor Ort 92
Probleme bei der körperlichen Untersuchung 92
Probleme bei Kommunikation und Interaktion 92
Zusätzliche Probleme beim Zahnarztbesuch 93
Probleme auf Seiten des medizinischen Personals 94
Maßnahmen, um den Arztbesuch für Menschen mit
Autismus zu erleichtern 95

      Vorbereitung des Arztbesuchs und Maßnahmen bei
      Wartezeit in der Praxis 96
      Untersuchungssituation, Kommunikation und Interaktion .. 97
      Individuelle Maßnahmen 98
      Lösungsansätze für Zahnarztbesuche 101
      Selbstverständlichkeiten? 105
  Psychotherapie/Autismusspezifische Therapie 105
      Versorgungssituation und Anlaufstellen 106
      Methoden 108
      Wichtige Themenbereiche in der Therapie 111
      Was müssen Therapeuten sonst noch beachten? 112
      Möglichkeiten und Grenzen der Therapie 114
  Ergotherapie 115
      Allgemeines 115
      Hilfe bei Wahrnehmungsbesonderheiten 117
      Hilfe bei der Alltagsbewältigung 118
  Selbsthilfe und weitere Maßnahmen 119
      Selbsthilfe – Ziele und Besonderheiten 120
      Selbsthilfe – mögliche Hürden und Maßnahmen 120
      Selbsthilfe – häufige Themenbereiche 121
      Sonstige therapeutische Konzepte 122
      Weitere Maßnahmen 123
  Krankenhausbehandlung 123
      Häufige Schwierigkeiten 123
      Mögliche Hilfen 125
      Psychiatrische/Psychotherapeutische Kliniken 127

Häufige Begleiterkrankungen: Körperliche Erkrankungen **128**
  Epilepsie 128
  Sonstige körperliche Erkrankungen 129

Häufige Begleiterkrankungen: Psychische Erkrankungen **131**
  Intelligenzminderung 132
  Depressionen 133
      Depressionen – Allgemeines 133
      Depressionen bei Menschen mit Autismus 135
      Möglichkeiten zur Vorbeugung 138
  Ängste und Angsterkrankungen 139
      Angsterkrankungen – Allgemeines 139
      Formen von Angsterkrankungen 141
      Angst bei Menschen mit Autismus 142
  Zwänge, Zwangsstörungen, zwanghaftes Verhalten 143
      Zwangsstörungen – Allgemeines 143
      Zwangsphänomene bei Menschen mit Autismus 144
  Psychosen 145
      Psychosen – Allgemeines 145

Psychosen bei Menschen mit Autismus 145
Schlafstörungen 146
 Schlafstörungen – Allgemeines 146
 Schlafstörungen bei Menschen mit Autismus 147
 Ursachen und Behandlung 147
Essstörungen 149
 Essstörungen – Allgemeines 149
 Essstörungen bei Menschen mit Autismus 150
Reaktionen auf schwere Belastungen/Anpassungsstörungen 150
 Belastungsreaktionen – Allgemeines 150
 Belastungsreaktionen bei Menschen mit Autismus 151
Sucht-/Abhängigkeitserkrankungen 152
 Stoffgebundene Sucht 152
 Nicht-stoffgebundene Sucht 153
Tic-Störungen 153
 Tics – Allgemeines 153
 Tics oder typisch autistische Verhaltensweisen? 154
Aufmerksamkeitsdefizit-Hyperaktivitätssyndrom 155
 AD(H)S – Allgemeines 155
 Symptomatik 155
 Bewertung und Behandlung 156

Mögliche Ursachen für psychische Komorbidität: schwierige Lebenssituationen und Krisen **158**
Übergang Schule – Beruf 159
 Die Bewerbung begleiten 159
 Individuelle Stärken nutzen 160
 Besonderheiten beim Lernen 161
 Schwierigkeiten im Arbeitsalltag 162
 Hilfen im Arbeitsalltag 163
 Arbeit und Beruf – Möglichkeiten 163
Mobbing und Aggression 165
 Mobbing von Menschen mit Autismus 165
 Fremdaggressives und selbstverletzendes Verhalten 167
Pubertät 169
Verlassen des Elternhauses und Wohnortwechsel 170
Älterwerden mit Autismus 174
 Soziale Kontakte 175
 Versorgung auf unterschiedlichen Gebieten 176
 Emotionale Aspekte 178
 Trauer, Tod und Sterben 179
Wechsel der Bezugspersonen 180

Barrierefreiheit im Alltag für Menschen mit Autismus **182**
 Wahrnehmung 183
 Kontakt und Kommunikation 183

Kindheit und Schule	184
Studium	185
Arbeit und Beruf	186
Wohnen	187
Öffentliche Einrichtungen, Gesellschaft und Mobilität	188

Gesundheitspolitische Aspekte und Ausblick **190**
    Maßnahmen seitens der Gesundheitspolitik 190
    Maßnahmen durch die Autismusverbände 192
    Maßnahmen seitens der betroffenen Menschen 192
    Anderssein als Chance 193
    Allgemeines 193

Literatur **195**

Vorwort und Einleitung: Autismus und Gesundheit

Im Jahre 1948 wurde mit der Allgemeinen Erklärung der Menschenrechte auch das Recht auf Gesundheit proklamiert. Es lautet vollständig: »Das Recht eines jeden auf das für ihn erreichbare Höchstmaß an körperlicher und geistiger Gesundheit«. Zentral geht es dabei darum, jedem Menschen einen diskriminierungsfreien Zugang zum Gesundheitssystem rechtlich zu gewährleisten, um ein Leben in Würde zu führen.

Das Recht auf Gesundheit ist also ein universelles Menschenrecht. Es gilt für alle Menschen, auch für alle Menschen mit Behinderungen, und schließt »das Recht ein, über die eigene Gesundheit und den Körper zu bestimmen, einschließlich der sexuellen und reproduktiven Freiheit, das Recht, frei von Eingriffen zu sein, und das Recht, nicht misshandelt, nicht medizinischer Behandlung oder medizinischen Versuchen ohne Einwilligung unterzogen zu werden« (Bielefeldt 2016, 34).

Die Weltgesundheitsorganisation definiert Gesundheit als einen »Zustand des vollständigen körperlichen, geistigen und sozialen Wohlergehens und nicht nur als das Fehlen von Krankheit und Gebrechen« (World Health Organization 2009, 100). Gesundheit wird hier als ein die gesamte Lebenswelt, also auch die Umwelt und das soziale Umfeld, einbeziehendes Wohlergehen beschrieben. Notwendig dafür ist u. a. die Schaffung gesundheitsförderlicher Lebenswelten, beispielsweise durch die gesundheitsbewusste Gestaltung der Arbeits- und Freizeitbedingungen. Kein Mensch darf in seiner Gesundheit beeinträchtigt werden, etwa durch Mangelernährung, nicht angemessene Kleidung, schimmelige Wohnungen oder krankmachende Arbeitsbedingungen, die Menschen auch bei guter Konstitution erkranken lassen. Außerdem müssen die Voraussetzungen dafür geschaffen werden, allen Menschen Zugang zu einer angemessenen Gesundheitsversorgung zu gewährleisten und es ihnen zu ermöglichen, in eigenverantwortlicher Selbstbestimmung gesund zu leben. Dazu gehören auch gesundheitsbezogene Ausbildung und Information einschließlich der Aufklärung über Sexualgesundheit und reproduktive Gesundheit (Krennerich 2016).

Es besteht zudem der Anspruch auf ein offenes und unterstützendes soziales Umfeld, durch das Autonomie überhaupt erst realisiert werden kann, denn im Falle von Krankheit, schwerer Behinderung, Demenz und hohem Alter benötigen Menschen unter Umständen weitreichende Unterstützungsleistungen, um überhaupt selbstbestimmt leben (oder auch nur selbstbestimmt entscheiden) zu können (vgl. Aichele 2013). Autonomie ist also Aufgabe und Vorgabe zugleich.

Gesundheitsfürsorge und ärztliche Betreuung müssen für jeden Menschen verfügbar, offen zugänglich, annehmbar und von angemessener Qualität sein.

Menschen mit Autismus und das Recht auf Gesundheit

Was bedeuten nun diese Vorgaben für autistische Menschen?

Deutlich wird zum einen, dass es notwendig ist, auch die Lebensbedingungen in den unterschiedlichsten Lebensbereichen wie Arbeit, Wohnen und Umwelt einzubeziehen, wenn man von »Gesundheit« spricht. Ganz bewusst geschieht dies auch in diesem Buch.

Und natürlich merkt man sehr deutlich, dass das Recht auf Gesundheit noch längst nicht für alle Menschen so umgesetzt ist, wie es auf dem Papier steht. Insbesondere der Zugang zu den Einrichtungen des Gesundheitswesens ist für Menschen mit Autismus in vielen Fällen noch immer ungenügend. Bedingt durch nur geringe Kenntnisse über Autismus-Spektrum-Störungen und das knappe Zeitbudget, das im Gesundheitswesen zur Verfügung steht, erhalten viele Betroffene keine ausreichende medizinische Versorgung und nur wenige gesundheitsrelevante Informationen oder müssen unter gesundheitlich ungünstigen Bedingungen leben.

Notwendig sind also mehrere unterschiedliche Ansätze fachlich-therapeutischer, gesellschaftlicher wie gesundheitspolitischer Veränderungen, um das Menschenrecht auf Gesundheit auch für diesen Personenkreis sicherzustellen.

Gesundheit und Krankheit bei Menschen mit Autismus

Wenn autistische Menschen krank werden, kann sich das Erscheinungsbild der Erkrankung ebenso wie deren Verlauf anders darstellen als bei anderen Menschen. Auch sind die Untersuchungsbedingungen durch Besonderheiten in der Wahrnehmung und in anderen Bereichen erschwert. Die möglichen Folgen sind dann: Die Krankheit bleibt lange unbemerkt, wird falsch eingeschätzt und ineffektiv oder gar nicht behandelt.

Das ärztliche Bemühen bei Menschen mit Autismus setzt Einfühlungsvermögen, Beharrlichkeit, die Bereitschaft zu flexiblen und individuellen Lösungen sowie meist einen größeren Zeitaufwand voraus und ist daher mitunter kostenintensiver.

Bei der Umsetzung der Gesundheitssicherung müssen deshalb häufig schwierige ethische und moralische Entscheidungen getroffen werden. In einer Zeit beschränkter Ressourcen (sowohl finanzieller Art als auch im Hinblick auf die Verfügbarkeit medizinischer Fachkräfte) ist es immer wieder notwendig, zwischen verschiedenen Investitionen abzuwägen. Dies muss jedoch stets in dem Bewusstsein geschehen, dass solche Entscheidungen gerade im Gesundheitswesen für den einzelnen Menschen sehr weitreichende Folgen hinsichtlich Lebenserwartung und Lebensqualität haben können.

Zu diesem Buch

Was erwartet Menschen mit Autismus, wenn sie zusätzlich zu ihrem Grundproblem medizinische Hilfe brauchen? Die Erfahrung zeigt leider, dass es dann zahlreiche Schwierigkeiten gibt, sodass viele Betroffene gar keinen Zugang zum Gesundheitssystem haben. Und das betrifft die ambulante ärztliche Versorgung im akuten Krankheitsfall, bei psychischen wie körperlichen Problemen, genauso wie Vorsorgemaßnahmen, also Informationen zu Gesundheit und Hygiene, Impfungen, Früherkennungsuntersuchungen und schließlich auch Klinikbehandlungen sowie die Unterstützung im akuten Krisenfall.

Inzwischen wird die Häufigkeit autistischer Störungen mit etwa 1 % angegeben, dies ist durchaus eine relevante Größe. Daher ist es sehr wichtig, auch diesen Menschen die Teilhabe im Alltag und eben auch im Hinblick auf die adäquate Gesundheitsversorgung zu ermöglichen. Manchmal sind dafür schon einige wenige Hilfen ausreichend, wenn man um die Problematik weiß.

Da ich selbst Ärztin und Autistin bin, ist mir das alles natürlich sehr wichtig. Deshalb möchte ich im vorliegenden Band Anregungen bieten, wie auch dieser Bereich für Menschen mit Autismus wie auch für alle Mitarbeiter im Gesundheitswesen zufriedenstellend gelöst werden kann – wissend, dass dies tatsächlich nur Vorschläge sein können und für den jeweiligen Einzelfall stets ganz individuelle Maßnahmen nötig sind. Dass der Bedarf groß ist, verdeutlichen die zahlreichen Anfragen in dieser Hinsicht, die ich jeden Tag erhalte. Dahinter verbergen sich Schicksale, die mich betroffen machen, vor allem aber verbirgt sich dahinter sehr viel Leid für alle Beteiligten, für Menschen mit Autismus ebenso wie für ihr gesamtes Umfeld.

Ich bedanke mich bei den Mitarbeitern des Kohlhammer-Verlags, die sofort bereit waren, dieses Buchprojekt mit mir zu realisieren. Besonderen Dank an Frau Kathrin Kastl sowie Frau Annika Grupp für das schnelle Lektorat und die Begleitung im Herstellungsprozess. Und vielen Dank auch an die Co-Autoren, die durch ihre zahlreichen persönlichen Beispiele die Bedeutung des Themas verdeutlichen.

Nicht zuletzt danke ich auch diesmal sehr herzlich den Menschen, die mich in medizinischer und therapeutischer Hinsicht seit vielen Jahren begleiten und unterstützen und es mir so ermöglichen, im Großen und Ganzen ein glückliches und gesundes Leben zu führen und Tätigkeiten auszuüben, die mir Spaß machen und mich erfüllen:

- Frau E. Sauerwein, Diplom-Psychologin und Psychotherapeutin
- Frau M. Miller, Ergotherapeutin
- Frau Dr. med. B. Liesau-Pflum.

Vorsorge und Gesundheitsförderung

Der Ansatz der Gesundheitsförderung ist weniger auf Krankheiten als auf die Stärkung der Gesundheit gerichtet. Die zentrale Frage lautet also, was den Menschen gesund hält. Durch gezielte Veränderungen von Arbeits-, Umwelt- und Lebensbedingungen sowie des individuellen Verhaltens sollen bessere Bedingungen für ein gesundes Leben geschaffen werden (vgl. Hurrelmann et al. 2014).

Die aktive Beteiligung des jeweiligen Menschen ist dabei unverzichtbar. Das gilt auch für Menschen mit Autismus, die ganz gezielt dazu befähigt und dabei angeleitet werden müssen – mit dem Ziel, in den verschiedenen Lebensphasen gut mit der eigenen Situation umgehen zu können. Gefordert sind dafür neben den Bezugspersonen von Menschen mit Autismus deren Therapeuten und Begleiter, aber auch Erzieher und Pädagogen, denn das Wissen, die Einstellungen und Verhaltensweisen im Umgang mit Gesundheit und Krankheit werden bereits im frühen Kindesalter erworben.

Menschen mit Autismus haben einen geringeren Zugang zu Vorsorgeaktionen und Maßnahmen der Gesundheitsförderung, erhalten nicht ausreichend Anleitung dabei, auf ihre Gesundheit zu achten (Nicolaidis et al. 2013) und sind daher häufiger als andere Menschen aufgrund von plötzlichen Befindlichkeitsstörungen oder auch ernsten Erkrankungen in Notaufnahmen der Krankenhäuser zu finden (Nicolaidis 2012). Dort aber ist man so gar nicht auf ihre Bedürfnisse eingerichtet, außerdem sind die Ausgaben für das Gesundheitswesen im Erwachsenenalter ein ganz wesentlicher Grund für die hohen Kosten, die Menschen mit Autismus im Laufe ihres Lebens für die Sozialsysteme verursachen (Buescher et al. 2014). Vorsorgemaßnahmen und Anleitung zu gesundheitsförderndem Verhalten sind daher ganz wesentlich und werden auch künftig immer wichtiger werden.

Psychoedukation

Psychoedukation ist keineswegs nur reine Informationsvermittlung im Hinblick auf Ursachen, Therapie und Verlauf, sondern sie ist im optimalen Fall eingebettet in ein Schulungsprogramm, das Handlungskompetenzen und motivationale Faktoren einbezieht (Faller et al. 2011) und Selbstmanagementfertigkeiten fördert, um die diagnostischen und therapeutischen Erfordernisse eigenständig umzusetzen und den Alltag mit Autismus zu meistern (u. a. Szczepanski 2009). Auch emotionale Probleme im Zusammenhang mit der autistischen Beeinträchtigung werden dabei aufgegriffen und Hilfen zur Bewältigung gegeben. Solche am Selbstmanagement orientierten Schulungen führen nachweislich zur Verbesserung der somatischen, psychosozialen und gesundheitsökonomischen Parameter (u. a. Esser et al. 2008). Die Gruppe ist dabei häufig ein wesentlicher Wirkfaktor, da sich die Teilnehmer gegenseitig als Modell nutzen und emotional stützen können. Dies gilt insbesondere für Jugendliche und junge Erwachsene, die sich bei der Bildung von Einstellungen sehr stark an Gleichaltrigen orientieren.

Das Ziel besteht darin, den betroffenen Menschen zum Experten für seine eigene Situation zu machen und ihn zu eigenverantwortlichen Maßnahmen zu motivieren. Generell hat man seit einigen Jahren die Patientenkompetenz als das neue Credo entdeckt, wenn es um den gelingenden Umgang mit einer chronischen Erkrankung oder einer schweren Lebenssituation geht. Der aufgeklärte und informierte Patient, so die Vorstellung, stellt sich den Herausforderungen, nutzt eigene und auch fremde Ressourcen, achtet auf seine persönlichen Bedürfnisse und verfolgt seine Ziele. Er tritt aus der Rolle des passiven Opfers heraus und behält das Heft des Handelns in der eigenen Hand.

Sehr sinnvoll ist es deshalb, auch Menschen mit Autismus detaillierte Informationen zu geben über die eigenen Besonderheiten, Schwierigkeiten wie auch Ressourcen, darüber, was den Autismus ausmacht und wie man gut damit umgehen kann. Dies steht meist am Beginn einer therapeutischen Maßnahme, ist aber auch im Sinne der Prävention wichtig, um einige ungünstige Verhaltensweisen oder falsche Vorstellungen korrigieren zu können.

Die Voraussetzungen sind oft ganz unterschiedlich: Die Autismus-Diagnose erst im Jugend- oder gar Erwachsenenalter ist noch immer keine Seltenheit. Manche Betroffene leiden bereits seit der Kindheit unter ihren Schwierigkeiten, die sie jahrelang nicht einordnen konnten und die erst allmählich, manchmal durch eigene Recherchen im Internet, nun einen Sinn ergeben. Oft sind sie sehr gut informiert, aber eine selbstinitiierte Recherche birgt natürlich immer auch die Gefahr von Fehlinformationen. Andere Betroffene haben nur geringe oder gar keine Informationen, da sie gerade erst ihre Diagnose erhalten haben, und bei denen, die schon vor vielen Jahren diagnostiziert wurden, ist oft ein veraltetes Wissen vorhanden.

Es ist also wichtig, den betroffenen Menschen auf den aktuellen Kenntnisstand zu bringen, daher sollte man

- Informationen geben über den Autismus allgemein, die Abgrenzung der einzelnen Formen, Ursachen, Diagnosekriterien und Möglichkeiten der Behandlung und Unterstützung,
- die eigenen Ressourcen wie Schwierigkeiten benennen und Möglichkeiten erörtern, wie man die Probleme angehen und die Stärken gezielt nutzen kann,
- den Betroffenen dabei unterstützen, sich mit all seinen Eigenschaften akzeptieren zu lernen,

- Hilfe anbieten, um sich selbst gut kennenzulernen und die Wirkung des eigenen Auftretens auf andere einschätzen zu lernen,
- überlegen, ob eine Psychoedukation einzeln oder in der Gruppe erfolgen sollte und ob sie auch für die Angehörigen des betroffenen Menschen angeboten werden kann, um das Verständnis für die spezifischen Auffälligkeiten und Verhaltensweisen zu verbessern.

Was ist Autismus und welche Formen gibt es?

Autistische Störungen werden je nach Beginn und Symptomatik unterteilt in

- Asperger-Syndrom,
- Frühkindlicher Autismus,
- Atypischer Autismus.

Zukünftig wird diese Unterscheidung in den neuen Klassifikationssystemen entfallen, dann wird man lediglich von »Autismus-Spektrum-Störungen« sprechen. Die nicht selten verwendete Formulierung »autistische Züge« sollte allenfalls dann ihre Berechtigung haben, wenn zusätzliche Beeinträchtigungen im Sinne einer autistischen Symptomatik bei vorbestehenden anderen Formen der Behinderung verdeutlicht werden sollen.

Allen Autismus-Spektrum-Störungen gemeinsam sind (vgl. Dilling & Freyberger 2010)

- Beeinträchtigungen in der sozialen Interaktion (Schwierigkeiten mit Mimik, Gestik, Blickkontakt zur Regulation sozialer Interaktionen; Schwierigkeiten, Beziehungen zu Gleichaltrigen aufzunehmen mit gemeinsamen Interessen, Aktivitäten und Gefühlen; Mangel, spontan Freude, Interessen oder Tätigkeiten mit anderen Menschen zu teilen etc.),
- Beeinträchtigungen in der Kommunikation (verspätete oder vollkommen fehlende Sprachentwicklung; Schwierigkeiten, einen sprachlichen Kontakt zu beginnen und aufrechtzuerhalten; stereotype und repetitive Verwendung der Sprache; Mangel an »So-tun-als-ob«-Spielen oder sozialen Imitationsspielen etc.),
- eingeschränkte und stereotype Verhaltensmuster, Interessen und Aktivitäten (manchmal zwanghaft anmutende Beschäftigung mit stereotypen und begrenzten Interessen, die in Inhalt und Schwerpunkt ungewöhnlich sind, z.B. Zugfahrpläne, Geografie, technische Artikel; motorische Manierismen mit Hand- und Fingerbewegungen oder komplexen Bewegungen des ganzen Körpers; hauptsächliche Beschäftigung mit Teilobjekten oder nicht-funktionalen Elementen des Spielmaterials wie Geruch oder Oberflächenbeschaffenheit etc.).

Weitere häufige Auffälligkeiten sind z. B.

- motorische Ungeschicklichkeit (insbesondere beim Asperger-Syndrom),
- isolierte spezielle Fertigkeiten,
- Bedürfnis nach Gleicherhaltung der Umwelt; große Probleme mit Veränderungen und allem Unerwarteten,
- Bedürfnis nach strikten Routinen, täglich wiederkehrenden Ritualen und Struktur (eingespielte, immer gleiche Tätigkeitsabläufe oder bestimmte Speisen, Kleidung etc.),
- spezielle Wahrnehmung (Detailwahrnehmung; Überempfindlichkeiten hinsichtlich verschiedener Sinnesreize; Unempfindlichkeiten gegenüber Schmerz- und Temperaturwahrnehmung etc.).

Häufigkeit und Ursachen

Studien legen nahe, dass die Häufigkeit von Autismus-Spektrum-Störungen bei etwa 1% liegt, möglicherweise sogar noch darüber (Kim et al. 2011). Die deutliche Zunahme an Autismus-Diagnosen lässt sich nach Ansicht von Experten aber eher nicht durch eine Zunahme des Autismus als solchem erklären, sondern vielmehr durch die besseren Kenntnisse der Fachleute und vor allem durch die Tatsache, dass viele betroffene Menschen mit Asperger-Syndrom, also ohne geistige Behinderung, in der Vergangenheit häufig übersehen worden sind. Es ist also wichtig, auch die vermeintlich »milden« Verlaufsformen, die aber dennoch häufig Leid verursachen und einen Hilfebedarf zur Folge haben, korrekt zu erkennen, um eine effektive Unterstützung zu ermöglichen. Das Bewusstsein für den Autismus hat also zugenommen, vor allem eben auch das Wissen, dass bei einer entsprechenden Diagnose auch Hilfen möglich sind.

Gleichzeitig aber tragen vermutlich auch die sozialen Medien dazu bei, dass Menschen, die »anders« sind, heute mehr leiden als früher. In früheren Jahren waren sie, gerade auf dem Dorf, genauso Außenseiter, aber doch irgendwie akzeptiert. Heute aber werden sie oft im Netz an den »Pranger« gestellt, auffälliges Verhalten wird der Öffentlichkeit mitgeteilt, und dann steht es eben sehr schnell mal zehntausend gegen einen. Das kann oft zu völliger Verzweiflung führen – und natürlich zu Mobbing und Ausgrenzung,

Das männliche Geschlecht ist häufiger betroffen; frühere Angaben von 8:1 zu Lasten der Jungen scheinen jedoch zu hoch gegriffen. Die Dunkelziffer ist vor allem beim weiblichen Geschlecht sehr hoch, denn Mädchen sind in ihrem Verhalten oft ruhiger, wirken weniger »auffällig«, sodass man ihre Schwierigkeiten häufig nicht oder zumindest nicht auf Anhieb erkennen kann (Preißmann 2013c).

Der aktuelle Stand der Forschung zeigt (vgl. Gawronski et al. 2012), dass der Autismus aus dem Zusammenspiel mehrerer Faktoren resultiert, insbesondere genetische Faktoren spielen eine große Rolle. Man geht davon aus, dass mehrere Gene daran beteiligt sind, die exakten Gene konnte man jedoch noch nicht identifizieren. Sowohl einzelne Mutationen als auch eine Kombination aus mehreren Mutationen oder eine genetische Prädisposition in Verbindung mit dem Auftreten bestimmter

Umweltfaktoren (z. B. prä- und perinataler Stress, pränatale virale Infektionen wie Röteln-, Masern- oder Zytomegalieinfektion, Zinkmangel, mütterlicher Diabetes, Exposition gegenüber Toxinen wie Pestiziden, Barbituraten oder Antiepileptika) werden diskutiert (vgl. Christensen 2013). Daneben wurden in Untersuchungen strukturelle und funktionelle Gehirnveränderungen gefunden (u. a. schlechtere »Verschaltung« der einzelnen Hirnbereiche untereinander und als Folge eine verringerte Kommunikationsfähigkeit der einzelnen Hirnbereiche miteinander; veränderte Aktivierung der verschiedenen Areale bei unterschiedlichen Aufgabenstellungen etc.).

Weitere Untersuchungen werden hier künftig noch exaktere Ergebnisse bringen. Wichtig vor allem für die Bezugspersonen autistischer Menschen ist aber die Tatsache, dass der Autismus nicht durch etwaige Fehler bei der Erziehung ausgelöst wird. Und er hat auch nichts mit Unvermögen oder schlechtem Benehmen zu tun.

Diagnostik

Im Kindes- und Jugendalter ist die erste Anlaufstelle der Kinderarzt, der eine orientierende Einschätzung vornehmen kann. Der zweite Schritt besteht dann in einer Vorstellung bei einem spezialisierten Zentrum oder einem Kinder- und Jugendpsychiater mit dem Ziel, eine umfassende Diagnostik durchzuführen.

Die eigentliche Diagnosestellung ist ein zeitintensiver und differenzierter Prozess und erfolgt bei Kindern und Jugendlichen mittels ADI-R (Autism Diagnostic Interview-Revised) und ADOS-2 (Autism Diagnostic Observation Schedule). Ersteres ist ein standardisiertes, halbstrukturiertes, untersuchergeleitetes Interview (vgl. Bölte et al. 2006), das ADOS-2 als halbstandardisiertes Spielinterview mit dem Kind ergänzt die Befragung. Hier werden Situationen geschaffen, die normalerweise soziale Interaktionen hervorrufen (z. B. Geburtstagsfeier etc.). Je nach Alter und kognitiver sowie sprachlicher Entwicklung des Kindes können unterschiedliche Module angewandt werden (vgl. Rühl et al. 2004).

Bei Erwachsenen gibt es noch keine standardisierten Diagnoseinstrumente. Die entscheidenden Informationen kommen auch hier aus der Verhaltensbeobachtung bei der sozialen Interaktion (z. B. im Rahmen der Interviewsituation) sowie aus der Befragung der betroffenen Menschen und ihrer Bezugspersonen (Eltern, Geschwister, Freunde, Lehrer etc.). Dafür stehen z. B. AAA (Adult Asperger-Assessment) und AQ- bzw. EQ-Fragebögen (Fragebogen zur emotionalen Intelligenz) zur Verfügung. Insbesondere müssen die Auffälligkeiten aus der Kindheit erfragt werden. Speziell abgefragt werden Besonderheiten in Wahrnehmung, Aufmerksamkeit und Interessen, Kommunikation, Sprachverhalten und Sprachverständnis und vor allem im Sozialverhalten sowie das Bedürfnis nach geregelten, erwartungsgemäßen Abläufen und Routinen (vgl. Tebartz van Elst 2015).

Bei der Diagnosestellung sollten nicht nur die Auffälligkeiten, sondern auch die Auswirkungen der Besonderheiten des betroffenen Menschen im Alltagsleben (auch im Sinne von Leidensdruck und Teilhabeeinschränkung) berücksichtigt werden.

Möglichkeiten der Behandlung und Unterstützung

Da der Autismus nicht kausal behandelt werden kann, sind unterstützende therapeutische Verfahren wichtig. Angewandt werden in erster Linie

- Autismusspezifische Therapie,
- Psychotherapie,
- Ergotherapie.

Die Behandlung kann durchgeführt werden in einem Autismus-Therapie-Institut (Adressen unter www.autismus.de) oder in einer psychotherapeutischen bzw. ergotherapeutischen Praxis. Sie umfasst ganz unterschiedliche Elemente und wird auf Alter, kognitive und sprachliche Fähigkeiten des betroffenen Menschen abgestimmt. Wesentliche Ziele der Therapie sind dabei

- die Linderung der oft belastenden Symptomatik und die Behandlung von Begleiterkrankungen,
- die Förderung der sprachlichen Kommunikation, des Spielverhaltens und der Selbstständigkeit,
- die Förderung der sozialen Kompetenzen sowie der Flexibilität, um den Umgang mit anderen Menschen zu erleichtern,
- das Erlernen von Bewältigungsstrategien für die eigenen Schwierigkeiten,
- der angemessene Umgang mit den eigenen Besonderheiten und den ganz individuellen Stärken und Schwierigkeiten,
- die Unterstützung bei den alltäglichen Herausforderungen,
- die Hilfe bei den Bemühungen, eine berufliche Nische zu finden, bei der die eigenen Stärken voll zum Tragen kommen und die Schwierigkeiten nicht allzu sehr stören,
- die Hilfe bei den Bemühungen, ein für die eigene Person passendes, glückliches und zufriedenes Leben zu führen (vgl. Preißmann 2015a).

Ein weiterer wichtiger Ansatz ist die Selbsthilfearbeit, also der Austausch mit anderen autistischen Menschen in Gruppen, um sich gegenseitig zu unterstützen und zu befähigen, die eigenen Schwierigkeiten zu erkennen und soweit wie möglich zu überwinden oder, falls das nicht möglich ist, sich damit zumindest zu arrangieren.

Verlauf

Während noch bis vor wenigen Jahren Autismus-Spektrum-Störungen als typische Störungen des Kindesalters angesehen wurden, ist man sich heute ihrer Bedeutung im Erwachsenenalter bewusst. Das findet seinen Ausdruck u. a. in der Namensänderung des größten deutschen Selbsthilfeverbandes. 1970 wurde der Bundesverband unter dem Namen »Hilfe für das autistische Kind« von betroffenen Eltern gegründet, seit 2005 heißt er »autismus Deutschland e. V. – Bundesverband zur Förderung von Menschen mit Autismus«, um auch betroffenen Jugendlichen und Erwachsenen gerecht zu werden. Der Autismus wächst sich nämlich nicht aus, sondern besteht lebenslang, ist also kein Zustand, der nur das Kindes- und Jugendalter betrifft, sondern der auch die Unterstützung durch Einrichtungen der Erwachsenenpsychiatrie notwendig macht.

In den meisten Fällen kommt es aber über die Lebensspanne zu teils deutlichen Verbesserungen, auch noch jenseits der Jugendzeit, sodass sich die Symptomatik im Erwachsenenalter in einigen Punkten im Vergleich zu Kindheit und Jugend unterscheidet: »Viele der kognitiven Kompensationsstrategien aus Kindheit und Jugendalter sind nicht mehr anwendbar, und es entsteht oft ein Gefühl der Unzulänglichkeit und eines nicht zu überwindenden Andersseins (…). Insgesamt ist die Symptomatik im Erwachsenenalter also durch den chronischen Verlauf und die eigenen Kompensationsbemühungen geprägt« (Gawronski et al. 2012, 23). Auf den Gebieten der Kommunikation und der sozialen Interaktion werden meist bereits im Kindes- und Jugendalter Verbesserungen beobachtet, im späteren Jugend- und im Erwachsenenalter dagegen bleiben diese Schwierigkeiten eher konstant, während sich die sprachliche Kommunikation und die Stereotypien auch dann noch bessern (vgl. Duketis 2011). Betroffene Erwachsene stoßen vor allem dann an ihre Grenzen, wenn Flexibilität und Einfühlungsvermögen in komplexeren sozialen Situationen gefordert sind, z. B. am Arbeitsplatz oder im Hinblick auf Freundschaft bzw. Partnerschaft (vgl. Herpertz-Dahlmann et al. 2010). Es ist deshalb in jedem Lebensalter wichtig, eine effektive Unterstützung anzubieten.

Hygiene

Aufgrund von Wahrnehmungsbesonderheiten und anderen Auffälligkeiten gelingt es Menschen mit Autismus manchmal nicht ohne Unterstützung, die notwendigen Hygienemaßnahmen anzuwenden und auch zu erkennen, wie häufig diese durchgeführt werden müssen. So kommt es, dass manche von ihnen z. B. einen unangenehmen Körpergeruch verströmen, schlechte Zähne haben oder andere Erkrankungen entwickeln, die auf mangelnde Hygiene zurückzuführen sind. Sie brauchen dann Hilfe und Anleitung auch auf diesem Gebiet. Wichtig ist es, sie dabei nicht bloßzustellen, denn diese Schwierigkeiten haben nichts mit fehlender Intelligenz zu tun. Und auch der fehlende Wille ist nicht dafür verantwortlich, sondern vielmehr die autismusspezifischen Besonderheiten im Hinblick auf die eigene Körperwahrnehmung und das eigene Körpergefühl sowie die oft fehlende Möglichkeit, sich über diese Dinge mit Gleichaltrigen auszutauschen, wie es die Klassenkameraden z. B. in den Pausen tun. Und nicht selten ist es relativ einfach möglich, Lösungen zu finden, wenn man gezielt die Gründe für das Verhalten hinterfragt:

»Die Eltern des 12jährigen Markus beklagen sich (…) über die mangelnde Beachtung der Körperhygiene ihres Sohnes, der die Notwendigkeit von Körperhygiene nicht sehe und sich dafür auch nicht interessiere (…). Als die Eltern von der Weigerung ihres Sohnes berichten,

seine Socken zu wechseln, entwickelt sich ein Gespräch (…) über die Hintergründe dieser Haltung von Markus, die unter seiner aktiven Teilnahme langsam deutlich werden: Frische Socken seien immer kalt und somit unangenehm. Ein Teilnehmer schlägt spontan vor, die frischen Socken vor dem Auswechseln auf die Heizung zu legen. Markus ist sichtlich erfreut über diesen Vorschlag, mit dem er sich auch einverstanden zeigt« (Nashef & Mohr 2015, 38).

Körperhygiene

Eine mangelhafte Hygiene kann krank machen, diese Information brauchen auch Menschen mit Autismus. Manchmal benötigen sie eine Anleitung, wie sie die umfangreiche Auswahl von Körperpflegeprodukten, die im Handel zu finden ist, für sich nutzen können. Was ist wichtig, was unnötig? Was ist mir angenehm? Welchen Geruch mag ich? Diese und weitere Fragen sind oft nicht allein zu lösen. Es kann hilfreich sein, eine Liste anzulegen mit den Dingen, die man braucht oder für sich sinnvoll findet. Eine Grundlage können z. B. folgende Artikel bilden, die natürlich je nach individuellem Bedarf (Allergien, Hauterkrankungen, spezieller Bedarf, besondere Wünsche) ergänzt werden müssen:

- Deoroller/-spray,
- Duschgel, evtl. Badezusatz,
- Haarshampoo,
- Seife,
- Handcreme, Gesichtscreme,
- Body Lotion,
- Zahnpasta und Zahnbürste,
- Sonnencreme,
- Nagelschere bzw. -feile,
- Haarbürste.

Im nächsten Schritt wird die Häufigkeit erläutert, mit der diese Artikel angewandt werden sollten, um sauber und vor Erkrankungen geschützt zu sein, aber auch keine extrem übertriebene Hygiene zu praktizieren, die ihrerseits gefährlich werden und z. B. zu Hautirritationen führen kann. Menschen mit Autismus weisen verschiedene Wahrnehmungsbesonderheiten auf (s. u.), nicht immer ist es eine Überempfindlichkeit, manchmal besteht auch eine Unempfindlichkeit gegenüber manchen Gerüchen. Deshalb kann es sein, dass eigener unangenehmer Körpergeruch nicht als solcher wahrgenommen werden kann. Dann ist es sehr wichtig, von der Umgebung eine ehrliche und rechtzeitige Rückmeldung zu erhalten (also bevor sich andere Menschen darüber beklagen oder lustig machen) und gleichzeitig langfristig zu lernen, wie solche Zustände vermieden werden können.

Viele autistische Kinder verweigern das Benutzen öffentlicher Toiletten, was beim Eintritt in den Kindergarten oder spätestens in der Schule problematisch wird. Manchmal helfen Desinfektionstücher, andernfalls ist es vielleicht auch möglich, dem betroffenen Kind eine eigene Toilette zur Verfügung zu stellen (oder ihm das Benutzen etwa der Lehrertoilette zu ermöglichen).

Auch das Zähneputzen kann schwierig sein, hier spielen u. a. motorische Probleme und Wahrnehmungsauffälligkeiten eine Rolle. Mögliche Hilfen in Form von gezielter Anleitung finden sich vor allem in englischer Sprache im Netz.

Insgesamt berichten viele Menschen mit Autismus über einige Schwierigkeiten auf dem Gebiet der Hygiene:

»*Ich entwickelte kein Verhältnis zur Hygiene, so wusste ich beispielsweise lange nicht, was fettige Haare sind. Ich putzte meine Zähne nicht richtig, gerade der Umstieg auf Erwachsenenzahnpasta fiel mir schwer. Und ich wusch mich nur dann, wenn es unbedingt nötig war und man mich darauf hinwies. Ich verstand nicht, wozu dieser tägliche Aufwand gut sein sollte*« (C. Meyer, in: Preißmann 2013c, 24).

Darüber hinaus sind folgende Aspekte zu berücksichtigen:

- Körperpflege macht nicht nur sauber, sie ermöglicht auch einen positiveren Umgang mit dem eigenen Körper und ein Entdecken des eigenen Körpers. Schon bei den alten Griechen und Römern sollten Hygienemaßnahmen nicht nur reinigen, sondern auch die Sinne erfreuen. Die Römer verbrachten reichlich Zeit mit dem Baden in Gemeinschaftsthermen, die oft auch über eine Sporthalle sowie separate Salb- und Massagezimmer verfügten.
- Kosmetische Körperpflege kann eine positivere Einstellung zum eigenen Körper ermöglichen und hat dadurch oft auch positive Auswirkungen im sozialen Bereich.

Geschlechtsspezifische Hygiene

Wichtig ist zunächst der Hinweis darauf, dass Körperhygiene auch die Geschlechtsorgane mit einbezieht. Für Frauen bzw. Männer gibt es spezielleren Bedarf, z. B.:

- Binden bzw. Tampons,
- Rasierapparat und evtl. zusätzliche Produkte für die Rasur,
- Aftershave,
- Make-up etc.

Die richtige Anwendung muss man oft erklären und Sinn und Notwendigkeit erläutern. Mädchen und Frauen mit Autismus fällt es häufig ganz besonders schwer, sich mit der Menstruation abzufinden. Die Tatsache, dass sie sich zu einer Frau entwickeln, ist für viele sehr problematisch, weil sie sich viel jünger fühlen und sich kaum vorstellen können, die gesellschaftlichen Erwartungen erfüllen zu können, die man an eine Frau stellt (vgl. Preißmann 2013c).

Auf der anderen Seite aber fällt auch der praktische Umgang mit der Monatshygiene schwer. Das Berühren des eigenen Körpers bereitet ohnehin Schwierigkeiten, das Tragen von Binden fühlt sich merkwürdig und ungewohnt an, und »etwas da unten reinzustecken«, kommt für viele betroffene Frauen überhaupt nicht in Frage.

Es kann hilfreich sein, schon einige Zeit vor dem Einsetzen der Menstruation ab und zu Binden oder Slipeinlagen zu benutzen, um sich in Ruhe daran gewöhnen zu können und dann, wenn man aufgeregt ist und Angst hat, schon zu wissen, wie man das macht und wie sich das anfühlt. Alles, was man in Ruhe und ohne Stress ausprobieren kann, macht deutlich weniger Sorgen.

Da das Benutzen von Tampons eine erhebliche Verbesserung der Lebensqualität bedeuten kann, sollte man betroffene Frauen auch hier zur korrekten Anwendung beraten. Gerade bei längeren sportlichen, beruflichen oder anderen Aktivitäten ist es hilfreich, Tampons benutzen zu können. Zuständige Beratungsstellen sollten Bescheid wissen über die spezifische Problematik bei autistischen Frauen, um auch sie ohne Berührungsängste gut beraten zu können:

Während meiner ärztlichen Tätigkeit in der Chirurgie musste ich ab und zu auch bei mehrstündigen Operationen assistieren. Dafür wollte ich eine Lösung bezüglich der Monatshygiene finden, und seit ich durch die Mitarbeiterin einer Beratungsstelle erklärt bekam, wie man Tampons richtig benutzt, ist meine Lebensqualität auch während dieser paar Tage im Monat deutlich gestiegen. Der Mitarbeiterin war es anfangs sichtlich unangenehm, solche Dinge mit einer Ärztin zu besprechen, aber ich war ihr sehr dankbar für diese Hilfe.

Das ist ein gutes Beispiel dafür, dass man mit recht wenig Aufwand doch eine Menge für den autistischen Menschen erreichen kann. Aber das Beispiel zeigt auch, wie wichtig es ist, ihn auch mit eigentlich ganz banal und selbstverständlich erscheinenden Fragen nicht allein zu lassen.

Hygiene im Alltag

»Deine Kleidung sei rein, gewaschen dein Haupt, mit Wasser sollst du gebadet sein!« So heißt es im über 3000 Jahre alten Gilgamesch-Epos. Das Bedürfnis nach Sauberkeit und Ordnung begleitet die Menschheit vermutlich seit ihren Anfängen. Die Vorstellung davon, was als schmutzig und was als sauber zu betrachten ist, hat sich aber über die Jahrtausende und in verschiedenen Kulturkreisen deutlich gewandelt. Inzwischen gilt in westlichen Industrieländern: Je sauberer, desto besser – am liebsten klinisch rein mit Hilfe von genügend Wasser, einer ganzen Reihe von Reinigungsmitteln und immer raffinierteren technischen Hilfsmitteln. Wer soll sich da noch auskennen?

Experten mahnen dagegen zur Vernunft. Sinnvolle Hygienemaßnahmen sollen nicht darauf abzielen, sämtliche Mikroorganismen um uns herum zu beseitigen, sondern diese vielmehr auf ein gesundheitsverträgliches Maß zu reduzieren. Blinder Putzwahn belastet nämlich Mensch und Umwelt. Der Chemikalienmix fließt ins Abwasser, zu häufiges Waschen zerstört den natürlichen Säureschutzmantel und den Fetthaushalt der Haut.

Wichtig ist also eine maßvolle, zielgerichtete Alltagshygiene. Dazu gehört es, zu akzeptieren, dass in einem Haushalt immer potenziell schädliche Keime vorhanden sind. Sinnvolle Hygienemaßnahmen zielen nicht darauf ab, diese auszurotten, sondern ihre Verbreitung zu verringern. Denn selbst die Toilette oder der Windeleimer stellen keine wirkliche Gefahr für die Gesundheit dar, sofern nach dem Kontakt mit ihnen die Hände gründlich gewaschen werden. Regelmäßiges Waschen der Hände, der sorgfältige Umgang mit Lebensmitteln sowie die gründliche Reinigung von Arbeitsflächen und Utensilien, die mit Nahrungsmitteln in Kontakt gekommen sind, bilden deshalb das Rückgrat einer guten Haushaltshygiene, die versucht, einen Mittelweg zu finden zwischen der Bekämpfung von potenziellen Krankheitserregern und dem Erhalt des natürlichen Gleichgewichts zwischen dem Menschen und seiner Umgebung. Hinzu kommen richtiges Niesen und Husten, Handhygiene, Zahnpflege und die korrekte Versorgung von Wunden. Manchmal muss man Menschen mit Autismus, insbesondere dann, wenn sie relativ unabhängig leben und wohnen, bei all diesen Maßnahmen unterstützen und anleiten.

Gesunde Lebensführung und Sport

Wohlbefinden und Gesundheit zählen für viele Menschen zu den zentralen Wünschen im Leben. Um diese zu erreichen und zu erhalten, sind u. a. eine ausgewogene Ernährung, ein angemessenes Maß an Bewegung und eine gute Balance zwischen Belastung und Entspannung im beruflichen wie im privaten Bereich unverzichtbar. In der Medizin werden Faktoren wie Ernährung, Schlafverhalten, Stress, Bewegung und Sexualität unter dem Begriff Lebensstil zusammengefasst. Im Hinblick auf das Thema Autismus kommen solche Aspekte oft zu kurz, deshalb sollen hier Problematik, Besonderheiten und mögliche Hilfen vorgestellt werden.

Ernährung und Körpergewicht – Problematik

Besonderheiten hinsichtlich der Ernährungsgewohnheiten und -vorlieben sind bei Menschen mit Autismus sehr häufig. Manchmal werden wegen sensorischer Besonderheiten nur Speisen einer bestimmten Farbe oder Konsistenz gegessen, in anderen Fällen sind die Speisepläne der Betroffenen von vornherein so starr festgelegt, dass sie (auch über Jahre hinweg) immer dasselbe Essen zu sich nehmen oder auch verabscheuen. Einige autistische Kinder essen nicht in der Schule, weil ihnen die Nahrungsaufnahme in Gegenwart anderer nicht gelingt, andere Betroffene essen über viele Stunden oder gar Tage hinweg gar nichts, da das Hungergefühl fehlt. Es ist wichtig, nachzufragen, was genau hinter den Auffälligkeiten steckt, denn erst dann ist es möglich, Strategien zu entwickeln:

»Kim will partout keinen Reis essen. Sie schreibt auf: ›Reis ist ungeordnet. Ich weiß nicht, wie viele es sind.‹ Thomas sträubt sich gegen Lebensmittel, die grün sind. Er schreibt: ›Wenn ich grün sehe, schmeckt es krank.‹ Und Melissa isst nichts, das größer als einen Zentimeter ist. Die Stücke müssen vorher entsprechend zerkleinert werden. ›Mein Körper passt nicht zum Essen‹, sagt sie, wenn die Portionierung nicht stimmt« (Bauerfeind 2016, 34).

Mein Lieblingsessen ist Quarkauflauf. Meine Lieblingspizza ist Pizza Margherita. Mein Lieblingskäse ist Parmesankäse. Mir schmecken auch andere Aufstriche, aber ich habe zu Hause nur Parmesankäse und mache mir dann immer Parmesankäse auf das Brot drauf. Mein Lieblingskuchen ist Käsekuchen. Ich wünsche mir immer zu meinem Geburtstag Käsekuchen. Mein Lieblingseis ist Vanilleeis. Immer, wenn wir Eis essen, esse ich entweder zwei oder drei Kugeln Vanilleeis. Ich trinke nur Leitungswasser ohne Kohlensäure oder Tee. Mein Lieblingstee ist Früchtetee. Was anderes trinke ich nicht.
   (Madeleine Labusch – Madeleine.Labusch@web.de)

Zu einer gesunden Ernährung sind die Betroffenen aufgrund des rigiden Essverhaltens oft nicht zu bewegen. Mangelerscheinungen hinsichtlich Vitamin- oder Mineralstoffversorgung können die Folge dieser extrem einseitigen Ernährung sein, außerdem unspezifische Symptome wie Müdigkeit, Kraftlosigkeit oder Erschöpfung:

Ich habe kein Hungergefühl und infolgedessen starkes Untergewicht. Die Aufnahme von Ernährungsbiomasse, vor allem in ausreichender Menge, empfinde ich weniger als Genuss als vielmehr als notwendiges Übel. Wenn ich könnte, würde ich aufs Essen komplett verzichten. Doch da macht mein Körper nicht mit. Er zeigt mir dann durch merklich nachlassende motorische und kognitive Fähigkeiten, dass er Energie in Form von Nahrung benötigt. Wenn diese Zeichen allzu lange unbemerkt bleiben, fange ich sogar im Sommer an zu frieren, weil mein Körper die Temperatur nicht mehr aufrechterhalten kann.
   Eine Lösung besteht darin, die Mahlzeiten zu ritualisieren, so dass sie als fester Bestandteil zum Tagesablauf dazugehören, ganz gleich, ob ich Hunger verspüre oder nicht. Ungünstigerweise ist mein Sättigungsgefühl genau gegenteilig ausgeprägt, und sehr schnell entsteht in mir der Eindruck, ich sei vollgestopft.
   (Markus Behrendt)

Insgesamt finden sich in vielen Fällen Auffälligkeiten bezüglich des Körpergewichts (Unter- oder auch Übergewicht; siehe Kap. Begleiterkrankungen). Manchmal wird das Essverhalten gezielt in die eine oder andere Richtung gesteuert, in anderen Fällen ist es den betroffenen Menschen aber gar nicht bewusst, dass ihre Ernährungsgewohnheiten nicht angemessen sind, da sie keine entsprechende Rückmeldung durch ihren Körper erhalten:

»Meine sehr schlechte Körperwahrnehmung verhinderte ein konstantes Körpergewicht im normalen Bereich. Hunger, Durst, Müdigkeit oder Erschöpfung fühlten sich für mich nahezu identisch an, sodass ich nie wirklich wusste, was mir in der jeweiligen Situation helfen würde. Meist aß ich dann etwas, was zu stetiger Gewichtszunahme führte (…). Die Abneigung gegen zahlreiche Speisen, insbesondere solche mit breiiger (›matschiger‹) Konsis-

tenz, erschwerte eine gesunde Ernährung zusätzlich. Außerdem hatte ich nur wenige Kenntnisse, wie ein gesundes Leben aussehen könnte. Da ich nicht über viele private Kontakte zu anderen Menschen in meinem Alter verfüge, wusste ich nicht, wie sie diese Punkte für sich lösen. Ich hatte keine Ahnung, welch unterschiedliche Möglichkeiten auf diesen Gebieten bestehen, und ich wusste nicht, mit wem ich diese Fragen hätte besprechen können. Der wichtigste Punkt aber war vermutlich, dass ich all diese Schwierigkeiten als gegeben hinnahm und mir nicht vorstellen konnte, dass Lösungen möglich wären. Ich hatte Glück und fand den Einstieg zum Nordic Walking, das ich zufällig ausprobierte und das mir sehr gefiel, weil ich es leicht erlernen und nahezu überall ohne große Vorbereitung allein anwenden konnte. Schnell bemerkte ich, wie gut es mir tat, mich regelmäßig körperlich zu betätigen. Um mich ausführlicher darüber zu informieren, kaufte ich mir ein paar Fachzeitschriften, in denen auch einiges über gesunde Ernährung stand. So erkannte ich, dass ich deutlich zu viel und auch das Falsche aß. Durch diesen Zugang zu diesem Thema bekam ich Interesse, mich näher damit zu beschäftigen, ganz allein für mich, ohne Druck von anderen« (Preißmann 2013a, 154). *In der Folge habe ich dann ganz problemlos etwa vierzig Kilogramm abgenommen und halte seither mein Gewicht ohne größere Schwierigkeiten, wobei mir mein oft sehr zwanghaftes Verhalten hilft.*

Aufgrund der veränderten Körperwahrnehmung haben viele autistische Menschen kein Hunger- oder Durstgefühl. Sie besitzen kein Empfinden dafür, wann es Zeit ist, die Energiereserven aufzufüllen. Auch Gunilla Gerland beschreibt dieses Problem:

»*Ich fühlte nie deutlich, ob ich hungrig war oder satt, und ich wusste nicht, was ich essen sollte. Kochen konnte ich nicht, und manchmal aß ich überhaupt nichts*« (Gerland 1998, 204).

So lebte sie mitunter tagelang nur von Kaffee und Zigaretten, bevor sie versuchte, eine Lösung zu finden, und sich dafür andere Menschen suchte, an deren Essverhalten sie sich orientieren konnte. Dies ist für Menschen, die nicht intuitiv merken, welche Menge angemessen ist, oft eine gute Idee.

Gesunde Ernährung – mögliche Hilfen

Es ist wichtig, auch Menschen mit Autismus die Notwendigkeit einer gesunden, ausgewogenen Ernährung zu erläutern und sie dabei zu unterstützen. Häufig muss man ihnen dafür auch im Jugend- und Erwachsenenalter noch ein paar Anleitungen geben:

- Wem es schwerfällt, die benötigte Nahrungsmenge richtig einzuschätzen, der kann sich zumindest anfangs dabei mit festen Plänen behelfen, wann was gegessen wird, um ein Gefühl zu bekommen für die Menge, die angemessen und notwendig ist. Als nächsten Schritt kann man dann die einzelnen Komponenten austauschen gegen andere mit ähnlichen Nährwerten, um so Schritt für Schritt ein bisschen flexibler zu werden bei der Nahrungsaufnahme. Das ist im Alltag sehr hilfreich, denn nicht immer kann man zur vorgesehenen Uhrzeit das finden, was der Plan gerade vorsieht. Für diesen Schritt aber ist es nötig, sich mit den Nährwerten der wichtigsten Nahrungsmittel vertraut zu machen. Ein solches Vorgehen mag vielleicht ein bisschen »starr« wirken, aber für viele Betroffene ist das die beste Möglichkeit, sich dem Thema zu nähern:

»Mein Essverhalten ist auch verändert. Wenn ich abgelenkt bin, dann kann es sein, dass ich das Essen vergesse und lange Zeit nichts esse. Gleichzeitig merke ich auch nicht immer, wann es genug ist. Mittlerweile versuche ich einfach, zu regelmäßigen Zeiten zu essen und ungefähr immer dieselbe Menge« (Emma, in: Blodig 2016, 159).

Wenn man dann ein bisschen Routine hat, gelingt es in der Regel, auch etwas flexibler zu werden bezüglich der Nahrungsaufnahme.

- Die meisten Kinder, ob autistisch oder nicht, haben nur einige wenige Lieblingsspeisen, die in aller Regel nicht zu den gesündesten gehören. Es gibt aber ein paar Interventionen, die hilfreich sein können. Zunächst brauchen Kinder positive Vorbilder. Sie essen in der Regel »gesunde« Nahrungsmittel nur dann, wenn auch ihr Umfeld das tut, also Eltern, Geschwister oder Freunde. Und sie greifen lieber zu, wenn z. B. Äpfel in kleine Stücke geschnitten werden und damit »wie Pommes aussehen«. Man sollte Obst und Gemüse also mundgerecht servieren. Meist ohne Effekt bleibt dagegen die fantasievolle Zubereitung des Gerichts, das dann manchmal wie ein kleines Kunstwerk aussehen mag. Solche Mühen kann man sich in der Regel sparen. Viele Kinder reagieren dagegen sehr positiv auf spannend klingende Namen. Wenn die Karotte also umbenannt wird etwa in »Röntgenblick-Knacker«, wird sie doppelt so oft gegessen wie unter ihrem eigentlichen Namen (Schiek 2016). Und auch die Wertschätzung gesunder Nahrungsmittel durch die Bezugspersonen ist wichtig. Wird also ein Eis als Nachtisch nur dann »als Belohnung« angeboten, wenn zuvor auch der Gemüseteller aufgegessen wurde, so suggeriert dies, dass Gemüse auch für Erwachsene eher ein »lästiges Übel« darstellt als eine schmackhafte Speise. Folglich werden die Kinder es künftig ebenso eher ablehnen.
- Bei an Farben orientiertem Essverhalten kann man natürlich auch mit Speisefarben arbeiten, um auch einem Kind, das ausschließlich rote oder blaue Speisen essen möchte, eine ausgewogene Ernährung zu ermöglichen (und vielleicht dabei auch manchmal tricksen: So berichtete eine Lehrerin von einem Kind, das sich auf die Farbe »blau« festgelegt hat, die Speisefarbe aber ging während einer Reise unerwartet aus. Man versuchte in der Not, dem Kind zu vermitteln: »Das sind blaue Nudeln, nur weiß« und hatte damit ganz unverhofften Erfolg).
- Falls das Essen in Gesellschaft ein Problem darstellt (etwa in Schule oder Beruf), sollte ein ruhiger Ort gefunden werden, wo der betroffene Mensch ungestört die Mahlzeit zu sich nehmen kann.
- Zum Gemüse kann man z. B. auch mal Ketchup reichen. Die Kinder lernen so einen neuen Geschmack durch Kopplung an einen bereits geschätzten bekannten. Dann ist die Wahrscheinlichkeit groß, dass sie später das Gemüse auch ohne Ketchup essen.
- Insgesamt sollte man versuchen, die Ernährung so flexibel wie möglich zu gestalten. Ein sehr starres Essverhalten mit einer Auswahl von nur zwei oder drei Gerichten erschwert im Erwachsenenalter deutlich die Selbstständigkeit sowie die Teilhabe in Beruf und Gesellschaft. Manchmal lassen sich hier auch die Spezial-

interessen des Kindes hilfreich einsetzen: Wenn der geliebte Comic-Held gern Linsen isst, kann man die ja vielleicht auch mögen...

Gesunde Ernährung – allgemeine Empfehlungen

Ein gesunder Lebensstil verlangt nach gesunder Ernährung. Über die richtige Nahrung kann der Körper sich alles holen, was er braucht, um fit und gesund zu bleiben. Den Hauptbestandteil der Ernährung sollte deswegen reichlich frisches Gemüse und Obst ausmachen, am besten roh oder nur kurz gegart, zusammen mit Vollkorngetreide und Hülsenfrüchten sowie möglichst fettarmen Beilagen.

Ein großer Nachteil der Industrialisierung sind all die Zusatzstoffe, die in vielen Lebensmitteln stecken. Raffinierten Zucker, Aromen, Konservierungsmittel und andere Stoffe findet man in den meisten Industrieprodukten im Supermarkt, beim Bäcker oder Imbiss. Deshalb ist es sinnvoll, das Essen so oft wie möglich selbst zuzubereiten. Das ist weniger aufwändig, als es sich anhört. Im Handel findet man jede Menge Fachliteratur dazu mit Rezeptvorschlägen und Anleitungen, die man in Ruhe ausprobieren kann.

Und schließlich ist es wichtig, sich eine Pause für die Mahlzeiten zu gönnen und nicht »nebenbei« (etwa beim Fernsehen oder Lesen) zu essen. Das fördert das Sättigungsempfinden. Aber natürlich sind auch hier vor allem individuelle Lösungen notwendig, die manchmal auch von den allgemeinen Empfehlungen abweichen können:

An manchen Tagen sind mir die sensorischen Eindrücke durch den Geruch, den Geschmack und die Textur des Essens einfach zu viel. In solchen Momenten hat es sich für mich bewährt, während des Essens für Ablenkung zu sorgen, so dass die sensorischen Eindrücke in den Hintergrund treten. Das Anschauen einer Wissenssendung ist dafür gut geeignet, weil es den Geist beschäftigt.

Ungünstig kann sich dagegen die Nahrungsaufnahme in Gesellschaft anderer Personen gestalten. Dadurch, dass soziale Anforderungen gestellt werden, besteht eine Zusatzbelastung zum Essen; es kann dann schwierig sein, sich auf alles gleichzeitig zu konzentrieren, sich also an einem Gespräch zu beteiligen und dennoch nicht herumzukleckern.

(Markus Behrendt)

Sport – Problematik

Sportliche Betätigung ist wichtig, sie hat »zahlreiche positive therapeutische und gesundheitliche Aspekte und kann zur Strukturierung der Lebensführung, zur Verbesserung der Gesamtpersönlichkeit beitragen und als wichtiger Lebensinhalt gesehen werden« (Limberg 2015, 350). Im Vergleich zur Gesamtbevölkerung zeigen Menschen mit Autismus jedoch eine deutlich reduzierte sportliche Aktivität in ihrer Freizeit (ebd.). Die Angebote in Sportvereinen können sie häufig nicht wahrnehmen.

Gründe dafür sind u. a.:

- motorische Schwierigkeiten und Ungeschicklichkeiten,
- Probleme, das Gleichgewicht zu halten, deshalb fallen Aktivitäten wie Radfahren häufig schwer,
- die Wahrnehmungsbesonderheiten autistischer Menschen auch im Hinblick auf die Körperwahrnehmung (s. u.),
- neuropsychologische Auffälligkeiten, hier besonders die Problematik, die Absichten anderer zu erkennen und vorherzusagen (»Theory of Mind«) und die Schwierigkeiten beim Erkennen eines übergeordneten Zusammenhangs (»schwache zentrale Kohärenz«). Beide Fähigkeiten können z. B. bei Ballsportarten wichtig sein,
- Kontaktschwierigkeiten und damit häufig die Problematik, sich auf die anderen einzulassen, auf die Kameraden zuzugehen und »dabei zu sein«, auch bei gesellschaftlichen Anlässen, die über den eigentlichen Sport hinausgehen,
- Probleme beim engen körperlichen Kontakt, deshalb fallen Kontaktsportarten (Selbstverteidigungstechniken wie Judo etc., aber auch z. B. Ballsportarten) oft sehr schwer,
- Schwierigkeiten bei der Imitation anderer; die Übungen, die jemand vormacht, können nicht ohne weiteres einfach durch Anschauen auch selbst ausgeführt werden,
- das wiederholte Erleben von Spott und Demütigungen durch andere aufgrund der eigenen Ungeschicklichkeit (z. B. beim Schulsport).

Viele Betroffene beschreiben aber auch zahlreiche Versuche mit Sportangeboten in Vereinen und Verbänden, die erfolglos und frustriert abgebrochen werden mussten. Dadurch entsteht Frustration und nicht selten der Wunsch, künftig lieber ganz auf sportliche Aktivitäten zu verzichten:

»Da ich motorisch sehr ungeschickt war, gelang es mir nicht, eine geeignete Sportart zu finden, um Ausdauer, Koordination, Beweglichkeit und Kraft zu verbessern. Versuche mit Leichtathletik, Turnen, Schwimmen oder Judo waren erfolglos« (Preißmann 2013a, 154). Im Handballverein wurde ich im Tor eingesetzt, was mir Spaß machte, wenngleich ich auch für diese Sportart nicht geeignet war. Aber man erkannte hier zumindest meine Zuverlässigkeit und mein Engagement und wählte mich deshalb zur Spielführerin, was mir eine gewisse Anerkennung bescherte. Schließlich landete ich beim Tischtennis, das mir gefiel. Ich konnte die Schläge aufgrund meiner motorischen Schwierigkeiten nicht lehrbuchmäßig ausführen, aber gerade deshalb war ich vielleicht so erfolgreich damit, sie waren für meine Gegner einfach weniger berechenbar. Ein paar Jahre lang ging das gut, meine Eltern oder die Betreuer des Vereins begleiteten mich zu Turnieren, und die Wettkampfatmosphäre gefiel mir: Man kam mit anderen Menschen über ein festgelegtes Thema für kurze Zeit in Kontakt und hatte dann wieder seine Ruhe. Dann aber bekam unsere Mannschaft einen neuen Trainer, der großen Wert auf das »Drumherum« legte, also auf eine ganzheitliche sportliche Förderung, und der in der Folge Zirkeltraining und viele weitere Maßnahmen einführte, die mir nicht möglich waren. Ich versuchte noch, zu einem anderen Verein in der Nähe meines Wohnortes zu wechseln, aber auch dort bestand man auf diesen Prinzipien. Ich dagegen hätte so gern nur und ausschließlich Tischtennis gespielt, was mir Spaß machte und was ich gut konnte. Man hätte mich hier durchaus fördern können. So aber musste ich

auch diese Sportart schließlich aufgeben, was mir wirklich sehr leidtat. Ich hätte mir sehr gewünscht, dass ein bisschen mehr Individualität möglich gewesen wäre.

Motorische Auffälligkeiten

Insbesondere beim Asperger-Syndrom ist die motorische Entwicklung oft verzögert, dies wurde schon von Hans Asperger beschrieben: »Wie sie in der Ambulanz die Tür aufmachen, wie sie beim Ballspielen niemals einen schönen Bubenwurf aus lockeren Gelenken, aus harmonischer Zusammenarbeit des ganzen Körpers zuwege bringen, sondern grotesk komisch, mit eckigen abrupten Bewegungen beidhändig ›schupfen‹, manchmal, in der Erregung, känguruartig mithüpfend, wie sie nie bemessen können, wie der Ball fliegen, wie er abspringen wird und daher regelmäßig danebengreifen – damit charakterisieren sie sich vom ersten Moment der Bekanntschaft an« (Asperger 1961, 180).

Die Auffälligkeiten beziehen sich auf grob- und feinmotorische Aktivitäten und auf integrative Funktionen: Man findet Schwierigkeiten, das Krabbeln und Sitzen zu erlernen, Probleme beim Schreiben, eine unsaubere Handschrift, Mangel an Körperbeherrschung und Körpersprache, geringe Kontrolle des Krafteinsatzes (auch z. B. beim Händeschütteln), plumpe und schwerfällige Gestik, Auffälligkeiten beim Gangbild, allgemeine Ungeschicklichkeit etc. (vgl. Minshew et al. 1997). Temple Grandin betont außerdem, dass es ihr nahezu unmöglich sei, mehrere motorische Aufgaben gleichzeitig zu bewältigen und die Bewegungen dafür zu koordinieren (Grandin 2005, 34). Zudem haben die Betroffenen ein mangelhaftes Rhythmusgefühl, deshalb sind Tanzen, Aerobic oder Ballett in der Regel weniger geeignet (Schuster 2007, 319), und auch bei anderen Sportarten können die Bewegungen oft nicht »lehrbuchmäßig« ausgeführt werden:

»Da Wasser mein Element ist, hat mir folglich auch das Schwimmen – vom Schulunterricht einmal abgesehen – immer sehr viel Spaß gemacht; das ist bis heute so geblieben. Im Unterricht bekam ich immer einen Notenabzug, weil sich meine Beine nicht synchron bewegten. Motorisch habe ich es nicht so hinbekommen wie die Mitschüler – da habe ich mir einen eigenen Schwimmstil zusammengestrickt. Die Hauptsache ist doch, dass man am anderen Beckenende ankommt, oder? Das Wie ist doch nicht so wichtig. War es anscheinend aber für die Sportlehrer – egal. Schulsport war sowieso nie meine Welt« (Mandersson 2015, 99).

Schon auf den ersten Blick fallen bei vielen autistischen Menschen eine steife Körperhaltung und die ausdrucksschwache Mimik auf. Ihr Gangbild ist oft auffällig ungelenk, häufig finden sich hängende Schultern und eine nur schwach ausgeprägte Muskulatur, die die Betroffenen vielfach kraftlos erscheinen lässt. Auch der Muskeltonus scheint verändert zu sein, und zwischen den extremen Zuständen Schlaffheit und Angespanntheit gibt es kaum Zwischenstufen.

Sport und Bewegung – mögliche Hilfen

Es gibt verschiedene Möglichkeiten, die helfen können, das Körpergefühl zu verbessern, z. B. starkes Drücken oder Bürsten von Gliedmaßen, Massagen, heiße oder auch kalte Duschen, gezielte sportliche Betätigungen unter Anleitung oder auch ergotherapeutische Maßnahmen. Was für die eigene Person hilft, kann man nur individuell durch Ausprobieren herausfinden.

Wichtig ist aber auch das gezielte Hinführen zu sportlicher Betätigung, um mögliche körperliche Folgen von Inaktivität (Übergewicht, Gelenkprobleme, aber auch internistische Erkrankungen wie Diabetes mellitus oder Bluthochdruck etc.) zu vermeiden und auch einen Ausgleich zu beruflichem oder alltäglichem Stress zu finden. Häufig bieten sich dafür Individualsportarten an, also laufen, walken, Rad fahren, schwimmen, Kanu fahren, Skilanglauf etc. Aber natürlich gibt es auch autistische Menschen, die ihre Fähigkeiten in einer Mannschaftssportart gut einbringen können, wenn sie dort passende Rahmenbedingungen vorfinden. Durch ihre Zuverlässigkeit werden sie dann nicht selten sogar besonders geschätzt.

Um auch Menschen mit Autismus in Vereinen und Verbänden erfolgreich zu integrieren, sind ein paar Grundsätze zu berücksichtigen:

- Notwendig ist die Freiwilligkeit, d. h. der betroffene Mensch muss sich selbst aussuchen dürfen, welche sportliche Aktivität für ihn geeignet und machbar ist.
- Das Bedürfnis nach festen Strukturen, vorhersehbaren Abläufen, Verlässlichkeit und Kontinuität ist zu berücksichtigen. Sportliche Aktivitäten, die kurzfristig »auf Abruf« erfolgen, sind für autistische Menschen eher weniger geeignet, besser sind Trainingsmöglichkeiten zu einer festen Uhrzeit am stets gleichen Ort.
- Durch das Anknüpfen an Vorlieben, Eigenarten und festen Gewohnheiten kann die Motivation erhöht werden.
- Insbesondere anfangs ist es oft nötig, dass Bezugspersonen einbezogen werden können.
- Rückzugsräume sollten zur Verfügung stehen.
- Man darf nicht mit riesigen kurzfristigen Erfolgen rechnen, muss geduldig sein und Zeit geben.
- Die »Tagesform« muss berücksichtigt werden, auf zeitweilige Verweigerung sollte freundlich und unbeirrt reagiert werden.
- Manche Anforderungen muss man den Möglichkeiten des betroffenen Menschen anpassen.
- Der Kontakt zu den Kameraden sollte angeleitet werden; etwaige Hänseleien müssen frühzeitig unterbunden werden.

Für den Sportunterricht in der Schule ist dagegen manchmal eine Befreiung nötig, wenn der betroffene Schüler damit überfordert scheint. Eine individuelle Maßnahme als Ersatz wäre optimal. Zumindest aber darf man den Schüler mit Autismus nicht permanent dem Spott und den Demütigungen durch die Mitschüler aussetzen. Statt die Schüler selbst ihre Teilnehmer in die zu bildenden Mannschaften wählen zu lassen, kann man z. B. auch Lose vorbereiten. Und so gibt es viele kleine Maßnahmen, die nicht viel Arbeit machen, aber einiges erleichtern können.

Sinnvoll ist es, daneben aber auch einzeltherapeutisch an Motorik und Wahrnehmung zu arbeiten, um die häufig mit dem Autismus assoziierten Schwierigkeiten wie ungelenk wirkendes Gangbild (u. a. durch den oft verringerten Muskeltonus), häufiges Hinfallen und unflüssige, ungeschickte Bewegungsabläufe zu verbessern. Da die schlechte Körperwahrnehmung autistischer Menschen oft kein intuitives oder auf Imitation aufgebautes Training möglich macht, kann es günstig sein, vieles zu visualisieren, Bewegungsabläufe etwa im Spiegel anzusehen und gezielt zu unterstützen. Es ist davon auszugehen, dass motorische Defizite auch eine günstigere Entwicklung in anderen Bereichen (perzeptiv, kognitiv-sprachlich, emotional-sozial) behindern (Banik 2009). Daher kann eine gezielte Bewegungs- bzw. sporttherapeutische Förderung zu einer deutlichen Verbesserung auch der Gesamtsituation beitragen.

Bewegung im Alltag

Es muss gar kein Leistungssport sein, auch bereits ein bisschen zusätzliche Bewegung im alltäglichen Leben bringt eine ganze Menge: Man kann zum Beispiel öfter einmal zu Fuß gehen, eine Station früher aus dem Bus aussteigen, um den restlichen Weg zu laufen, regelmäßig statt den Aufzug die Treppe nehmen oder kurze Strecken innerhalb der Stadt mit dem Fahrrad fahren. Das ist billiger, schont die Umwelt und fördert die Gesundheit. Wenn man einen Bürojob hat, sollte man mindestens einmal pro Stunde aufstehen und sich ein wenig die Beine vertreten. Wichtig ist, dass die Muskeln regelmäßig gefordert werden und man nicht den ganzen Tag im Sitzen verbringt. Auch bereits Gartenarbeit bietet eine ganze Menge körperliche Aktivität. Insgesamt lässt sich durch Bewegung im Alltag oft auch das Wohlbefinden deutlich steigern:

Wenn mich jemand fragt, ob ich Sport treibe, würde ich die Frage eindeutig verneinen, denn Sport ist nach meiner Auffassung das Bewegen nur um seiner selbst willen. Das tue ich aber nicht. Die Frage, ob ich sportlich bin, wäre dagegen mit einem klaren Ja zu beantworten, denn Bewegung habe ich im Alltag mehr als genug. So fahre ich inzwischen fast überallhin mit dem Fahrrad, was bedeuten kann, dass ich am Abend auch mal 60 Kilometer auf dem Tacho stehen habe. Üblich sind aber eher kürzere (!) Strecken bis vielleicht 35 Kilometer am Tag. Wie gesagt, das sind reine Verkehrsverbindungen, mal in die Stadt oder zu Mitgliedern von Autismus Rhein-Main, die im Umkreis wohnen.

Körperlich fit zu sein ist wirklich empfehlenswert. Egal, ob Treppen zu steigen oder Berge hochzufahren sind, das macht alles keine besondere Mühe mehr. Seit ich Fahrrad fahre, ist auch mein Stressniveau geringer, weil die körpereigenen Abbauprozesse der für den Stress verantwortlichen Hormone unterstützt werden.

(Markus Behrendt)

Sexualität

Das Erleben der Sexualität ist auch für die meisten Menschen mit Autismus ein großes Thema, mit dem sie sich oft sehr alleingelassen fühlen. In der Schule hören sie davon, aber manchmal ist das alles zu abstrakt und zu wenig konkret, sodass es ihnen gar nicht gelingt, diese Aspekte auch auf sich zu beziehen. So sind nicht wenige betroffene Mädchen entsetzt und voller Angst, wenn sie den ersten Blutflecken in ihrem Schlüpfer bemerken. Und oft macht das Thema, wenn es im Klassenverband vermittelt wird, auch eher Angst, als dass man sich eine befriedigende Sexualität auch für die eigene Person vorstellen kann. Es fällt dann später schwer, mit den sexuellen Bedürfnissen gut umzugehen.

Was andere Jugendliche während der Pubertät durchleben und durcharbeiten, die integrierende Bewältigung der Sexualität durch wachsende Ich-Identität und durch den Austausch mit Gleichaltrigen, machen Menschen mit Autismus oft deutlich später, länger und intensiver durch, manchmal also erst im jungen und mittleren Erwachsenenalter. Dann aber sind kaum mehr Hilfen dazu erhältlich, dann hat man über diese Aspekte einfach Bescheid zu wissen.

Meist herrscht unter den Bezugspersonen große Unsicherheit, wie man mit diesem Thema umgehen sollte, und in vielen Fällen ignoriert man es einfach in der Hoffnung, dass sich »das« auch wieder von alleine legt. Gleichzeitig aber wird in Selbsthilfegruppen oder bei anderen Aktivitäten für Menschen mit Autismus immer wieder deutlich, dass sie sich sehr dafür interessieren, dass sie ganz viele Fragen und oft nur wenige Kenntnisse auf diesem Gebiet haben.

Sexualität bei Autismus ist also offenbar noch immer ein doppeltes Tabu. Wenn man überhaupt darüber spricht, dann meist nur, wenn es Probleme gibt, etwa nach einer Vergewaltigung oder aber bei allzu exzessiver oder öffentlicher Masturbation. Und dann wird eben hauptsächlich über Maßnahmen zur Lösung des jeweiligen Problems gesprochen, nicht jedoch über das Erleben der schönen Seiten der Sexualität. Es ist aber sehr wichtig, auch dafür offen zu sein:

> »In der Bemühung, die Gesamtpersönlichkeit unserer behinderten Kinder zu fördern und sie zu größtmöglicher Selbstständigkeit zu erziehen, dürfen wir ihnen nicht den Bereich vorenthalten, den wir mit Begriffen wie ›Liebe‹, ›Glück‹, ›Zärtlichkeit‹ oder ›Partnerschaft‹ in Verbindung bringen (…). Vor allem aus der Angst vor einer Schwangerschaft heraus haben wir Schwierigkeiten, die Sexualität unserer heranwachsenden behinderten Kinder zu bejahen. Auch deshalb sollte man sich mit den Möglichkeiten und Vorsorgemaßnahmen auseinandersetzen. Die verschiedenen Arten einer Empfängnisverhütung müssen sorgfältig überdacht und mit dem betroffenen Menschen besprochen werden (…). Auch der behinderte Mensch möchte im Erwachsenenalter von jemandem gestreichelt und verwöhnt werden und sich trösten lassen, wenn er sich einsam fühlt. Diesen Partner können wir Eltern ihm nicht ersetzen« (Bundesvereinigung Lebenshilfe e. V. 2014, 13).

Seit einigen Jahren gibt es viele Workshops oder Referate zu den Themen Freundschaft, Partnerschaft und auch Sexualität bei Menschen mit Autismus, aber das sind meist keine Angebote für die betroffenen Menschen selbst, sondern sie richten sich an Fachleute oder Angehörige. Es ist jedoch notwendig, auch Menschen mit Autismus im Hinblick auf das Erleben der Sexualität gut zu begleiten.

Sexualberatung

Die sexualpädagogische Begleitung von Menschen mit Autismus orientiert sich in der Regel vor allem an Alltagsfragen. Es gibt jedoch nicht »die« Sexualität von Menschen mit Autismus. Fragen zur Sexualität der Betroffenen können deshalb – wie bei anderen Menschen auch – nur unter Berücksichtigung individueller und persönlicher Kriterien beantwortet werden.

Meist ist es ein Fehler, darauf zu »warten, bis sie fragen«, denn viele Betroffene fragen gar nicht, weil sie überhaupt nicht wissen, womit sie anfangen und wie sie sich ausdrücken sollen. Es ist also wichtig, aktiv auf sie zuzugehen und eine möglichst lebenslange Sexualerziehung (Matoni 2006) anzubieten. Viele autistische Menschen kennen sich nämlich erschreckend wenig aus, und es wurde schon von Schwangerschaften unter Betroffenen berichtet, von denen sie völlig überrascht worden waren, denn sie hatten doch genauso, wie man es ihnen gezeigt hatte, das Kondom über dem Besenstiel neben dem Bett abgerollt... Auch hinsichtlich der Sexualität muss man daher eine eindeutige und unzweifelhafte Sprache wählen und die Dinge so ausdrücken, wie man sie auch meint, damit die Erläuterungen verstanden werden können.

Viele vermeintlich selbstverständliche Dinge wissen autistische Menschen nicht, weil sie niemanden haben, mit dem sie solche Themen besprechen können. Sie haben dann nur noch die Möglichkeit, sich über die Medien oder durch das Ansehen entsprechender Filme »zu informieren«. Aber das dort Gezeigte entspricht oft nicht der Realität (sehr große Geschlechtsteile etc.) und weckt deshalb falsche Vorstellungen oder schürt unnötige Ängste:

Bei einer beruflichen Fortbildung hatte ich im Hotelfernsehen den Videokanal entdeckt und entsetzt festgestellt, was man beim Sex so alles tun müsste. Ich hatte vorher keine Möglichkeit zu einem sexuellen Kontakt und lange auch kein Interesse daran. Nun aber hatte ich das Gefühl, dass mir das niemals gelingen würde, weil ich mir nicht vorstellen konnte, all das zu tun, was die Darsteller miteinander machten. Es war mir nicht klar, dass jeder Sexualkontakt unterschiedlich abläuft, weil eben auch die Menschen verschieden sind und jeder andere Wünsche hat. Es hat mich beruhigt, als meine Therapeutin mir das erklärt hat, sie hat mir dadurch eine Menge Druck und Angst genommen.

Man muss also vieles erklären und besprechen, um Missverständnisse auszuräumen und Kenntnisse zu vermitteln:

»Als bei meinen Klassenkameraden das Interesse an der Sexualität aufkam, unterhielten sie sich häufig über Dinge, die ich nicht verstanden habe. Sie sprachen vom ›Ficken‹, ›Bumsen‹, ›Vögeln‹ und ›Poppen‹, vom ›Sex‹ oder vom ›Ins-Bett-Gehen‹; im Biologieunterricht war die Rede vom Geschlechtsverkehr oder vom Koitus, die Jungs erzählten, dass sie ›ein Abenteuer gehabt‹ oder ›eine Frau vernascht‹ hätten. Und das alles sollte dasselbe bedeuten? Und beispielsweise für die Masturbation oder die jeweiligen Geschlechtsorgane gab es fast ebenso viele Ausdrücke, die synonym verwendet wurden. Kaum hatte ich einen Begriff verstanden, folgte auch schon der nächste. Ich kam völlig durcheinander und wusste nicht, weshalb ich

mich damit beschäftigen sollte. Das war mir alles viel zu kompliziert« (Preißmann 2013b, 84–85).

In Kanada hat man ein Programm zur Sexualerziehung speziell für Jugendliche und erwachsene Menschen mit Autismus entwickelt (Durocher & Fortier 1999, Preißmann 2013b). Es wurde in zwölf Lektionen aufgeteilt, die in jeweils 90-minütigen Workshops vermittelt werden. Für viele Menschen mit Autismus kann eine solche Beratung eine sehr wertvolle Ergänzung zu den übrigen Maßnahmen darstellen.

Folgende Aspekte sollten dabei thematisiert werden, insbesondere die emotionalen Aspekte, die sich daraus ergeben:

- Definitionen und Besonderheiten von Freundschaft, Liebe, Partnerschaft und Sexualität: Gestaltung der Beziehung, Gefühle, Schwierigkeiten und Ressourcen, mögliche Hilfen,
- Anatomie und Physiologie des menschlichen Körpers; normale Veränderungen des Körpers und des Erlebens in Zeiten von Pubertät, Schwangerschaft und Wechseljahren; notwendige Maßnahmen der Körper- und Sexualhygiene; krankhafte Veränderungen und Beschwerden (z. B. Schmerzen, Ausfluss, Juckreiz, Hautveränderungen oder Knoten), notwendige Maßnahmen bei Beschwerden,
- Sexuelle Aktivitäten: Was kann ich mir für die eigene Person vorstellen, was wünsche ich mir, was möchte ich nicht, was macht mir vielleicht auch Angst? Wo gibt es Unterstützung bei eventuellen Fragen oder Schwierigkeiten?
- Sexuell übertragbare Krankheiten, Empfängnisverhütung: Welche Möglichkeiten zur Verhütung von Erkrankungen und einer Schwangerschaft gibt es, was ist für mich geeignet? Wo kann ich mich darüber informieren? Wie gehe ich konkret vor, wenn ich z. B. die »Pille« oder ein Kondom brauche? Was muss ich bei der Benutzung beachten? Auch die konkrete Anwendung muss erläutert und geübt werden.
- Kinderwunsch: Realistische und unrealistische Ziele; Voraussetzungen; Schwierigkeiten und Ressourcen; mögliche Hilfen,
- Sexuelle Orientierung: Identität hinsichtlich des eigenen Körpers und des Geschlechts; Heterosexualität und Homosexualität; Transsexualität etc.
- Sexueller Missbrauch und andere unangemessene Verhaltensweisen, körperliche und psychische Gewalt in einer partnerschaftlichen Beziehung.

Manche Eltern befürchten, dass sich die Tochter oder der Sohn durch die Beschäftigung mit dem Thema Sexualität erst recht dafür interessieren könnte und versuchen es deshalb zu vermeiden. Diese Ängste sind aber meist unbegründet. Die meisten Menschen mit Autismus sind eher konservativ in ihren Wertvorstellungen, ein ausschweifendes Sexualleben praktizieren sie in aller Regel nicht. Und viele Studien belegen, dass der erste sexuelle Kontakt durchschnittlich deutlich später erfolgt, wenn eine gute Aufklärung angeboten wurde (Henning & Bremer-Olszewski 2012). Und natürlich sind die Betroffenen dann auch besser vor Missbrauchserfahrungen geschützt; auch diese Erfahrung müssen leider zahlreiche autistische Menschen, insbesondere Mädchen und Frauen, machen.

Ich als Frau / Ich als Mann

Für viele Menschen mit Autismus ist es gar nicht so leicht, eine eigene Identität als Frau bzw. als Mann zu entwickeln und ihre (geschlechtsspezifische) Rolle in der Gesellschaft zu finden. Häufig haben sie Angst vor dem Erwachsenwerden, weil sie fürchten, die Erwartungen nicht erfüllen zu können, die man an sie stellt (vgl. Preißmann 2013c), und weil sie sich nicht mit anderen Menschen identifizieren können:

»Heute hatte ich ein Vorstellungsgespräch in einem Burger-Geschäft (…). In der Stellenausschreibung stand, dass ich nur Frikadellen braten und die Brötchenhälften belegen müsse. Das müsste zu schaffen sein. Und von dem Geld könnte ich dann Sachen machen, die andere auch machen: ins Fitnesscenter gehen, mich auf die Sonnenbank legen oder Kleidung kaufen. Ich seufzte. Es gefiel mir nicht, so alt zu sein. Als ich jünger war, gab es all diese Probleme nicht. Da brauchte man keinen Job, um Geld zu verdienen, mit dem man dann Sachen macht, die man eh nicht leiden kann« (Matzies & Schuster 2009, 195–196).

Es ist wichtig, Menschen mit Autismus für die positiven Seiten ihrer Persönlichkeit auch im Hinblick auf das Geschlechterbild und auch für ihren Körper zu sensibilisieren. Folgende Fragen können Denkanstöße bieten:

- Wie stelle ich mir eine »typische« Frau/einen Mann vor? In welchen Punkten weiche ich davon ab (was macht mir vielleicht auch Angst)? Was davon möchte ich gern ändern und wo kann ich dabei Hilfe erhalten?
- Welchen Frauen bzw. Männern begegne ich im Alltag, was mag ich an ihnen und was nicht? Welche Unterschiede fallen mir auf zwischen dem Kontakt mit einem Mann und einer Frau?
- Was mag ich an mir als Frau/als Mann? Was kann ich gut, was fällt mir schwer? Was schätzen andere an mir?
- Was gefällt mir an meinem Körper? Was ist nicht so schön?
- Wo ist mir Berührung angenehm, wo eher nicht? Welche Zärtlichkeiten wünsche ich mir?
- Welche Kleidung mag ich?
- Bin ich gern eine Frau/ein Mann? Warum?

Masturbation

Die meisten Menschen erleben ihre ersten sexuellen Erfahrungen bei der Selbstbefriedigung. Dabei können sie ihren Körper und die eigenen Wünsche ganz unabhängig von anderen Menschen und in ihrem eigenen Tempo kennenlernen.

Entgegen früherer Annahmen ist Selbstbefriedigung nicht schädlich, weder für den Körper noch für die psycho-sexuelle Entwicklung. Und dann, wenn, wie beim Autismus, zwischenmenschliche Kontakte schwierig sind und deshalb eine Partnerschaft nicht immer möglich ist, bleibt die Masturbation oft lebenslang die einzige Form der Sexualität. Sie sollte deshalb als *eine* von vielen möglichen sexuellen

Aktivitäten angesehen werden, nicht nur als »Ersatzbefriedigung« oder gar als ein Ausdruck einer gestörten Persönlichkeit, und entsprechend Beachtung finden.

Das bedeutet, dass man Menschen mit Autismus, denen die Berührung und Beschäftigung mit dem eigenen Körper oft schwerfallen, manchmal auch dabei unterstützen muss. Dann kann es sinnvoll sein, ihnen zu erklären, »wie Selbstbefriedigung geht«, wie und wo sie sich berühren können, welche Hilfsmittel sie dafür verwenden können, ohne sich damit zu verletzen, falls ihnen eine manuelle Stimulation nicht möglich ist. Bücher und andere Medien stehen unterstützend z. B. von Pro Familia zur Verfügung. Außerdem muss erklärt werden, welche Aktivitäten des täglichen Lebens in der Öffentlichkeit erfolgen können und welche privater Natur sind, denn z. B. eine Masturbation in der Öffentlichkeit kann sehr schlimme Folgen haben.

Liebe und Partnerschaft

Inzwischen gibt es einige Beispiele dafür, dass auch eine partnerschaftliche Beziehung für Menschen mit Autismus durchaus gelingen kann, wenn sie sich das wünschen (z. B. Schmidt 2009). Manchmal stellt sich die Frage, ob es besser und einfacher ist, wenn zwei autistische Menschen zusammenfinden, oder ob eine »gemischte« Beziehung zwischen einem autistischen und einem nicht-autistischen Partner sinnvoller ist. Für beide Varianten gibt es wohl Vor- und Nachteile. Zwei betroffene Menschen werden vielleicht ein besseres Verständnis füreinander entwickeln, dafür kann es sein, dass sie sich zu zweit noch mehr zurückziehen und sich noch weiter von den anderen entfernen als bisher. Außerdem können in einer gemischten Partnerschaft beide Seiten voneinander profitieren, aber die Schwierigkeiten vor allem im sozialen und kommunikativen Bereich sind nicht immer ohne externe Hilfe zu überwinden.

Wie auch immer man sich entscheidet (und manchmal ist es ja auch gar keine aktive Entscheidung, sondern es »passiert« einfach, dass man sich auf die eine oder andere Weise verliebt), eine Beziehung ist und bleibt eine Herausforderung, die sehr beglückend sein kann, die aber auch anstrengend ist und vielleicht sogar eine Überforderung bedeuten mag. Bereits das Verlieben als solches ist eben unberechenbar und nicht planbar, den anderen Menschen muss man erst noch näher kennenlernen, bevor man weiß, was von ihm zu halten ist. Viele Menschen mit Autismus sind sehr rigide und zwanghaft in ihren Vorstellungen, sodass sie schon beim ersten Treffen überlegen, ob dies nun »der Mann oder die Frau fürs Leben« darstellen könnte. Dinge wie ein erst einmal »spielerisches« Ausprobieren und das Genießen der aktuellen Gefühle der Verliebtheit liegen ihnen nicht. Es ist ihnen nicht klar, welche Informationen man beim Erstkontakt austauschen sollte, was den anderen interessiert und was ihn eher langweilt oder auch abschreckt (z. B. die detaillierte Beschreibung eines betroffenen Mannes, was es mit seinem Spezialinteresse auf sich hat – es ging dabei um das Schlachten von Kälbern. Dass die Freundin in spe dies nicht in allen Einzelheiten geschildert haben wollte, konnte er nicht nachvollziehen). Auch die Fragen, wie man den anderen Menschen am besten für die eigene Person interessieren könnte und was man sich selbst von einem

Partner wünscht, welche Werte einem selbst wichtig sind, worauf man hingegen auch verzichten kann, wenn die übrigen Kriterien erfüllt sind, die man vom Gegenüber erwartet, sind oft nicht alleine zu lösen.

Es ist deshalb sinnvoll, sich darüber mit jemandem austauschen zu können, auf dessen Erfahrung man vertraut. Das kann ein Elternteil sein, ein guter Freund bzw. eine Freundin oder auch der Therapeut.

Bei Menschen mit Autismus bestehen oft folgende allgemeine Besonderheiten bzw. Bedürfnisse in einer Beziehung:

- Der Wunsch nach körperlicher Nähe ist häufig durchaus vorhanden, allerdings sind viele Betroffene mit einem engen Zusammenleben überfordert. Meist wird es als sinnvoll beschrieben, häufige kürzere Treffen zu planen.
- Durch kommunikative Besonderheiten kommt es in Partnerschaften häufig zu Missverständnissen, die offen angesprochen werden müssen und vielleicht auch der externen Unterstützung bedürfen.
- Eine klare, eindeutige Kommunikation ist wichtig; man darf sich nicht persönlich angegriffen fühlen, wenn Gefühle nicht so erwidert werden, wie man sich das wünscht oder es erwartet (vgl. Schmidt 2009). Gerade in der Liebe wird ja üblicherweise sehr viel mit Andeutungen, subtilen Zeichen und Informationen »zwischen den Zeilen« gearbeitet, und da Menschen mit Autismus diese versteckten Botschaften oft nicht verstehen, muss man versuchen, sich stattdessen klar und eindeutig auszudrücken.

Folgende Aspekte müssen weiterhin überlegt werden:

- Bewusstwerden der eigenen Wünsche an einen Partner,
- Erkennen der Erwartungen anderer Menschen an einen Partner,
- Erweiterung der sozialen Kompetenz und der Kompetenz zur aktiven Gestaltung einer Freundschaft (Verabreden: »Wie kann ich einem Menschen zeigen, dass ich ihn gern habe?«; Aktivitäten: »Was kann man mit einem Partner bzw. einer Partnerin machen?«; Streit und Versöhnung etc.),
- Erkennen des Rechts beider Seiten auf eine eigene Intimität (gemeinsame und getrennte Aktivitäten planen, Möglichkeit zum Rückzug für beide Partner bedenken),
- verschiedene Wohnmöglichkeiten kennen und beurteilen (gemeinsame bzw. getrennte Wohnungen etc.),
- Festlegen der jeweiligen Aufgaben für beide Seiten im Rahmen der Partnerschaft,
- Erkennen der eigenen Wünsche im Hinblick auf Zärtlichkeit und Sexualität als (mögliche) Bestandteile einer Partnerschaft.

Sexualkontakte

Viele Menschen mit Autismus wünschen sich nicht nur eine Freundschaft, sondern auch eine zwischenmenschliche Sexualität (auch dann, wenn sie nicht in einer

Partnerschaft leben), und häufig ist ein sexueller Kontakt trotz der Schwierigkeiten im Hinblick auf körperliche Nähe gar nicht so problematisch, wie man zunächst vermuten würde. Es ist also wichtig, für den betroffenen Menschen, der den Wunsch nach einem sexuellen Kontakt verspürt, Lösungen zu überlegen. Manche Betroffene sind sehr erleichtert, die Erfahrung machen zu dürfen, dass auch sie »Sex haben können«, häufig geht es darum, sich einfach einmal auszuprobieren. Seltener besteht der Wunsch nach häufigeren oder gar regelmäßigen Kontakten.

Falls ein Partner vorhanden ist, gestaltet sich die Situation natürlich leichter, dann muss man lediglich die eigenen (besonderen) Bedürfnisse herausfinden und versuchen, sie mit denen des Partners in Einklang zu bringen.

Die autismusspezifischen Besonderheiten bedeuten im Hinblick auf die Sexualität u. a.,

- dass man klar und deutlich sagen muss, was man möchte und was nicht, keine zweideutigen Äußerungen machen oder unklare Botschaften geben darf, weil diese häufig nicht verstanden und dann auch nicht beachtet werden können. Einige autistische Frauen sind deshalb Opfer von Vergewaltigungen geworden, »weil sie die subtilen Signale sexuellen Interesses nicht verstanden« (Grandin 1997, 168),
- dass man gemeinsam Möglichkeiten der Berührung finden muss, die vorstellbar und angenehm sind. Körperkontakt etwa kann einfacher sein, wenn man ein T-Shirt anbehält und den direkten Kontakt mit der Haut vermeidet,
- dass man versuchen muss, die Bedürfnisse des autistischen Menschen im Hinblick auf Struktur in Einklang zu bringen mit dem Wunsch des Gegenübers nach Flexibilität; so können sexuelle Aktivitäten z. B. nicht immer vorher zeitlich so exakt geplant werden, wie es für die eigene Person wünschenswert wäre. Hier muss man (manchmal mit Unterstützung) immer wieder versuchen, Kompromisse zu finden, mit denen beide Partner leben können,
- dass der Betroffene vielleicht auch ein paar Erläuterungen braucht, welche Formen des Sexualkontakts bestehen, und Hilfe bei der Auswahl derjenigen, die er sich für die eigene Person vorstellen kann. Auch kann es notwendig sein, Informationen über den Geschlechtsverkehr als solchen sowie notwendige Überlegungen (Verhütung?) anzubieten und als Ansprechpartner für spätere Fragen zur Verfügung zu stehen. Anleitungen und Erklärungen in einfacher Sprache finden sich z. B. in: Bundesvereinigung Lebenshilfe e. V. 2014, 95 ff.

Wir haben auch eine sexuelle Beziehung, allerdings ist meinem Partner diese Form der Nähe etwas »unheimlich«. Daher kommt Sex nur alle paar Monate vor. Dann benimmt er sich wie ein 16-Jähriger beim ersten Mal. Er ist unbeholfen, grobmotorisch und nur wenig einfühlsam. Er ist sehr unsicher, will keine Fehler machen und macht sie dadurch erst recht. Die Emotionalität überfordert ihn, obwohl er sich dem immer wieder freiwillig aussetzt. Ich versuche ihm klarzumachen, dass ich keine Erwartungen an ihn habe und er sich diesbe-

züglich nicht unter Druck setzen soll. Er will es aber offensichtlich selber und nimmt den nachfolgenden Overload bewusst in Kauf.
  (Cat Kaluba)

Aber auch bei fehlender Partnerschaft kann der Wunsch nach einem Sexualkontakt bestehen. Dann muss man gemeinsam überlegen, welche Möglichkeiten in Frage kommen (Kontaktanzeigen, Antworten auf Kontaktanzeigen, Sexualbegleitung, Erotik-Workshops etc.; vgl. auch Preißmann 2013b). Eine generelle Lösung wird es nicht geben, sie muss in jedem Einzelfall individuell gefunden werden. Wichtig ist es, sich vorher davon zu überzeugen, dass keine Gefahr besteht für die eigene Gesundheit und das eigene Wohlbefinden. Toleranz und Respekt müssen eingefordert werden, dann lassen sich oft recht gute individuelle Lösungen finden:

Ich schreibe hier aus rein persönlicher Motivation und in der Hoffnung, dass ich anderen Betroffenen und deren Angehörigen Mut machen kann, auch mal Wege des »Tabus« zu gehen.
  Ich habe bei meinem Sohn, diagnostizierter atypischer Autist mit Ausreißern in die geistige Behinderung, eine immer größer werdende sexuelle Unruhe beobachtet. Auf meine Fragen hin kamen sehr eindeutige Äußerungen: was er vermisst, was er sich wünscht.
  Für mich war ganz klar, dass eine Dame, die Sexualität im klassischen Sinne gewerblich betreibt, nicht die richtige Ansprechpartnerin für meinen Sohn sein würde. Also wandte ich mich mit diesem Thema an die Betreuer meines Sohnes. Einige Wochen später drückte man mir einen Packen Papier zum Thema Tantra, Sexualbegleitung etc. in die Hand, bot mir an, dass sie mit meinem Sohn zu einer gewerblichen Dame gehen – und fertig.
  Wieder einmal legte ich den Hebel um und wurde selbst aktiv. Ich habe die Papiere durchgearbeitet, im Internet recherchiert, E-Mails geschrieben, Telefonate geführt usw. Während meiner Recherche konnte ich ein sehr nettes und informatives Telefongespräch mit einer Sexualbegleiterin führen und auch Fragen und Bedenken äußern. Sie machte mir Mut, dass wir doch einfach mal vorbeikommen sollten. So taten wir das: Ich vereinbarte für meinen Sohn einen ersten Tantra-Termin, zu welchem mein Lebensgefährte und ich ihn begleiteten. Und ich muss sagen, es war einfach nur ein toller Nachmittag. Bei Kaffee und Kuchen lernten wir uns alle kennen, und dann verabschiedeten mein Sohn und die Sexualbegleitung sich in ihre Zweisamkeit. Ein sehr komisches Gefühl für mich als Mutter, da das ja eigentlich nichts ist, womit man als Mutter bei Sohn oder Tochter etwas zu tun hat. Mein Sohn aber wurde mit Respekt behandelt und hat auch mit Respekt reagiert. Die Rückmeldungen von meinem Sohn und der Sexualbegleiterin waren durchweg positiv.
  Die Sexualbegleiterin berichtete uns dann auch von einer Einrichtung, wo auch sie als Sexualbegleiterin mitwirkte, gab uns die Kontaktdaten, und ich meldete meinen Sohn (ich war lediglich Begleitperson) dort zu einem Tantra-Workshop an. Wir machten uns auf den Weg und konnten erneut tolle Erfahrungen machen, sowohl als Teilnehmer als auch als Begleiterin. Mein Sohn hat dieses Wochenende sehr genossen und später viel davon erzählt.
  Ich wiederum erzähle nur in meinem eigenen »geschützten« Rahmen über diese positiven Sexualerfahrungen meines Sohnes, denn dies ist ja nach wie vor ein Tabuthema, über das man wenig oder gar nicht spricht.
  Fazit:

Nur positiv. Mein Sohn ist zufrieden und wir somit auch. Er fühlt sich als Mann ernstgenommen und äußert das auch recht klar. Leider können wir nur selten die Sexualbegleiterin aufsuchen, da diese wichtige Lebensunterstützung von niemandem auch nur in Teilen finanziert wird. Bei einem Einkommen von 80 Euro im Monat geht da nicht viel.

Auf jeden Fall aber sollten alle Betroffenen und deren Angehörigen zu diesem Thema stehen und, wenn irgend möglich, die Initiative ergreifen. Denn die meisten autistischen Menschen können das nicht alleine leisten.

(Cornelia W.)

Empfängnisverhütung, »Safer Sex« etc.

Zu den Bereichen Liebe und Partnerschaft gehört auch das Wissen um Möglichkeiten zur Empfängnisverhütung und deren verantwortungsvolle Anwendung. Man kann sich beim Frauenarzt oder einer Beratungsstelle (z. B. Pro Familia) ausführlich darüber beraten lassen, welche Maßnahmen für die eigene Person und die jeweilige Situation am besten passen, um dann eigenverantwortlich entscheiden zu können. Dabei müssen bestehende Vorerkrankungen und Medikamente, aber auch das Lebensalter, der Lebensstil (Nikotinkonsum, Übergewicht etc.) und andere Faktoren (Zuverlässigkeit im Hinblick auf die regelmäßige Einnahme und notwendige Kontrolluntersuchungen, motorische Schwierigkeiten z. B. bei der Benutzung eines Kondoms etc.) berücksichtigt werden.

Es ist wichtig, Menschen mit Autismus auch bei diesen Themen ganz konkrete und verständliche Informationen zu geben, um Missverständnisse durch Uneindeutigkeiten zu vermeiden. So reicht es möglicherweise nicht aus, das Abrollen eines Kondoms über einem Besenstiel zu üben, sondern man muss explizit darauf hinweisen, dass man im »Ernstfall« dafür dann eben nicht den Besenstiel verwendet.

Wichtig sind auch Kenntnisse im Hinblick auf die wichtigsten Geschlechtskrankheiten, besonders darüber, dass man sich durch Kondome auch davor effektiv schützen kann, und dass man im Falle von Juckreiz oder Geschwüren im Genitalbereich, Ausfluss, Brennen, Schmerzen oder anderen Beschwerden den Arzt aufsuchen und ihm die Beschwerden schildern sollte. Meist muss in diesem Fall auch der Partner mitbehandelt werden, auch dann, wenn bei ihm keine Beschwerden bestehen.

Und schließlich müssen nach einem sexuellen Kontakt auch die Anzeichen einer möglichen Schwangerschaft (Ausbleiben der Menstruation, evtl. häufiges Erbrechen etc.) erkannt und umgehend ein Arztbesuch eingeleitet werden.

Kinderwunsch und Elternschaft

Für Menschen mit Autismus, die in einer festen Partnerschaft leben, ist die bewusste Auseinandersetzung mit dem eigenen Kinderwunsch notwendig. Wichtig ist es dabei vor allem, sich der Verantwortung und der Aufgaben bei einem eigenen Kind bewusst zu werden:

Meine größte Sorge ist, dass ich mit meinen Nerven nicht klarkomme. Bei der Arbeit kann ich mal kurz Pause machen und mich ausweinen bzw. auszittern, wenn meine Nerven überreizt sind. Das sollte mir vor meinem Kind aber nicht zu oft passieren. Ein Kind benötigt auch viel Körperkontakt, und ich weiß nicht, ob ich den immer zulassen könnte. Und wer Kinder hat, der muss auch Besuch empfangen, muss Essen zubereiten, sich und das Kind manchmal gleichzeitig waschen und ankleiden können, muss flexibel auf Situationen reagieren und oft mehrere Dinge gleichzeitig machen können, immer die Nerven behalten, auch wenn es laut ist, Kontakte zu anderen Familien pflegen – und er muss einen anderen, von sich abhängigen Menschen in seiner Nähe ertragen können. Ich kann all diese Dinge jetzt nicht erfüllen und weiß, dass ich es auch in allernächster Zeit nicht können werde. Aus all diesen Gründen habe ich nach zwei Jahren des Grübelns den Entschluss zu einer Sterilisation gefasst. Sicher hätte es auch andere Verhütungsmöglichkeiten gegeben, aber ich bin mir nun mal sicher und bin froh über meine Entscheidung.
(Kristin F.)

Insgesamt spielen u. a. folgende Überlegungen eine Rolle:

- Manchmal erhofft man sich ein eigenes Kind als eine Art »Türöffner« zur Welt der »normalen« Menschen. Die Erfüllung des Kinderwunsches kann dann als eine Bestätigung der eigenen Normalität gesehen werden und dabei helfen, die abgelehnten eigenen Einschränkungen zu kompensieren.
- Kinder sind etwas sehr Schönes, aber sie sind eben auch anstrengend und lassen sich nur selten mit dem eigenen Bedürfnis nach einem strukturierten, geplanten Tagesablauf in Einklang bringen. Das kann autistische Menschen überfordern.
- Mit einem eigenen Kind ist es notwendig, sich in Kindergarten, Schule etc. immer wieder auch mit den Eltern der anderen Kinder auszutauschen, Verabredungen zu treffen und Alternativen zu vorher festgelegten Abläufen zu finden.
- Vor allem in Krisenzeiten ist eine enge Begleitung des Kindes auch in psychisch-emotionaler Hinsicht notwendig.
- Das Herumtoben und Herumalbern mit einem Kleinkind und das aktive Gestalten der gemeinsamen Zeit können Schwierigkeiten bereiten.
- Wichtig ist die Verfügbarkeit einer guten Unterstützung, z. B. durch die eigenen Eltern, durch therapeutische oder pädagogische Fachkräfte etc.

Inzwischen aber berichten zahlreiche autistische Menschen auch von einer sehr schönen und sehr beglückenden Erfahrung mit einem eigenen Kind. Wenn die Voraussetzungen günstig sind, ein Kinderwunsch besteht und eine individuelle Hilfe gefunden werden kann, können auch betroffene Menschen sehr liebevolle Eltern glücklicher Kinder werden.

Herausforderungen sind jedoch auch in diesem Fall Schwangerschaft und Geburt, vor allem die häufigen Vorsorgeuntersuchungen, stets verbunden mit intensiven Berührungen im Intimbereich, das Erleben der Geburtssituation etc. Frühzeitig sollten Geburtsvorbereitungskurse besucht und die aufkommenden Fragen mit einer Hebamme geklärt werden, um ein bisschen Sicherheit zu bekommen. Möglicherweise ist eine Entbindung durch einen Kaiserschnitt sinnvoller, auch das sollte man besprechen. Und schließlich kann man von Hebammen auch wichtige

Tipps und Hinweise zur Versorgung des Neugeborenen erhalten. So oft wie möglich sollten deshalb Nachsorgemaßnahmen mit der Geburtshelferin wahrgenommen werden.

Sexueller Missbrauch

Bislang aufgrund des dreifachen Tabus (Autismus als solcher, Sexualität von Menschen mit Autismus und schließlich der sexuelle Missbrauch) kaum thematisiert, verdient auch dieser Aspekt größere Beachtung, denn nicht selten berichten Betroffene, insbesondere Mädchen und Frauen, über Erfahrungen mit sexuellem Missbrauch. Mehrere Gründe sind vorstellbar:

- Es fällt ihnen manchmal schwer zu erkennen, wer es gut mit ihnen meint und wer nicht. Deshalb kann es problematisch für sie sein, zwischen einvernehmlicher Handlung mit einem anderen Menschen und dem aufgezwungenen Fremdwillen, bei dem man ein unangenehmes Gefühl hat, zu unterscheiden. Der Kontakt zu nicht-behinderten Menschen bedeutet zunächst oft eine Bestätigung der ersehnten eigenen Normalität, sodass die gesendeten Signale durchaus widersprüchlich sein können. Wichtig ist für Menschen mit Autismus das Wissen, dass sie nichts tun und über sich ergehen lassen müssen, was sie nicht möchten, und dass sie ihre Meinung auch im Verlauf ändern können, dass sie gleichzeitig aber auch klar und deutlich sagen müssen, wenn ihnen etwas nicht (mehr) gefällt. In der Situation selbst gelingt das nicht immer, weil man aufgeregt ist und Angst hat. Oft ist es deshalb eine gute Idee, solche Begegnungen im Rollenspiel zu üben, um ein bisschen Sicherheit zu bekommen. Die Regel, die antrainiert werden muss, lautet dabei: »Say no, get away and tell someone« (»Nein« sagen, weggehen und sich jemandem mitteilen; vgl. O'Day 1983).
- Häufig sind es autistische Menschen auch einfach gewohnt, die Dinge zu tun, die andere von ihnen erwarten. Sehr wichtig ist es daher, von Kindheit an Selbstbestimmung und eigene Entscheidungen zu fördern und zu unterstützen, wann immer das möglich ist. Dazu gehört auch die Fähigkeit zum selbstbestimmten Nein-Sagen, auch in Form von aktivem Widersprechen gegenüber den Erwartungen und Forderungen von Autoritätspersonen.
- Missbrauchserfahrungen sind, zumal bei Menschen, die sich nur eingeschränkt äußern können, oft nur schwer zu erkennen. Manchmal kann man lediglich eine Veränderung des Verhaltens bemerken (Angst, Aggression, Änderung der Stimmungslage etc.), und wenn das Umfeld tatsächlich eine entsprechende Vermutung äußert, wird diese häufig nicht ernstgenommen und nicht weiterverfolgt. Noch schwieriger ist es in der Regel, wenn die Betroffenen selbst versuchen, sich Gehör zu verschaffen und eine entsprechende Tat anzuzeigen. Es ist also zu fordern, auch Menschen mit einer Behinderung ganz selbstverständlich Glauben zu schenken und sie genauso ernst zu nehmen wie alle anderen Menschen. Und Betreuer müssen gezielt geschult werden bei der Entscheidung, in welchen Fällen man aufgrund einer deutlichen Verhaltensänderung auch an einen sexuellen Missbrauch denken muss und wie dann vorzugehen ist.

- Die Situation wird anfangs womöglich gar nicht als sexuell motiviert wahrgenommen, wenn der Kontakt über ein anderes Thema eingeleitet wird. Subtile Hinweise können nicht immer erkannt werden. Und da viele Menschen mit Autismus über den Bereich der Sexualität deutlich weniger wissen, als man aufgrund ihres Lebensalters und ihrer Intelligenz erwarten könnte, sind sie hinsichtlich Missbrauchserfahrungen ganz besonders gefährdet. Entscheidend ist eine gute sexualpädagogische Aufklärung, denn sie stellt den besten Schutz vor sexuellen Übergriffen dar.

Hilfen auf diesem Gebiet sind aber nicht nur für das weibliche Geschlecht nötig, viele betroffene Männer beschreiben sehr traurig ihre Situation, haben oft Angst, dass sie aufgrund ihres »merkwürdigen« Verhaltens und als Angehörige des »Risikogeschlechts« für aktiven sexuellen Missbrauch sehr schnell in eine Situation geraten können, die ihnen viel Ärger einbringt. Manche von ihnen trauen sich deshalb gar nicht, »wieder einmal eine Frau anzusprechen«, weil sie fürchten, sie könnten vielleicht die subtilen Signale übersehen, die ein »Nein« signalisieren, und dann des Missbrauchs beschuldigt werden. Es ist zu vermuten, dass nicht wenige autistische Männer tatsächlich deshalb auch in forensischen Kliniken behandelt werden, weil ihnen eben dieser Aspekt zum Verhängnis wurde. Es ist also sehr wichtig, für beide Geschlechter Unterstützung anzubieten.

Wahrnehmungsbesonderheiten

Die autistische Symptomatik zeigt sich häufig aufgrund einer veränderten Wahrnehmungsverarbeitung. Das kann alle Bereiche der Wahrnehmung betreffen.

Sinneswahrnehmung

Häufig stoßen autistische Menschen schon bei der Alltagsbewältigung an ihre Grenzen und sind dann überfordert, wenn es gilt, sich zusätzlich noch auf völlig unerwartete Situationen einzustellen, Neues zu entdecken und zu erlernen oder auf Veränderungen angemessen zu reagieren. In diesen Zeiten kommt es besonders häufig zu einer Überladung des Gehirns mit Daten und nachfolgend zum Zusammenbruch seiner Energiezufuhr, was oft als »Overload« oder Reizüberflutung bezeichnet wird. Die betroffenen Menschen sind dann meist nicht mehr in der Lage, zielorientiert und reflektiert zu handeln.

Ein Beispiel »kann der Einkauf in einem gut besuchten Supermarkt sein. Was für die meisten Menschen unangenehm ist, bedeutet für einen Menschen mit Autismus eine regelrechte Qual. Er weiß sich umgeben von gehetzten Menschen, die laut reden und hektisch hin- und herströmen, verschiedene Reize prasseln auf ihn ein, Lockangebote und das um-

fassende Warenangebot fordern seine Aufmerksamkeit. Der Betroffene kann die Dauerbeschallung mit Musik nicht ausblenden, keine Lautsprecherdurchsage überhören und wird durch einen nur als gewaltig zu beschreibenden Geruchscocktail verwirrt. All diese Ablenkungen und Verwirrungen wirken handlungslähmend, im extremen Fall und besonders bei Kindern furchterregend« (Schuster 2007, 299).

Schwierigkeiten bereitet vielen Betroffenen ihre sehr sensible Sinneswahrnehmung. Manche fühlen sich von fast jeder Art von äußerem Reiz gestresst. Bei anderen beschränkt sich die Empfindlichkeit auf Geräusche, bei wieder anderen auf Düfte, Geschmack, visuelle oder taktile Reize. Häufig werden insgesamt Berührungen (vgl. Gawronski et al. 2012, 30) und vor allem das Hören als besonders problematisch beschrieben:

»Die Reizüberflutung im Großraumbüro führte früher bei mir zu Kopfschmerzen, und ich musste immer öfter das Büro kurzzeitig verlassen, um mich zu beruhigen und überhaupt weiterarbeiten zu können. Es war mir natürlich bewusst, dass jene Akustik, die ich als Lärm empfand, für andere nicht störend war und diese vielleicht sogar die Stille meiden würden. Ich kann mir lediglich vorwerfen, dass ich kaum jemanden auf die für mich zunehmend belastende Situation aufmerksam gemacht habe« (Peter, in: Blodig 2016, 143).

Nicht-autistische Menschen können zwischen wichtigen und unwichtigen Reizen unterscheiden und so nicht relevante und störende Umgebungsreize ausblenden, um nicht in einer Flut von Informationen zu »ertrinken«. Nur das, was als relevant erachtet wird, dringt in das Bewusstsein vor; auf diese Weise ist es möglich, die volle Aufmerksamkeit auf das Wesentliche zu richten und sich nicht durch andere Sinneseindrücke ablenken zu lassen. Menschen mit Autismus gelingt diese Leistung sehr viel schlechter, bei ihnen liegt eine »Filterschwäche« vor. Daher kommen die Reize ungefiltert im Gehirn an, alles ist gleich laut, gleich hell usw. Das führt nicht selten zu einem sensorischen Chaos: »Die Kapazitäten eines Menschen, Reize zu verarbeiten, sind begrenzt. Das bedeutet: Je mehr Reize auf einen Menschen einprasseln, desto schwieriger wird es für ihn, diese zu filtern und die relevanten von den irrelevanten zu trennen. Eine Reizüberflutung führt zu einer Reizüberlastung, dem Overload« (Theunissen et al. 2015, 280).

In solchen Momenten kommt es nicht selten zu einem Verhalten, das Außenstehende nicht verstehen können, weil sie diese Schwierigkeiten so nicht kennen. In der Schule gelingt es oft nur schwer, die störenden Geräusche der Klassenkameraden von den Worten des Lehrers abzugrenzen und sich darauf zu konzentrieren. Das führt zu Fehlinterpretationen wie »…strengt sich nicht an, hört nicht zu, ist nicht bei der Sache« – oder auch »ist schnell gereizt und genervt, rastet häufig grundlos aus, ist ein böser Mensch.« Aber auch dann, wenn man den Auslöser für das Verhalten nicht (sofort) erkennen kann: Es gibt einen Grund. Autistische Menschen sind nicht böse, sie wollen andere nicht absichtlich verletzen oder abwerten oder aber Gegenstände zerstören, sie rasten nicht »grundlos« aus. Diejenigen, die sich äußern können, beschreiben immer wieder, wie sehr sie darunter leiden, ihr Verhalten zeitweise nicht kontrollieren zu können.

»Ich habe selbst eine entsprechende Situation mit einem jungen autistischen Mann beobachtet und miterlebt: Er saß in der Küche, in der die Spülmaschine lief und der Wasserkocher angestellt war. Zusätzlich war das Fenster gekippt und im Nachbargarten spielten Kinder. Ich sprach mit dem jungen Mann, wir waren dabei, das Abendessen vorzubereiten. Plötzlich warf er Besteck durch die Küche und lief in sein Zimmer, ließ die Rollläden herunter und lauschte seiner Lieblingsmusik. Erst im Nachhinein begriff ich, dass in der Küche viel zu viele Reize auf den jungen Mann eingeströmt waren, vor allem Geräusche (Spülmaschine, spielende Kinder, meine Gespräche), die noch an Intensität zunahmen (Wasserkocher)« (Blodig 2016, 30).

Den Überempfindlichkeiten im Hinblick auf Sinneseindrücke stehen oft Unempfindlichkeiten gegenüber, die sich auf Schmerz- oder Temperaturreize beziehen. Es kann dann vorkommen, dass eine Kleidung gewählt wird, die nicht zur Jahreszeit passt, oder dass auch ernsthafte Erkrankungen und Verletzungen nicht erkannt werden können, weil die Rückmeldung des Körpers fehlt.

Vor wenigen Jahren hatte ich eine sehr schwierige Erkrankungsphase durchgemacht mit langem Fieber und Schüttelfrost und schließlich auch Rhythmusstörungen sowie Herzschmerzen. Antibiotika (die ich in der Annahme eines bakteriellen Infekts – schließlich war es Erkältungszeit – einnahm) halfen nicht, niemand hatte eine wirkliche Erklärung für meine Beschwerden. Schließlich ging ich zu meiner Zahnärztin, denn als Ärztin wusste ich, dass solche Beschwerden auch einmal von den Zähnen kommen können. Sie fand also tatsächlich einen vereiterten Zahn, der umgehend behandelt wurde. Danach ging es mir wieder gut. Aber diese Erfahrung zeigte mir wieder einmal, dass mein mangelndes Schmerzempfinden nicht nur Vorteile hat (ich habe fast nie Kopf-, Bauch- oder andere Schmerzen), sondern dass es dadurch tatsächlich auch zu sehr schwierigen und möglicherweise sogar gefährlichen Zuständen kommen kann. Ich finde es also sehr wichtig, bei Beschwerden autistischer Menschen, die man nicht einschätzen kann, eine sichere Abklärung durchzuführen und den betroffenen Menschen regelmäßig im Sinne einer Vorsorge ärztlich und zahnärztlich vorzustellen. Möglicherweise muss man dabei vielleicht häufiger röntgen als bei anderen Menschen, aber das ist manchmal das kleinere Problem.

Reizüberflutung

Was wann zu viel ist, kann man so pauschal gar nicht sagen, das ist bei jedem Betroffenen anders und auch sehr von der »Tagesform« abhängig. Generell aber sind viele verschiedene Sinnesreize in starker Ausprägung für autistische Menschen nur schwer zu ertragen. Sie kosten viel Energie und führen oft zu einer Überforderung, einem »Dauerstress«, zu rascher Ermüdung und dem Wunsch, möglichst reizarme Orte aufzusuchen oder auf andere Weise Energie zu sparen. In solchen Momenten fallen autistische Menschen daher verstärkt in ihre Routinen, Rituale und Spezialinteressen zurück, die gleichförmig ablaufen und deshalb viel weniger Energie verbrauchen. Rituale geben Sicherheit, bauen Stress ab und fördern die Gesundheit. Menschen mit Autismus haben also durch ihre Beschäftigung mit Ritualen und speziellen Interessen eine Möglichkeit gefunden, ganz aktiv ihre Gesundheit zu unterstützen. Diese Kompetenz muss man erkennen, wertschätzen und fördern:

Mein Sohn David geht, seit er berufstätig ist, am Nachmittag erst einmal in den Keller, wenn er von der Arbeit kommt. Dort bleibt er eine Stunde, dann kommt er zu uns herauf, dann geht es ihm gut. Zunächst dachte ich, er sei depressiv, weil ich dieses Alleine-im-Keller-Sitzen von ihm so nicht kannte und mir Sorgen gemacht habe. Eine Beratung hat aber ergeben, dass dies offenbar seine Möglichkeit ist, nach den vielen Reizen, die für ihn durch den Kontakt mit anderen Menschen entstehen, erst einmal ein bisschen »herunterzukommen« und sich wieder zu sammeln. Ich habe erkannt, dass ich ihm dieses Verhalten keinesfalls abgewöhnen darf, sondern dass es eine große Leistung von ihm bedeutet, seine Bedürfnisse zu erkennen und so darauf zu reagieren, dass es ihm gut geht. Nun bin ich stolz auf ihn.
(Petra Gruber)

Allgemeine Maßnahmen bei Reizüberflutung

Es ist wichtig, insbesondere in schwierigen und anstrengenden Zeiten möglichst viele Lebensbereiche energiearm zu planen, also beispielsweise gezielt Routinen und Rituale einzubauen, die weniger Energie benötigen und deshalb als entspannend empfunden werden. Eine betroffene Frau berichtet beispielsweise, dass sie zum Entspannen und Erholen sehr gern in die Natur geht und dabei am liebsten immer dieselbe Laufstrecke wählt, um auf diese Weise Energie zu sparen und abschalten zu können (Preißmann 2013a). Ein ganz ähnliches Verhalten kann man ja auch bei Profisportlern beobachten, die vor einem Wettkampf unter extremer Anspannung stehen. Auch sie bauen bei der Vorbereitung gezielt Routinen und Rituale ein (laufen mit demselben Kopfhörer herum, hören dieselbe Musik etc.), sie schotten sich ab und planen immer denselben Ablauf für die Stunden unmittelbar vor der Herausforderung. Auch sie versuchen auf diese Weise, möglichst wenig unnötige Energie zu verbrauchen, um dann »auf den Punkt fit« zu sein.

Es wäre sehr wichtig, dieses Haushalten mit den eigenen Kräften auch autistischen Menschen beizubringen.

Gerade erst in den letzten Jahren habe ich durch Übung und viel therapeutische Arbeit gelernt, Überforderungssituationen rechtzeitig zu bemerken und diese Overload-Zustände möglichst bereits im Anfangsstadium zu bekämpfen. Auch ich erlebe diese Zustände natürlich auch heute noch, vor allem dann, wenn ich viel Unsicherheit habe, beispielsweise den Tagesablauf nicht exakt genug kenne und ihn vor allem nicht selbst bestimmen kann, was Angst verursacht. Inzwischen merke ich aber häufig rechtzeitig, dass sich die körperlichen Reaktionen ankündigen, und ich versuche dann, mich an einen ruhigen Ort zurückzuziehen. Das muss nicht mehr immer in solchen Fällen ein Bett sein, im Anfangsstadium geht das auch ganz gut in einem ruhigen Café, in einer Kirche, auf einer Parkbank oder an einem anderen schönen Ort.

Und ich habe für mich gelernt, ähnlich dem Verhalten von Sportlern, bei besonderen Anforderungen, die mich Kraft kosten, den Rest des Tages ganz eng zu strukturieren und exakt zu planen, um dann nicht noch zusätzliche Energie verbrauchen zu müssen. Das geht ganz gut. Für den Abend plane ich an solchen Tagen immer eine schöne Kleinigkeit zur »Belohnung« ein und habe für diesen Zweck oft eine meiner Lieblings-Weihnachtszeitschriften im Gepäck.

Persönliche Interessen geben Sicherheit, bauen Stress ab und fördern die Gesundheit. Sinnvoll sind dabei vor allem ausdauernde körperliche Tätigkeiten sowie solche Aktivitäten, bei denen das gemeinsame Tun mit anderen Menschen im Vordergrund steht, etwa Kochen, Fotografieren, Wandern oder gemeinsame Ausflüge:

Entspannung findet C. in seinem Spezialgebiet. Darüber könnte er unentwegt sprechen. Auch Waldspaziergänge, Naturaktivitäten, Klettern und Radfahren entspannen ihn, er öffnet sich dabei und erzählt so manches. Urlaub in den Bergen und die Ferien dienen seiner Entspannung. In der Gegenwart von Menschen, die nicht so viel sprechen und ihn nicht bedrängen, kann er auch zur Ruhe kommen. Die Gegenwart von Tieren tut ihm ebenfalls gut.
   Wir beide genießen diesen Sommer mit einem liebgewonnenen Ritual, das uns beide entspannt: C. sucht uns ein Wassereis und wir sitzen an unserem kleinen Teich und freuen uns, wenn ein Lurch oder Frosch zu sehen ist.
   (Natalia Schinhofen)

Häufig ist es hilfreich, den Ort zu wechseln, wenn in manchen Situationen scheinbar »kein gesprochenes Wort mehr durchdringt. Vielleicht befindet man sich in einem Zimmer oder an einer Stelle, an der Geräusche stören, die wir selbst nicht wahrnehmen beziehungsweise ausfiltern können. Das kann das Zwitschern eines Vogels sein, das Brummen eines elektrischen Gerätes, das Summen einer Biene oder etwas, auf das ich nicht komme, weil ich eine ›normale‹ Wahrnehmung habe« (Bauerfeind 2016, 67).

Therapeutische Maßnahmen bei Reizüberflutung

Zustände der Reizüberflutung werden als sehr quälend beschrieben, aber sie können auch richtig gefährlich werden, weil der betroffene Mensch bei schwerer Ausprägung der Symptomatik anderen Menschen hilflos ausgesetzt ist und deshalb gerade in diesen Momenten besonderen Schutz und Sicherheit braucht. Auch ist ausgerechnet dann das Schmerzempfinden häufig herabgesetzt, sodass Verletzungen z. B. durch Kopfschlagen oder andere Formen der Autoaggression oft nicht bemerkt werden können. Auch ernste körperliche Schädigungen sind dadurch möglich. Es ist daher wichtig, effektive Hilfe anzubieten, die an unterschiedlichen Ebenen ansetzen kann:
   Zunächst sollte man gemeinsam mit dem betroffenen Menschen die Symptomatik besprechen, um einen ungefähren Schwergrad ermitteln zu können (etwa auf einer Skala von 0 = maximal entspannt bis 100 = Zustand der maximalen Reizüberflutung). Mit einiger Übung wird man einen Bereich festlegen können, der einer moderaten Symptomatik entspricht und einen weiteren mit schweren

Symptomen, vielleicht auch einen »Point of no return«, der einen Zustand beschreibt, der unweigerlich in eine Reizüberflutung mündet und nicht mehr durch verschiedene Maßnahmen zu beherrschen ist (liegt auf der oben genannten Skala dann vielleicht bei 80 oder 90). Häufig dauert es viele Jahre, bis man entsprechende Übung und Erfahrung hat und dies exakt herausarbeiten kann, aber es erscheint wichtig, dies anzuleiten, denn erst danach ist es möglich, passende Hilfen zu finden.

Im nächsten Schritt sollten dann verschiedene Maßnahmen erarbeitet werden, die im jeweiligen Stadium helfen können. Dies ist individuell unterschiedlich, deshalb sieht die Liste bei jedem Betroffenen anders aus. Beispiele können sein (vgl. Miller 2020):

Bei moderater Ausprägung der Symptomatik:

- in ein ruhiges Zimmer zurückziehen, hinsetzen oder hinlegen,
- in der Natur spazieren gehen, sich bewegen,
- kaltes Wasser trinken, Eiswürfel lutschen,
- kalt duschen (Kälte beruhigt die Nervensysteme),
- Entspannungsverfahren anwenden, die vorher erlernt wurden und als hilfreich erlebt werden,
- mögliche Hilfsmittel zur Reizabschirmung nutzen (Kopfhörer, Jalousien zur Verdunklung, schallschluckende Trennwände im Büro etc.),
- verschiedene Nahrungsmittel ausprobieren (frische Produkte wie Obst etc.; Kaffee, Cola o. ä.),
- etwas tun, das individuell beruhigt (eigenes Spezialinteresse, Hin- und Herschaukeln etc.; häufig auch hilfreich: kognitive Leistungen wie das Aufsagen von Reimen, Kopfrechnen, einfaches monotones Rückwärtszählen o. ä.).

Bei schwerer Ausprägung der Symptomatik:

- sich hinlegen, absolute Ruhe, Zimmer verdunkeln,
- fester Druck am Körper, etwa durch eine schwere Weste, eine feste Decke oder andere Gegenstände. Liane Holliday Willey beschreibt solche Maßnahmen bei einem Einkauf mit ihrer Tochter: »*Zum Beispiel waren wir vor kurzem beim Einkaufen in einem Geschäft, das durch seine vielen Reize sehr an ihren Sinnen gezerrt hat. Ich lächelte sie stolz an, als sie mich darum bat, sie in den Einkaufswagen zu setzen und mit allem, was wir einkaufen würden, zuzudecken*« (Willey 2003, 139).
- andere Gegenstände, um sich »zu spüren«: Igelball, scharfe Gewürze, Chilischote, Senfkörner, Meerrettich o. ä.,
- Sicherheit durch die Anwesenheit eines verständnisvollen, ruhigen Menschen (kann für manche Menschen in solchen Situationen aber auch kaum auszuhalten sein; sie wünschen sich und brauchen dann eher das Alleinsein),
- evtl. auch medikamentöse Hilfen (z. B. Aspirin, Paracetamol, Metoclopramid; Hypothese: vielleicht auch Migränemittel, da manchmal ähnlich anmutende Symptomatik),
- ausreichend trinken (Wasser, Tee oder Fruchtsaftschorle etc.).

Eine solche Liste von »Skills« kann für den »Ernstfall« ein bisschen Sicherheit geben, wenn man weiß, dass es Möglichkeiten gibt, die Situation zu meistern. Einschränkend muss hier jedoch erwähnt werden, dass diese Hilfen sehr individuell ausgesucht werden müssen. Was dem einen Betroffenen gut hilft, kann beim nächsten wirkungslos sein. Aber auch vorbeugend sind viele Hilfen denkbar, um es manchmal erst gar nicht so weit kommen zu lassen. Einige davon werden im Kapitel »Barrierefreiheit« aufgeführt.

Körperwahrnehmung

Vielen autistischen Menschen fällt es schwer, ihren Körper als Ganzes oder auch bestimmte Gliedmaßen zu spüren. Manchmal muss deshalb eine Bewegung erst gedanklich erfasst und mühsam geübt werden, bevor sie dann im nächsten Schritt intuitiv ausgeführt werden kann:

»(…) erwies sich besonders meine Mundmuskulatur als unterentwickelt. Um überhaupt sprechen zu können, musste ich meine Zungen- und Lippenmuskulatur lange trainieren. Auch andere Übungen, für die man Gesichtsmuskeln braucht, haben mir große Probleme bereitet. Ich habe lange gebraucht, bis ich mit den Augen zwinkern oder ein Auge unabhängig vom anderen zukneifen konnte. Pfeifen habe ich bis zum heutigen Tag nicht lernen können (…). Ich halte es für einen großen Verlust, nur so schlecht etwas nachmachen zu können. Gerade bei praktischen Tätigkeiten, denen ich in meinem pharmazeutischen Studium recht oft nachgehen muss, ist das ein großes Handicap. Ich muss mir von den Assistenten mehrmals und in kleinen Schritten demonstrieren lassen, welche Handgriffe man in welcher Reihenfolge bei einem Versuch anwenden muss. Viele Assistenten verlieren dabei die Geduld. Es ist mir unangenehm, nochmal nachfragen zu müssen, wenn ich einen Bewegungsablauf schon wieder vergessen habe. Menschen, denen etwas bereits durch Anschauen in Fleisch und Blut übergeht, sind klar im Vorteil. Sie können nicht verstehen, dass dieses mühelose Lernen bei anderen so nicht funktioniert« (Schuster 2007, 303–304).

Viele Bewegungsabläufe sind also nicht automatisiert, sondern müssen erlernt werden und erfordern besondere Aufmerksamkeit:

»Ich habe viel zu wenig automatisierte Bewegungsabläufe in meinem motorischen Gedächtnis gespeichert. Das lässt sich offensichtlich auch nicht aufholen« (Zöller 2001, 45).

Aufgrund dieser motorischen Auffälligkeiten sind Menschen mit Autismus häufig langsamer als andere, wenn es um grob- oder feinmotorische Tätigkeiten geht (Schreiben in der Schule, Rennen, Toben, Klettern, Fahrradfahren, sportliche Aktivitäten, aber auch komplexe Bewegungsabläufe im Arbeitsalltag oder der Spracherwerb etc.). Das muss man auch in Schule und Beruf beachten.

Für viele Wahrnehmungsauffälligkeiten autistischer Menschen findet man hilfreiche Strategien, wenn man danach sucht. Manchmal kann aber auch die Vermeidung durchaus sinnvoll sein:

»Die Temperaturen draußen haben Werte erreicht, bei denen man normalerweise Mütze, Schal und Handschuhe anzieht. Nicht so bei meinem Sohnemann. Die Mütze ›quetscht meinen Kopf‹, schrieb er einmal, und ich besorgte verschiedene Modelle, die meiner Meinung nach nicht quetschen konnten (…). Die Handschuhe ›jucken bienenstark‹, schrieb er ein anderes Mal, ich zog wieder los und kaufte eine Auswahl Handschuhe unterschiedlichen Materials. Das ›Jucken‹ ließ nicht nach. Tja, und der Schal ›ist eine Dschungelerfahrung‹. Aha. Nun ja, vielleicht ein kürzerer oder ein anderer oder ein … – Nein, es half alles nichts. Inzwischen ist Niklas 16 Jahre alt, und Mützen, Schals und Handschuhe gibt es in seinem Leben nicht. Wir haben das akzeptiert und behelfen uns mit Pullis, die höher geschnitten sind (…). Seine Wahrnehmung ist eine andere, und bevor er mit gequetschtem Kopf und juckenden Händen schreiend durch einen beängstigenden Dschungel laufen muss, akzeptieren wir lieber, dass es eben ohne gehen muss. Den Stress, alles anziehen zu müssen, habe ich mir abgewöhnt« (Bauerfeind 2016, 49).

Detailwahrnehmung

Autistische Menschen haben eine detailorientierte Wahrnehmung. Sie erleben ihre Welt als aus vielen Einzelteilen zusammengesetzt, merken häufig sofort, wenn sich auch nur eines dieser Details verändert, und reagieren darauf mit Angst. Die Sorge vor Veränderungen aller Art lässt sich auf diese Weise erklären. Die Betroffenen erkennen also viele kleine Einzelheiten, auch solche, die anderen Menschen verborgen bleiben. Das ist in einigen Berufen hilfreich (Lektorat eines Verlags beim Korrekturlesen von Texten; IT-Experte beim Suchen von Fehlern in der Programmierung etc.), in anderen Bereichen aber ist es hinderlich, weil dadurch die kontextgebundene Wahrnehmung verloren geht. Menschen mit Autismus haben also meist Schwierigkeiten, wenn es etwa in der Schule darum geht, den Zusammenhang eines Textes oder eines Filmes zu verstehen und zu analysieren, weil sie das Wesentliche nicht bemerken, keinen sinnvollen Handlungsablauf erkennen und ihre Wahrnehmung eher auf unwichtige Details richten. Bei Aufsätzen oder Textanalysen zeigen sie deshalb in der Regel deutlich schlechtere Leistungen als in anderen Fächern.

Auch die Probleme beim Lernen durch Erfahrung sind auf diese Wahrnehmungsbesonderheiten zurückzuführen, denn dabei kommt es darauf an, auf bestehende Kenntnisse zurückgreifen und neue Informationen integrieren zu können. Dafür muss man die eingehenden Reize gewichten und auf ihre Relevanz hin prüfen können. All das gelingt den Betroffenen meist nicht gut.

Insgesamt ist die veränderte Wahrnehmung autistischer Menschen Stärke und Schwierigkeit zugleich, und Anforderung bzw. Kontext bestimmen, welche Komponente gerade überwiegt. Und so ist es in allen Lebensbereichen. Wenn es gelingt, die Auffälligkeiten in Ressourcen umzuwandeln und so zu begleiten, dass die Schwierigkeiten kontrolliert werden können, dann ist auch für Menschen mit Autismus vieles möglich.

Stress und Entspannung

Stress (englisch für Druck, Anspannung; vom lateinischen Begriff stringere, anspannen) bezeichnet zum einen die durch spezifische äußere Reize (Stressoren) hervorgerufenen psychischen und physischen Reaktionen bei Lebewesen, die es ihnen ermöglichen, besondere Anforderungen zu bewältigen, und zum anderen die dadurch entstehende körperliche und geistige Belastung. Stress ist also nicht immer nur negativ. Ihm kommt vielmehr eine zentrale Bedeutung zu, wenn es darum geht, sich körperlich wie psychisch an sich verändernde Umweltbedingungen anzupassen. Belastungen können in der Folge besser ertragen oder letztlich durch eine entsprechende Stresstoleranz neutralisiert werden.

Stress steht also für die natürliche Reaktion des Körpers auf eine Herausforderung und lässt sich evolutionsbiologisch erklären: Früher war es überlebenswichtig, dass sich der Körper bei Gefahr auf Kampf oder Flucht vorbereitete. In solchen Situationen etwa steigen Puls und Blutdruck, alle Sinne sind geschärft, die Atmung wird schneller, die Muskeln spannen sich an. Der Körper schüttet Stresshormone aus (Adrenalin, Noradrenalin und Cortisol) und stellt in Sekundenbruchteilen zusätzliche Energie zur Verfügung, um eine schnelle Reaktion zu ermöglichen.

Das Problem bei vielen Stresssituationen heute ist jedoch, dass unser Körper nur in den seltensten Fällen mit Kampf oder Flucht reagieren muss, schon gar nicht bei Anspannungen im Beruf oder in der Familie. Damit hat der psychisch geladene Mensch meist kein Ventil mehr, um den inneren Druck wieder abzubauen. Der Körper gerät in einen dauerhaften Alarmzustand mit zahlreichen negativen Folgen, die auch bei Menschen mit Autismus vermutlich eine größere Rolle spielen als bislang angenommen.

Ursachen und Folgen von chronischem Stress

Schwerwiegende Lebensereignisse, die bei Menschen Stress auslösen können, sind insbesondere der Tod eines nahen Angehörigen und die Trennung durch eine Ehescheidung. Weitere Stressfaktoren sind u. a. Zeitmangel, Termindruck, Lärm, Armut, Schulden, fehlende Gestaltungsmöglichkeiten der eigenen (beruflichen wie privaten) Situation, Über- oder Unterforderung, Mobbing, Schichtarbeit, Versagensängste, Perfektionismus (überhöhte Ansprüche an sich selbst und an andere), soziale Isolation, Reizüberflutung durch unterschiedliche Sinnesreize, Krankheiten und Schmerzen (eigene und die von Angehörigen). Von großer Bedeutung ist dabei aber vor allem die subjektive Bewertung der Situation durch den betroffenen Menschen. Während manche Menschen auch schwierigste Zeiten gut bewältigen können, fühlen sich andere bereits in vermeintlich leichten Situationen überfordert.

Andauernder Stress wirkt sich auf die Befindlichkeit von Körper wie Psyche aus:

- Sind die Energiereserven ausgeschöpft, dann sinkt die Leistungs- und Konzentrationsfähigkeit.

- Die Konzentration der Stresshormone im Blut steigt an, was kurzfristig die Immunabwehr des Körpers beeinträchtigt und zu einer erhöhten Anfälligkeit gegenüber Infektionserkrankungen führt.
- Langfristig können dadurch aber auch Schäden z. B. an den Blutgefäßen verursacht werden.
- Infolge einer Schutzreaktion des Körpers auf Stress kommt es zu einer unnatürlichen muskulären Anspannung, was u. a. zu Rückenschmerzen führen kann.
- Auch Gereiztheit, Albträume, Schlafstörungen und Magen-Darm-Probleme können Stress-Symptome sein. Psychosozialer Stress ist außerdem ein deutlicher Risikofaktor für Herz- und Gefäßkrankheiten oder auch Depressionen (z. B. von Uexküll 2010).

Stress bei Menschen mit Autismus

Menschen mit Autismus, bei denen viele der o. g. Punkte zutreffen, sind täglich in allen Lebensbereichen Belastungen ausgesetzt und empfinden vermutlich deutlich stärkeren Stress als andere Menschen. Lange wurde das nicht als Problem erkannt, und erst allmählich beginnt man, sich auch mit den Themen Stress und Entspannung bei autistischen Menschen zu beschäftigen.

Auch die Betroffenen selbst beschreiben die Belastung durch Stress als das wohl wichtigste Problem, das sie im Rahmen einer Therapie angehen möchten (Vogeley 2012). Häufige Stressauslöser bei autistischen Menschen sind u. a.:

- Sozialkontakte; sie werden meist als am stärksten anstrengend empfunden. Wenngleich sich die Betroffenen ein Zusammensein häufig sehr wünschen, bedeutet der Kontakt eine große Anstrengung, auch dann, wenn er als schön und angenehm empfunden wird,
- häufige Veränderungen, insbesondere solche, über deren Sinn und Zweck man nicht bereits im Vorfeld informiert war,
- Schwierigkeiten und Missverständnisse, z. B. im kommunikativen Bereich,
- Unverständnis und Hänseleien seitens der Umgebung, andauerndes Mobbing insbesondere im schulischen Kontext,
- ungünstige Arbeitssituation mit oft nicht angemessenen Arbeitsinhalten (weit unterhalb der eigenen Möglichkeiten), fehlender Unterstützung und nicht passenden Rahmenbedingungen,
- unzureichende psychosoziale Hilfen bei gleichzeitiger Realisierung des Hilfebedarfs,
- ungünstige gesellschaftliche Veränderungen und Erwartungen (»immer schneller, immer effektiver«, Forderung nach Teamarbeit, Hänseleien vor einer großen Anzahl von Menschen durch Nutzung der sozialen Medien etc.),
- die zunehmende Verdichtung von Sinnesreizen auch in der Freizeit durch Einkaufszentren, Bahnhöfe etc., aber auch durch soziale Medien,
- eigene Persönlichkeitsmerkmale wie Perfektionismus oder die mangelnde Fähigkeit, anderen Menschen zu vertrauen und Aufgaben an sie zu übertragen.

Der folgende Bericht einer betroffenen Mutter verdeutlicht, welch großen Stress das alltägliche Leben für autistische Menschen häufig bereits bedeutet. Wenn dann noch ungeplante und schwierige Situationen hinzukommen, kann der Stress oft nicht mehr kompensiert werden:

Musik stresst ihn und löst ungewollte Reaktionen in ihm aus, ebenso viele Menschen, Familienfeste oder Klassenfahrten. Er mag keine außerschulischen Veranstaltungen, da die Ungewissheit des Ablaufs ihn schon stresst. Alles, was er nicht kalkulieren kann, stresst ihn und baut eine Art Leidensdruck auf. Dann fragt er immer wieder dasselbe, um diesen Druck abzubauen. Die Frage, was er sich denn wünsche, stresst ihn ebenso wie unerwarteter Besuch oder fremde, an der Tür klingelnde Menschen, die womöglich auch noch unser Haus betreten wollen. Handwerker sind dabei der ›Supergau‹, da sie im schlimmsten Fall sogar noch zur Toilette müssen.

Schwierig wird es, wenn man ihm zu viel anbieten will. Der Besuch eines Vergnügungsparks bereitet ihm eher Stress als Vergnügen. Beim Einkaufen stressen ihn die Musik und die vielen lauten Menschen, wobei mich bei ihm stresst, dass er bei jedem Produkt, das ich kaufen will, auf das Haltbarkeitsdatum gucken muss. Was für viele Menschen im Sommer eine große Freude ist, nämlich der Kauf von ein paar Kugeln Eis beim Italiener, bedeutet für ihn eine unglaubliche Herausforderung: Man muss sich anstellen, sich einen raschen Überblick über die Auswahl verschaffen und dann schnell bestellen, weil hinter einem so viele andere Leute warten.
(Natalia Schinhofen)

Sozialkontakte

Viele Menschen mit Autismus wünschen sich durchaus ein Miteinander, sie möchten Freunde und häufig auch einen Partner haben:

»Glück ist für mich, nicht komplett allein auf der Welt zu sein« (Svenja S., in: Preißmann 2015a, 33).

Auch bei anderen Menschen ist die Existenz guter Freunde eine wichtige Voraussetzung zum Glücklichsein, aber auch ein ganz wesentlicher protektiver Faktor auch hinsichtlich stressbedingter Erkrankungen. Je besser das soziale Netzwerk eines Menschen, desto weniger Stresshormon lässt sich in seinem Körper nachweisen. Autistische Menschen fühlen sich dagegen häufig genau dann am meisten gestresst, wenn sie unter anderen Menschen sind. Es erscheint wichtig, diesen Aspekt künftig noch genauer zu untersuchen: Schützt der (rechtzeitige) soziale Rückzug die Betroffenen vielleicht sogar vor Stress und damit auch vor stressassoziierten Erkrankungen?

Auf jeden Fall ist es jedoch wichtig, für ausreichend Möglichkeiten zum Alleinsein zu sorgen, gleichzeitig aber auch dem Wunsch autistischer Menschen nach einer Freundschaft zu entsprechen, ihnen also dabei zu helfen, zu ihnen passende Menschen kennenzulernen und die Freundschaft dann auch zu pflegen.

Schwierigkeiten können sich beispielsweise ergeben durch

- Missverständnisse im kommunikativen Bereich aufgrund des wörtlichen Sprachverständnisses von Menschen mit Autismus,
- schwierige Vereinbarkeit der Planung von Aktivitäten bei gleichzeitigem Bedürfnis nach enger Tagesstruktur (z. B. aufgrund der rigiden Zeitplanung und der mangelnden Flexibilität bei kurzfristigen Umgestaltungen der Pläne etc.); auch bedeutet es eine große Herausforderung, die Wünsche des betroffenen Menschen nach Struktur und die der Umgebung nach Flexibilität zu vereinbaren,
- unterschiedliche Interessengebiete und dadurch scheinbar nur wenige Anknüpfungspunkte im Gespräch bei gleichzeitigem Verzicht auf Smalltalk,
- Ungeschicklichkeit und Aufregung bei sozialen Kontakten,
- den Wunsch, die Beziehung ausschließlich nach den eigenen Bedürfnissen zu gestalten, und die mangelnde Fähigkeit, auch auf die Bedürfnisse anderer einzugehen,
- Schwierigkeiten beim emotionalen Miteinander, nicht immer kann angemessen auf Sorgen und Nöte des anderen reagiert werden etc.

Sinnvoll ist es oft, die Betroffenen dabei zu unterstützen, ihre Stärken in den sozialen Austauschprozess einzubringen: »Ihre Vorlieben für gleichbleibende Abläufe und Routinen bereichern diese Prozesse, wenn dies als Stärke wertgeschätzt wird. Eine gemeinsame interessenbezogene Aktivität fördert das positive Erleben von sozialem Kontakt« (Schatz & Schellbach 2015, 254). Es kann also sinnvoll sein, Menschen mit ähnlichen Interessen auszuwählen, dann ist es leichter, ein gemeinsames Gesprächsthema zu finden, man fühlt sich vertrauter. Auch das Internet kann hierfür eine gute Hilfe sein, weil es dabei hilft, spezifische Barrieren abzubauen. Zeitversetzt antworten zu können und dem Gegenüber nicht direkt in die Augen sehen zu müssen, sind hierbei wichtige Vorteile für Menschen mit Autismus. Man muss dabei jedoch beachten, dass man sich in diesem Fall ein fiktives Bild von seinem Gegenüber macht, das keinesfalls immer der Realität entsprechen muss.

Partnerschaften sind unter autistischen Menschen und auch zu nicht autistischen Menschen möglich. Im letzteren Fall muss man aber gut miteinander im Kontakt bleiben, um die kommunikativen Schwierigkeiten akzeptieren (und vielleicht sogar ausgleichen) zu können. Strunz et al. (2017) fanden im Durchschnitt eine größere Zufriedenheit in Partnerschaften zu anderen autistischen Menschen als in einer »gemischten« Beziehung (also der Beziehung zu einem nicht autistischen Partner), aber es gibt durchaus auch andere Beispiele für eine gelungene und befriedigende Partnerschaft (z. B. Schmidt 2009). Viele Betroffene beschreiben insgesamt ein großes Glückserleben, nachdem es ihnen gelungen ist, einen Menschen für ein Zusammensein zu finden. Auf die Ausprägung der autistischen Symptomatik und den Hilfebedarf hat eine Partnerschaft jedoch keinen Einfluss (Strunz et al. 2017).

Einsamkeit

Menschen mit Autismus benötigen Zeiten des Alleinseins, um sich erholen zu können. Nicht wenige Betroffene beschreiben aber dennoch das Erleben von Einsamkeit, also das Gefühl, stets isoliert zu sein und niemanden bei sich zu haben. Offenbar reagieren Menschen umso stärker mit Einsamkeit, je mehr ihre Gesellschaft auf Gemeinschaft ausgerichtet ist – in Spanien sind alte Leute schneller einsam als in Schweden, in den USA junge Menschen ohne Liebesbeziehung schneller als in Korea (Cacioppo & Patrick 2011). Nicht die reale soziale Isolation zählt dabei, sondern das subjektive Gefühl, dass vertraute, innige Beziehungen fehlen. Niemand kann also von außen beurteilen, ob ein Mensch einsam ist – höchstens, ob er im Moment gerade alleine ist.

Untersuchungen zeigen, dass Einsamkeit krank macht: Sie geht mit einem erhöhten Risiko für eine ganze Reihe von chronischen Erkrankungen (Bluthochdruck, Übergewicht, Diabetes, Schlaganfall, Herzinfarkt, Lungenkrankheiten, Schmerzsyndrom etc.) einher und sorgt dafür, dass einsame Menschen auch eine geringere Lebenserwartung haben als andere (u. a. Petitte et al. 2015, House et al. 1988). Wenn man sich einsam fühlt, werden sogar dieselben Hirnareale aktiviert wie bei körperlichen Schmerzen (Cacioppo & Patrick 2011). Wie Hunger oder Durst ist also auch Einsamkeit ein Warnsignal. Sie ist deutlich stärker lebensbedrohlich als andere bekannte todbringende Faktoren wie Rauchen, Übergewicht oder Luftverschmutzung. Es fehlen Bestätigung, Trost und Beruhigung. Die Selbstfürsorge lässt nach. Wenn man ganz allein ist, achtet niemand darauf, dass man täglich gesund kocht, sich an der frischen Luft bewegt, weniger raucht und trinkt, Medikamente nimmt und zum Arzt geht. Im Notfall ruft niemand Hilfe. Einsame brauchen dreimal länger, um einzuschlafen, und selbst wenn sie gleich viel schlafen, fühlen sie sich anschließend weniger erholt (ebd.).

Um gesünder zu leben und das eigene Leben zu verlängern, gibt es also wohl nichts Sinnvolleres als die aktive Teilnahme an der Gemeinschaft mit anderen Menschen (Spitzer 2016). Das ist aber nicht so leicht umzusetzen, schon gar nicht für Menschen mit Autismus, denen es oft nicht ohne Unterstützung gelingt, sich neue Sozialkontakte zu suchen. Für viele von ihnen bleibt die Einsamkeit auch im Erwachsenenalter als nicht selten größtes Problem bestehen. Einsame Menschen werden von anderen seltener als Freunde benannt und geben auch selbst andere seltener als Freunde an. Das bedeutet, dass das Erleben von Einsamkeit sowohl eine Ursache als auch eine Folge von sozialer Isolation ist (ebd.). Menschen mit wenigen Freunden neigen also dazu, mit der Zeit immer einsamer zu werden, was es dann auch wieder noch schwerer macht, neue Freunde zu finden. In Untersuchungen fand man heraus, dass Interventionen gegen die Einsamkeit sich nicht nur auf das subjektive Erleben dieses Gefühls oder ausschließlich auf die objektive Anzahl von Sozialkontakten beziehen dürfen, um erfolgreich zu sein; sie müssen vielmehr beide Faktoren im Blick haben (Holt-Lunstad et al. 2015).

Um ihrem Schmerz Linderung zu verschaffen, verfolgen Einsame viele Strategien. Nicht alle sind hilfreich. »Fernseher an« ist die häufigste Notlösung, es folgen Musikhören, Lesen, Kochen, allein Spazierengehen. Doch so findet man keine neuen Freunde. Selbst Menschen, die sich wegen Stress im Beruf sozial isoliert fühlen, stürzen sich in noch mehr Arbeit, um den Schmerz zu betäuben. Das alles aber hilft nicht weiter, und Menschen mit Autismus sind an dieser Stelle auf andere angewiesen, die ihre Not erkennen und sie unterstützen. Das beginnt schon in Kindergarten und Schule. Mehr Geld und kinderpsychologisches Know-how müssen in die Ausbildung der Fachkräfte fließen – und keinesfalls darf es unmodern werden, sich für diejenigen Schüler einzusetzen, die anders sind und die außen vor bleiben. Gerade Kinder, die eben still sind, bräuchten viel häufiger jemanden, der sich engagiert, auch vor dem Risiko, vielleicht selbst deswegen Ärger zu bekommen – aber man kann doch nicht einfach zugucken, wenn jemand am Rand steht und immer trauriger wird.

Angeleitete Maßnahmen in der Freizeit sind für alle Altersgruppen wichtig, dazu kann auch ehrenamtliches Engagement in Vereinen oder kirchlichen Institutionen gehören:

Da ich nicht so viele Freunde habe, habe ich gelernt, dass es wichtig ist, sich z. B. Kirchengruppen oder Vereinen anzuschließen, um gemeinsame Aktivitäten zu unternehmen. Seit einigen Jahren führe ich einige Tätigkeiten in der Kirche durch. Meistens sind das Kinderferienprojekte oder Kinderbetreuungen jeglicher Art. Auch die Planung solcher Projekte gehört mit dazu. Von den Kindern bekomme ich immer gute Rückmeldungen.
(Nico König)

Entspannung – allgemeine Maßnahmen

Es gibt zahlreiche Maßnahmen, die jeder für sich anwenden kann, um den Stress zu reduzieren und zur Ruhe zu kommen, und die auch autistische Menschen erlernen können.

Viele Betroffene beschreiben das Erleben von Ruhe und Kraft in der Natur als sehr hilfreich. Hier wirken mehrere Faktoren zusammen:

- Der Blick auf Landschaften senkt die Herzfrequenz, führt so zur Ruhe und stärkt das Gemeinschaftsgefühl.
- Sonne erhöht die Konzentration von Serotonin, das verantwortlich ist für positive Stimmung. Auch das Schmerzempfinden wird durch die Ausschüttung körpereigener Stoffe verringert.
- Kälte verringert die Empfindlichkeit der Sinnesorgane und kann so einer Überforderung entgegenwirken (vgl. Miller 2020). Kaltes Wasser über die Unterarme laufen zu lassen kennt man ja auch als Hausmittel gegen akuten Stress. Viele autistische Menschen beschreiben sich als deutlich ausdauernder bei Kälte, wenn es darum geht, intensive Reize auszuhalten.

Neben Entspannung und Erholung in der Natur oder durch die eigenen Spezialinteressen gibt es noch weitere Möglichkeiten, im Alltag Stressreduktion zu erfahren:

- Hirnuntersuchungen haben belegt, dass Musik die Aktivität des Angstzentrums (Mandelkern; Amygdala) senkt. Die Angst wird also reduziert, gleichzeitig empfindet man Glück, wenn man die Lieblingsmusik anhören kann. Der Musikstil spielt dabei nur eine untergeordnete Rolle, klassische Musik wird bei entsprechender Vorliebe als genauso entspannend empfunden wie Rockmusik. Viele autistische Kinder zeigen ein ausgesprochenes Interesse an der Musik und oft auch besondere musikalische Fähigkeiten, dies wurde schon von Leo Kanner (1943) beschrieben.
- Erfüllende Freundschaften und Beziehungen wirken wie eine »Wunderwaffe« gegen Druck und Frust. Wer von anderen Menschen unterstützt wird, hat deutlich weniger Stresshormone im Blut. Es ist also wichtig, auch autistischen Menschen dabei zu helfen, befriedigende soziale Beziehungen aufzubauen zu Menschen, die sie akzeptieren und die sie mögen.
- Die Kunst (Malerei, Musik, Schreiben, sonstiges kreatives Gestalten) ist oft eine sehr gute Möglichkeit für autistische Menschen, sinnvoll ihre Freizeit zu verbringen und abschalten zu können. Viele von ihnen sind außerordentlich kreativ und einige auch recht berühmte Künstler.
- Außerdem hat man festgestellt, dass es kaum etwas Besseres gibt als »wohldosierte körperliche Aktivität, um (...) Stress abzubauen, den Kopf freizubekommen und in einen entspannten Modus zu finden« (Schönberger 2014, 25).
- Da viele autistische Menschen immer dann in erheblichem Ausmaß Stress empfinden, wenn sie überrascht werden von Dingen oder Situationen, die sie nicht erwartet haben, ist es in allen Lebensbereichen hilfreich, ihnen so viele Informationen wie möglich zur Verfügung zu stellen, Veränderungen anzukündigen usw.
- Alles, was dazu führt, die Kontrolle über das eigene Leben zu haben und selbst bestimmen zu können, ist positiv. Ungünstig ist es, die Kontrolle komplett abgeben und vollständig fremdbestimmt leben zu müssen. Fehlende Kontrolle und fehlende Sicherheit erzeugen Angst, Angst wiederum verursacht Stress, Freude dagegen reduziert den Stress. Auch Menschen mit Autismus müssen also dabei angeleitet werden, im Rahmen ihrer Möglichkeiten die eigenen Lebensinhalte, Maßnahmen und Ziele aktiv mitzubestimmen.
- Daneben ist eine langfristige psychosoziale Begleitung hilfreich, die dabei unterstützt, Dinge und Situationen ausfindig zu machen, die den Betroffenen ganz individuell am meisten stressen, und nachfolgend Strategien zu entwickeln, diese Herausforderungen zu vermeiden oder auch zu meistern. Auch autistische Menschen können von der Erfahrung, auch schwierige Situationen bewältigt zu haben, sehr profitieren. Dies steigert das Selbstvertrauen und die Zuversicht, die nächste Aufgabe ebenso bewältigen zu können.

Entspannungsverfahren

Neben diesen allgemeinen Maßnahmen kann es auch für Menschen mit Autismus sinnvoll sein, spezielle Entspannungsverfahren zu erlernen.

Die bekanntesten Verfahren sind: Qi Gong, Yoga, Autogenes Training, Meditation, Biofeedback, progressive Muskelrelaxation, Fantasiereise, Feldenkrais-Methode oder achtsamkeitsbasierte Stressreduktion. All diese Methoden sind bewährt, aber nicht jede wirkt bei jedem. Insbesondere das Training der Achtsamkeit hat sich als sehr wirkungsvoll bei autistischen Menschen erwiesen (Spek 2012). Es kann gut in den Alltag integriert werden, weil es überall problemlos durchzuführen ist. Es dient der Schulung von Wahrnehmung und Aufmerksamkeit und kann beispielsweise auch in Situationen der Reizüberflutung helfen, diese zu meistern, ohne die Situation verlassen zu müssen (Gawronski et al. 2012).

Achtsam zu sein bedeutet, ganz bewusst den momentanen Augenblick wahrzunehmen, ohne an schwierige Ereignisse in der Vergangenheit oder zukünftige Probleme zu denken. Das gelingt Menschen mit Autismus aufgrund ihrer speziellen Wahrnehmung oft sogar besonders gut. Durch die gezielte Lenkung der Aufmerksamkeit lernt man, Gedanken, Geräusche oder unangenehme Körperwahrnehmungen leichter loszulassen und sich von ihnen nicht mehr stören zu lassen. Regelmäßiges Üben erhöht die Kontrolle über die Aufmerksamkeit. So wird es zum Beispiel allmählich leichter, Grübeleien zu unterbrechen, indem man in solchen Augenblicken ganz bewusst die Aufmerksamkeit auf etwas Anderes richtet.

Achtsamkeit kann auf verschiedenen Gebieten helfen. Man lernt, leichter unerwünschte Gedanken zu stoppen, wirkt weniger streng und kritisch im Hinblick auf die eigene Lebenssituation und das Erreichen bestimmter Ziele. Man fühlt sich insgesamt entspannter und kann auch besser einschlafen.

Medizinische Vorsorgemaßnahmen

Viele Menschen mit Autismus haben keinen Zugang zum Gesundheitswesen und können deshalb auch nicht die angebotenen Vorsorgemaßnahmen nutzen. Zahlreiche Hürden insbesondere bei Arztbesuchen (siehe Kap. Ambulante und stationäre medizinische Versorgung), mangelnde Information über die Möglichkeiten und Chancen sowie fehlende Unterstützung durch Bezugspersonen sind mögliche Ursachen. In der Regel wird ja erwartet, dass Menschen ihre Teilnahme an der gesundheitlichen Vorsorge selbst in die Hand nehmen, dies überfordert aber viele Menschen mit Autismus.

Man muss die Betroffenen also gezielt über sinnvolle Maßnahmen informieren, sie dazu motivieren, diese für sich zu nutzen, und dann gemeinsam überlegen, welche Hilfen dafür erforderlich sind.

Impfungen

Im Kindes- und Jugendalter wird standardmäßig gegen folgende Erkrankungen geimpft:

- Rotaviren,
- Diphtherie,
- Wundstarrkrampf (Tetanus),
- Keuchhusten (Pertussis),
- Haemophilus influenzae Typ b (Hib),
- Kinderlähmung (Poliomyelitis),
- Hepatitis B,
- Masern,
- Mumps,
- Röteln,
- Windpocken,
- Pneumokokken,
- Meningokokken,
- Humane Papillomaviren (HPV; nur für Mädchen).

Manche dieser Erkrankungen müssen im Erwachsenenalter aufgefrischt werden, zusätzliche Impfungen können erforderlich werden bei bestimmten Wohngegenden (FSME), bei Reisen in tropische Länder (z. B. Gelbfieber, Cholera, Typhus, Hepatitis A), bei entsprechenden Erfordernissen und speziellen Gefahren im Beruf sowie im höheren Lebensalter (z. B. Influenza). Die Empfehlungen der Ständigen Impfkommission (STIKO) des Robert-Koch-Instituts werden ständig aktualisiert und sind im Internet einsehbar.

Impfungen sind wichtig und notwendig, so kommt es regional immer wieder einmal zum Ausbruch von Krankheiten wie Masern, weil viele Kinder ungeimpft sind. Das führt zu teils lebensbedrohlichen Komplikationen, die leicht vermeidbar wären. Unseriöse Einwände von Impfgegnern sollten keinen Anlass zur Zurückhaltung geben. So hatte etwa ein britischer Arzt, Andrew Wakefield, Ende der 1990er Jahre nach einer sehr kleinen Studie (zwölf Kinder) die Hypothese aufgestellt, dass

> »die Masern-Mumps-Röteln-Impfung zu Schäden im Darm und dadurch zum Eindringen neurotoxischer Substanzen in den Organismus führen könnte. Dies behindere die geistige Entwicklung und begünstige Autismus. Es wurden größere Studien durchgeführt, um die Hypothese zu überprüfen, aber keine Untersuchung konnte den behaupteten Zusammenhang bestätigen. Dann kam heraus, dass Wakefield von Anwälten Geld erhalten hatte, die Eltern vom Autismus betroffener Kinder vertraten und nach Verbindungen zwischen Autismus und Impfung suchten, um Hersteller des Impfstoffes zu verklagen. Im Jahr 2004 zogen zehn der ursprünglich 13 Autoren der eingangs erwähnten Studie ihre Interpretation offiziell zurück. Der verantwortliche Arzt verlor 2010 in Großbritannien wegen unethischen Verhaltens seine Zulassung« (Robert-Koch-Institut 2016).

Auch epidemiologische Studien widerlegten in der Folge den Verdacht eines Zusammenhangs zwischen der Impfung und dem Auftreten von Autismus (Chen et al. 2004, Smeeth et al. 2004). Impfungen sind für Menschen mit Autismus also in gleicher Weise wichtig wie für alle anderen Menschen.

Früherkennungsuntersuchungen

Ab 20 Jahren (Frauen) bzw. ab 35 Jahren (Männer) werden regelmäßige Vorsorgeuntersuchungen empfohlen, die dazu beitragen sollen, bestehende Auffälligkeiten möglichst frühzeitig zu erkennen und ganz gezielt zu behandeln, bevor sie dauerhaften Schaden anrichten oder gar zum frühen Tod führen können (Kassenärztliche Bundesvereinigung 2016).

Folgende Untersuchungen werden dazu für Frauen angeboten:

- Ab 20 Jahren: Früherkennung Gebärmutterhalskrebs und Krebserkrankungen des Genitales,
- ab 30 Jahren: Früherkennung Brustkrebs,
- ab 35 Jahren: »Check-up«: Früherkennung von Herz-Kreislauf-Erkrankungen, Diabetes und Nierenerkrankungen,
- ab 35 Jahren: Früherkennung Hautkrebs,
- ab 50 Jahren: Früherkennung Darmkrebs,
- ab 55 Jahren: Früherkennung Brustkrebs: Mammographie-Screening.

Für Männer bestehen folgende Angebote:

- Ab 35 Jahren: »Check-up«: Früherkennung von Herz-Kreislauf-Erkrankungen, Diabetes und Nierenerkrankungen,
- ab 35 Jahren: Früherkennung Hautkrebs,
- ab 45 Jahren: Früherkennung Krebserkrankungen der Prostata und des äußeren Genitales,
- ab 50 Jahren: Früherkennung Darmkrebs.

Zusätzliche Angebote bestehen in einigen anderen medizinischen Bereichen (z. B. Augen-/ Hals-Nasen-Ohrenheilkunde: Sehtest bzw. Hörtest), außerdem wird die regelmäßige zahnärztliche Vorsorge empfohlen.

Aufgrund der Probleme bei Arztkontakten (s. u.) werden diese medizinischen Vorsorgemaßnahmen bei vielen Menschen mit Autismus nicht oder zumindest nicht vollständig durchgeführt, da man schon ausreichend damit beschäftigt ist, sie im Krankheitsfall einer ärztlichen Behandlung zuzuführen und sich dann nicht auch noch in Zeiten der Gesundheit damit beschäftigen möchte. Aber gerade für die häufigen Erkrankungen des Herz-Kreislauf-Systems und für verschiedene Krebsformen sind Früherkennung und rechtzeitige Behandlung ganz wesentlich. Noch gibt es nicht viel Erfahrung mit der gesundheitlichen Situation älter werdender autistischer Menschen, aber es ist zu befürchten, dass sich solche Erkrankungen bei ihnen künftig überdurchschnittlich häufig finden werden. Umso wichtiger ist es, ihnen den Zugang zum Gesundheitssystem zu erleichtern. Insgesamt ist ein »syndrombedingtes Risikoprofil« bei Menschen mit Autismus bei den Vorsorgeuntersuchungen zu beachten. Dazu gehört die Überwachung der Nebenwirkungen aller eingenommenen Medikamente, speziell der Neuroleptika, aber auch der andere

Umgang mit (manchmal vermeintlich banalen) Befindlichkeitsstörungen und sonstigen Auffälligkeiten ist zu bedenken:

Eine autistische Frau (58 J.) erkrankte an einer aggressiven Form von Brustkrebs, den sie als »Beulen« trotz regelmäßiger Mammographie selbst bemerkt und viel Kraft investiert hat, um diese los zu werden. Leider hat sie niemandem davon berichtet, weil sie das als nicht wichtig genug empfand. So musste sie Operationen, Chemotherapie und Bestrahlung über sich ergehen lassen.

Der Bereich der Frauengesundheit für Mädchen und Frauen mit Autismus stellt generell eine große Herausforderung dar. Dazu gehören gynäkologische Untersuchungen und Hygienemaßnahmen. Viele Betroffene berichten über einige Schwierigkeiten mit dem Gebrauch von Binden oder Tampons. Es fällt ihnen schwer, sich an das ungewohnte Gefühl zu gewöhnen, eine Einlage im Slip zu tragen oder einen Gegenstand vaginal einzuführen.

Arbeitsmedizinische Aspekte

Das Recht auf Gesundheit umfasst auch das Recht auf sichere und hygienische Arbeitsbedingungen. Dazu gehören vorbeugende Maßnahmen im Hinblick auf Berufsunfälle und Berufskrankheiten, die Vorbeugung und Minderung des Risikos, verletzenden Substanzen wie Strahlung und gesundheitsschädlichen Chemikalien oder anderen schädlichen Umweltbedingungen ausgesetzt zu sein, die die Gesundheit negativ beeinflussen können. Darüber hinaus müssen die Ursachen von Gesundheitsrisiken, die die Arbeitsumgebung mit sich bringt, so weit wie möglich beseitigt werden (vgl. UN-Ausschuss für wirtschaftliche, soziale und kulturelle Rechte 2016).

Für die Arbeitssituation von Menschen mit Autismus bedeutet das, insbesondere Risiken im Hinblick auf die Wahrnehmungsbesonderheiten und damit einhergehende mögliche Überforderungen zu beachten, um vor allem Stresserkrankungen und -reaktionen zu vermeiden. Strategien zur Anpassung (um nicht dauerhaft im Kollegenkreis oder bei Kunden anzuecken) und solche zur Entlastung (um sich nicht permanent zu überfordern) müssen beherrscht und sinnvoll abwechselnd eingesetzt werden. Die Arbeitsumgebung ist so zu gestalten, dass der autistische Mensch gut arbeiten kann, ohne Gefahr zu laufen, durch ständig überfordernde Sinneseindrücke krank zu werden.

So können z. B. folgende Faktoren beeinträchtigend wirkend:

- Flackerlicht,
- flimmernder Bildschirm,
- lärmendes Radio oder andere Hintergrundgeräusche am Arbeitsplatz,
- viele verschiedene Gerüche der Kollegen (Parfum etc.),

- kleinkarierte Berufskleidung
- und viele andere Faktoren.

Bei jedem einzelnen betroffenen Menschen ist es notwendig, die Faktoren zu ermitteln, die sein Wohlbefinden am Arbeitsplatz stören, um gezielte Hilfen einleiten zu können.

Auch motorische Auffälligkeiten (fein- und grobmotorische Ungeschicklichkeit und evtl. damit assoziierte Sturzgefahr) müssen berücksichtigt werden. Mögliche Gefahrenquellen für Stürze sind so weit wie möglich auszuschließen (frei herumliegende Kabel am Computer-Arbeitsplatz, unebene Bodenbeläge als Stolperquellen etc.).

Besondere Anschaffungen, die für die Gestaltung des Arbeitsplatzes notwendig werden, um auch dem autistischen Menschen das Arbeiten zu erleichtern, können unter bestimmten Bedingungen von der Agentur für Arbeit übernommen werden, die dafür ein Budget bereithält. Es lohnt sich also, dort nachzufragen.

Auch ist es oft sinnvoll, über eine Reduktion der Arbeitszeit nachzudenken. Für viele Menschen mit Autismus bedeutet eine Arbeit in Vollzeit eine Überforderung. Hilfreich wären flexible Teilzeitmodelle oder, soweit das im jeweiligen Beruf möglich ist, eine zeitweise Arbeit im »Homeoffice«.

Resilienz und die Rolle der Angehörigen

Für Menschen mit Autismus und auch für ihr soziales Umfeld hält das Leben eine Fülle von Herausforderungen bereit, die es zu meistern gilt. Viele von ihnen beschreiben, dass es ihnen immer wieder gelingt, diese Situationen als Herausforderungen anzunehmen, sich ihnen zu stellen und oftmals sogar gestärkt daraus hervorzugehen.

Es gibt auch tatsächlich Menschen, die kaum zu erschüttern sind. Diese Fähigkeit bezeichnet man als Resilienz, und Kenntnisse darüber, auf welche Weise Menschen durch die Krisen ihres Lebens gelangen können, welche Strategien sie dabei anwenden und welche Ressourcen sie dafür bereithalten, sind für ein gesundes Leben sehr wichtig und sollten deshalb auch Menschen mit Autismus vermittelt werden.

Resilienz

Die Fundamente dafür werden schon früh in der Kindheit gelegt, aber mit den richtigen Strategien lassen sie sich auch später noch ein Leben lang weiterentwickeln und stärken. Wichtig dafür sind die Konfrontation mit und die Bewältigung von widrigen Lebensumständen (Welter-Enderlin & Hildenbrand 2012). Es ist also nicht unbedingt das Ziel, alle Krisen des Lebens umgehen zu können, sondern diese

Krisen als Chancen wertzuschätzen und für sich zu nutzen. Das ist auch für Menschen mit Autismus möglich:

Auch aus meiner eigenen Biografie weiß ich, dass gerade die Zeiten, die ich als ungerecht und als riesige Belastungen empfand, in Wirklichkeit im Nachhinein große Geschenke für mich waren. Sie ermöglichten es mir, die richtige Art von Hilfe zu erhalten, die mich voranbrachte, und sie halfen mir, den Blickwinkel ein bisschen zu verändern. Wenn man glaubt, alles verloren zu haben, die eigene Gesundheit und vielleicht auch das Leben, dann merkt man erst, was im Leben wirklich zählt und wie unbedeutend manche Dinge sind, die vorher wichtig schienen. Ich möchte diese schweren Zeiten mit Schmerzen, Angst und Verzweiflung niemals noch einmal durchleben müssen. Aber noch viel weniger möchte ich auf diese Erfahrungen verzichten und auf die Kraft, die ich dadurch erhalten habe.

Zu den wichtigsten Faktoren für Resilienz gehören:

- **Selbstvertrauen:** Die Erfahrung, auch schwierige Aufgaben meistern zu können, gehört zu den wichtigsten Voraussetzungen für Resilienz. Im Laufe des Lebens entwickelt man zahlreiche Bewältigungsstrategien, die sich auch für zukünftige Anforderungen nutzen lassen. Man erlangt dadurch Selbstbewusstsein und die Erkenntnis, dass man auch weiterhin in die eigenen Fähigkeiten vertrauen kann.
- **Optimismus:** Rückschläge sind vorübergehend und verändern sich. Es ist wichtig, daran zu glauben, die Lage auch wieder verbessern zu können. Dieser Optimismus lässt sich erlernen, so hat man festgestellt, dass Menschen von einem gezielten »Stärkentraining« profitieren können (Seligman et al. 2005). Ein ganz entscheidender Punkt für Resilienz ist also der Glaube an sich selbst und an die eigenen Fähigkeiten.
- **Fröhlichkeit und Humor:** Wer auch einmal über sich selbst lachen kann, hadert nicht so schnell mit seinem Schicksal (Lösel & Farrington 2012). Weil jeder ganz unterschiedliche Vorlieben hat, ist das Glückserleben sehr individuell. Freude kann also aus ganz unterschiedlichen Gründen erlebt und auch auf verschiedene Weise ausgedrückt werden. Es ist hilfreich, sich immer wieder bewusst an glückliche Momente zu erinnern, um diese Freude durch die Erinnerung aufs Neue erleben zu können.
- **Akzeptanz:** Im Laufe seines Lebens macht jeder Mensch zahlreiche Erfahrungen, lernt Wichtiges und Unsinniges, steckt viel Kraft und Energie in Projekte unterschiedlichster Art. Manche Entscheidungen haben Positives bewirkt, andere waren vielleicht nicht so glücklich. Aber alles, was wir getan oder unterlassen haben, ließen uns zu der Person werden, die wir heute sind. Es ist also wichtig, nicht alle Erfahrungen aus der Vergangenheit zu hinterfragen (»hätte ich damals nur…«), sondern vielmehr in die Zukunft zu schauen und zu überlegen, was ab sofort anders (besser) werden soll und wie man diese Ziele (vielleicht mit Unterstützung) konkret umsetzen kann.
- **Soziale Kontakte:** Verlässliche soziale Beziehungen machen es leichter, Wege aus einer Krise zu finden und ein Netzwerk von Unterstützern aufzubauen, auf die man in schwierigen Zeiten zählen kann. Gute Beziehungen zur Familie, zu Freunden und auch zu anderen Menschen gehören daher zu den wichtigsten

Faktoren für eine starke Persönlichkeit. In Interessengemeinschaften, Aktionsgruppen, Religionsgemeinschaften, Vereinen und Verbänden lassen sich oft Gleichgesinnte finden. Notwendig ist dabei immer ein »Geben und Nehmen«, also das Anbieten von Hilfe und Unterstützung für andere und die Fähigkeit, sich auch selbst im Bedarfsfall Hilfe zu holen.

- **Veränderungen zulassen:** Manchmal ist es sinnvoll, nicht ausschließlich an Gewohnheiten festzuhalten, sondern offen zu sein für Neues und für Veränderungen, auch wenn diese auf den ersten Blick nicht immer positiv und schon gar nicht leicht erscheinen. Aktive kleinere Veränderungen im Alltag fördern aber Flexibilität und Allgemeinbildung und können viele schöne Erlebnisse erst ermöglichen (man denke nur an Urlaubsreisen). Im Alltag kann man z. B. ein neues Hobby oder ein anderes Kochrezept ausprobieren als sonst, Ausflüge unternehmen etc.

- **Selbstkenntnis und Realitätssinn:** Es ist wichtig, sich selbst gut zu kennen, über die eigenen Stärken wie Schwierigkeiten Bescheid zu wissen, um eine realistische Auswahl treffen zu können aus der Fülle von Lebensentwürfen und so auf ganz eigene Weise, mit den eigenen Bedürfnissen und Voraussetzungen, glücklich werden zu können. Realistische Ziele, die sich auch erreichen lassen, machen zufriedener als ständige unrealistische Wunschträume.

- **Verantwortung übernehmen:** Es ist wichtig, im Rahmen der eigenen Möglichkeiten auch eigene Entscheidungen zu treffen und die Verantwortung für zumindest einen Teil des Lebens selbst zu übernehmen. Die schlimmsten und folgenreichsten Stressauslöser sind solche Situationen, auf die man (tatsächlich oder vermeintlich) keinen Einfluss hat. Wenn man aber selbst aktiv wird, so steigert man das ganz persönliche Wohlbefinden. Man ist nicht immer nur von anderen Menschen abhängig, sondern hat Wahlmöglichkeiten und kann eigene Kriterien definieren, die das Handeln leiten.

- **Gut für sich selbst sorgen:** Für jeden Menschen ist es wichtig, auf die eigenen Bedürfnisse und Gefühle zu achten, immer wieder gezielt solche Dinge zu tun, an denen man Freude hat und die man entspannend findet, und sich diese schönen Momente auch zu bewahren. Dafür kann man etwa für einen kurzen Moment die Augen schließen, ein paar Mal bewusst ein- und ausatmen und diesen Augenblick mit allen Sinnen wahrnehmen, um ihn auszukosten und zu genießen.

Menschen mit Autismus und Resilienz

Autistische Menschen sind in vielen dieser Bereiche auf etwas Hilfe angewiesen, damit auch sie eine größtmögliche Resilienz erlangen können. Manches können sie aktiv dazu beitragen, andere Faktoren verlangen aber auch die Mitarbeit der Bezugspersonen. Dann sind auch die Betroffenen durchaus in der Lage, ein stabiles Selbstbewusstsein zu erlangen, das es ihnen ermöglicht, Krisen zu meistern.

Eigene Erfahrungen sind wichtig

Es ist wichtig, auch Menschen mit Autismus ihre eigenen Erfahrungen machen und eigene Entscheidungen treffen zu lassen. Sie wünschen sich oft sehr, neben aller Fürsorge durch die Angehörigen auch eigene Wege zu gehen, auch wenn es vielleicht auf den ersten Blick nicht die richtigen Wege zu sein scheinen, die über vermeintlich unnötige Umwege führen. Es ist wichtig, möglichst autonom entscheiden zu dürfen und die Fähigkeit zu erlangen, aus Fehlern zu lernen, vor allem aber auch die Erfahrung machen zu können, etwas aus eigener Kraft geschafft zu haben. Das macht in vergleichbaren Situationen Mut und motiviert zu weiteren Versuchen.

Für Eltern autistischer Menschen ist es nicht immer leicht zu unterscheiden, wann es sinnvoll ist, Hilfe anzubieten, wann andererseits aber auch ein eigenständiges Ausprobieren möglich ist. Das braucht ein bisschen Übung und Erfahrung. Anregungen dafür können die Angehörigen auch im Austausch mit anderen Eltern erhalten, etwa in einer Elterngruppe. Psychisch stark werden die Kinder erst dann, wenn sie sich aktiv auseinandersetzen müssen mit den Eltern, mit Klassenkameraden und mit Problemen, die es zu meistern gilt. Es ist wichtig, ihnen diese Erfahrungen zu ermöglichen. Man sollte sie motivieren, den eigenen Weg zu gehen – und das ist manchmal ein völlig anderer Weg als der, den andere Menschen für sich (oder auch für die eigenen Kinder) wählen.

Liebevolle Zuwendung

Liebevolle Zuwendung von wohlwollenden Bezugspersonen hat gravierende und lebenslange Auswirkungen auf das psychische wie das körperliche Wohlbefinden. Das soll keine permanente Rund-um-die-Uhr-Überwachung sein, sondern vielmehr eine enge emotionale Bindung zu mindestens einer Vertrauensperson (Eltern, sonstige Verwandte, Lehrer etc.), die Sicherheit und Zuverlässigkeit vermittelt. Kinder brauchen die Erfahrung, als Mensch und ganz unabhängig von der eigenen Leistung akzeptiert, respektiert und geliebt zu werden. Gerade autistische Menschen müssen sich Aufmerksamkeit und vor allem Respekt im Schulalltag sehr häufig über die Leistung »erkaufen«, dann ist es notwendig, sie zu Hause in ihrem So-Sein zu bestärken und ihnen zu vermitteln, dass sie in Ordnung sind und aufgrund ihrer Persönlichkeit geschätzt werden.

Orientierung an Stärken und Fähigkeiten

In einer Untersuchung änderte sich das Selbstbild junger Erwachsenen, die in der Schule dauernd Schwierigkeiten hatten, schlagartig zum Besseren, sobald sie einen Job bekamen, der ihnen Spaß machte, in dem sie ihre Stärken nutzen konnten und Anerkennung erhielten (Werner 1992). Dies lässt sich auch auf autistische Menschen übertragen. Sie sind oft depressiv und verzweifelt, weil es ihnen nicht gelingt, beruflich Fuß zu fassen. Und regelmäßig blühen sie regelrecht auf, wenn sie eine realistische Chance bekommen.

Man sollte autistische Menschen bereits in der Schule, aber auch in Familie und Therapie ermutigen, selbstverständlich an ihren Schwierigkeiten zu arbeiten, um sich in manchen Bereichen verbessern zu können, sich vor allem aber auch ganz gezielt mit ihren eigenen Stärken und Fähigkeiten auseinander zu setzen, um so möglichst frühzeitig die Weichen zu stellen für eine berufliche Orientierung, die ihre Wünsche und Voraussetzungen berücksichtigt und die ihnen Lebensfreude beschert. Ein spezielles »Stärkentraining« kann dazu beitragen.

Optimismus und Freude

Menschen mit Autismus sind häufig von Selbstzweifeln geprägt, sie treten nur wenig selbstbewusst auf und sind meist nicht sehr optimistisch. Therapeutische Angebote müssen daher auch diesen Aspekt im Blick haben. Es ist außerdem hilfreich, sich ganz bewusst an freudige und glückliche Momente zu erinnern. Man fokussiert sich auf diese Freude und erlebt sie aufs Neue. Das funktioniert übrigens auch für andere positive Emotionen. Vielen Menschen mit Autismus gelingt dies auch recht gut. Wenn sie in ihre speziellen Interessen »versunken« sind, sind sie glücklich und verspüren einen tiefen Frieden, was sich gezielt zur Entspannung nutzen lässt. Und in der Regel sind Menschen mit Autismus auch mit einem feinen Humor ausgestattet, der sich nur manchmal nicht auf Anhieb zeigt, denn die Witze und Sarkasmen anderer Menschen verstehen sie oft nicht. Dafür entdecken sie andere Dinge, manchmal sprachliche Feinheiten, die sie außerordentlich amüsant beschreiben können. Keinesfalls darf man also denken, Autisten seien humorlos.

Akzeptanz

An der Tatsache, dass eine Autismus-Spektrum-Störung mit täglich neuen Herausforderungen vorliegt, kann man nicht rütteln. Aber man kann eine ganze Menge aus diesem Wissen machen, um das Leben für alle Beteiligten schön zu machen (und um vielleicht auch durch eigenes Engagement mitzuhelfen, dass anderen Menschen in ähnlicher Situation diese oder jene schwierige Erfahrung künftig erspart bleibt). Akzeptanz lässt sich aber nicht von heute auf morgen lernen, dafür sind Geduld und Lebenserfahrung nötig.

Therapeutische Unterstützung

Ganz besonders wichtig ist eine gute therapeutische Unterstützung mit der Möglichkeit, kritische Lebenssituationen zu besprechen, konkrete Hilfe im Alltag zu erhalten und mit den eigenen Auffälligkeiten gut umgehen zu können. Das ist eine der wichtigsten Voraussetzungen für ein glückliches Leben von Menschen mit Autismus.

Die Situation der Eltern

Eltern von Menschen mit Autismus sind in der Regel, insbesondere bei einer frühen Diagnose bereits im Kindesalter, stark belastet durch das Leben zwischen Erziehung, Therapie und Förderung, Haushalt, Partnerschaft und eigener Berufstätigkeit. Nach der Diagnose fühlen sie sich oft sehr alleingelassen mit den möglichen Konsequenzen und vermissen eine Unterstützung im Hinblick auf die Dinge, die es nun anzugehen gilt.

Häufig fragen sich die Eltern insbesondere bei einer erst kürzlich zurückliegenden Diagnose, ob sie denn nicht doch irgendetwas falsch gemacht haben, etwas Falsches gegessen, ein falsches Medikament in der Schwangerschaft eingenommen, zu viel gearbeitet, Fehler bei der Erziehung gemacht, zu streng oder zu nachgiebig gewesen sind oder aber nach der Diagnose diese oder jene Therapie nicht ausprobiert haben. Dies alles sind Vorwürfe, mit denen sich Eltern autistischer Kinder oft von allen Seiten konfrontiert sehen:

»Wir suchten eine Kinderpsychiaterin auf, welche uns mit banalen Erziehungstipps abspeiste und uns das Gefühl gab, rundherum inkompetent zu sein« (Eva, in: Preißmann 2015b, 28). – »Natürlich wurde auch mit Ratschlägen und Tipps nicht gespart. Am Wertvollsten (Vorsicht: Ironie) waren die von kinderlosen Menschen oder von Eltern, die absolut problemfreie Einzelkinder hatten. Es kamen unglaubliche Ratschläge – man müsse viel strenger sein, man müsse das Kind nur mal so richtig über das Knie legen, man müsse Grenzen setzen, man müsse mehr lieben, man müsse weniger lieben. Also ganz klar, die Mutter hat versagt, auf ganzer Linie, und unter Berücksichtigung der Tatsache, dass die Mutter nicht berufstätig war, konnte man auch behaupten, dass die Mutter faul und bequem zu Hause herumsaß, statt sich ordentlich um die Kinder zu kümmern« (J. Stadler, in: Preißmann 2015b, 47).

Die Suche nach der Schuld begleitet die Eltern oft über viele Jahre hinweg. Es ist dann wichtig, ihnen klar und deutlich zu vermitteln, dass es Dinge im Leben gibt, für die man keine Erklärung findet, und dass sie als Eltern nicht schuld sind am Autismus ihres Kindes. Es ist vielmehr so, dass sie sich in aller Regel alle erdenkliche Mühe geben, das Leben so gut zu gestalten, wie es eben geht. Man muss sich also nichts vorwerfen (lassen):

»Ich habe kein schlechtes Gewissen und das kann man mir auch nicht einreden. Wir tun alles für sie und achten auch auf die Geschwister. Ich finde, wir machen das gut« (Bauerfeind 2016, 165).

Für Eltern von Menschen mit Autismus stellt die Behinderung ihres Kindes ein zusätzliches Risiko für ihre eigene Gesundheit dar (Allik et al. 2006). Sie zeigen sich häufig sehr erschöpft, weil sie für viele Kleinigkeiten manchmal endlos erscheinende Kämpfe mit Behörden, Schulen etc. ausfechten müssen. Gleichzeitig aber beschreiben sie oft auch, mit der Zeit deutlich selbstbewusster geworden zu sein. Und dann, wenn sie gute Unterstützung in einer Selbsthilfegruppe oder in Form einer eigenen Therapie erhalten, gelingt es vielen von ihnen, aus ihrer Situation das Beste zu machen und durchaus auch daran zu reifen (vgl. Bauerfeind 2016):

- Sie entdecken die Bedeutung von Kleinigkeiten und freuen sich auch über kleine Schritte (die manchmal große Fortschritte bedeuten können).
- Sie nehmen viele Dinge bewusster wahr und entdecken oft ungeahnte Fähigkeiten und Talente bei sich selbst.
- Sie werden geduldiger, weil sich die Fortschritte oft nur sehr allmählich zeigen. Überhaupt entdecken sie die Bedeutung der Langsamkeit für sich und ihre Kinder, denn die physikalische Formel »Leistung gleich Arbeit durch Zeit« gilt für autistische Menschen so oft nicht. Vieles kann nicht so schnell erledigt werden, wie das bei anderen Menschen der Fall ist. Aber manchmal ist eben das, was länger braucht, mindestens genauso gut wie alles, was andere in Rekordzeit erledigen.
- Über Kleinigkeiten regen sie sich nicht mehr so sehr auf, sie heben ihre Kraft für Wichtigeres auf. Vieles, das anderswo einfach als selbstverständlich hingenommen wird, wird von ihnen bewusst wahrgenommen und geschätzt.
- Sie hören auf, sich mit anderen zu vergleichen, und lernen zu akzeptieren, was nicht zu ändern ist. Allmählich arrangieren sie sich mit den eigenen Einschränkungen und denen des Kindes und finden schließlich Frieden in der eigenen Lebensrealität. Das Entwickeln von Akzeptanz trägt ganz wesentlich zu einem glücklichen Leben der betroffenen Eltern bei (Luong et al. 2009). Es hilft ihnen, ihre Sichtweise zu verändern und das wertzuschätzen, was sie haben, statt dem nachzutrauern, was ihnen verwehrt bleibt (Bayat 2007).

»Es ist nicht so, dass jetzt alles toll und einfach ist, aber es gibt Fortschritte (…). Mein ehemals winzig kleines Baby ist ein großer, schlanker, gut aussehender junger Mann geworden. Mit Ecken und Kanten und einer eigenen Persönlichkeit. Manches kann er noch nicht so gut wie andere Gleichaltrige, manches aber besser: Er ist zuverlässig, hat einen sehr trockenen Humor, versteht Ironie (damit ist er schließlich aufgewachsen), und er reflektiert sehr genau. Er raucht nicht, nimmt keine Drogen, trifft sich jetzt manchmal, ganz selten, aber doch gelegentlich, mit einigen wenigen Freunden und hält sich meistens an die ›nur-ein-Bier-mit-den-Kumpels‹-Regel« (Eva, in: Preißmann 2015b, 32).

Was können betroffene Eltern für sich tun?

Auch wenn es oft nicht leicht fällt, ist es wichtig, neben aller Fürsorge für die Familie auch das eigene Leben zu führen, vielleicht mit einer Berufstätigkeit, Freunden, Zeit und Freiräumen für die Partnerschaft und für persönliche Hobbys. Das ist eine Grundvoraussetzung für ein erfülltes Leben und eine gute Eltern-Kind-Beziehung. Ein Kind, auch ein autistisches Kind, darf sich nicht auf ewig verpflichtet fühlen, der (einzige) Lebensinhalt seiner Eltern zu sein. Deshalb ist es wichtig, sich Hilfen zu holen, um auch für sich selbst ein bisschen Zeit zu haben. Das können Familienangehörige oder Freunde sein, aber auch Unterstützung durch Sozialverbände, Studenten (Au-Pairs), Familienunterstützende Dienste etc. Studien zeigen nämlich, dass sich Menschen mit Autismus vor allem dann so richtig gut fühlen, wenn sie merken, dass es auch ihren Angehörigen gut geht.

Die Teilnahme an Selbsthilfegruppen und das ehrenamtliche Engagement bringen Freude und Erfüllung und geben oft auch viel Kraft zurück. Nicht selten entstehen hier dann auch wirkliche Freundschaften – weil die anderen Eltern dort (meist im Gegensatz zum übrigen Umfeld) eben in derselben Lage sind und verstehen, was man meint.

Unbedingt wahrnehmen sollte man auch Angebote von Vereinen oder Therapiezentren, die spezielle Trainings anbieten für Eltern autistischer Kinder. Dort erfahren die Angehörigen alles, was sie über den Autismus wissen müssen, sie erhalten aber auch eine Orientierungshilfe, welche Maßnahmen nun hilfreich sind und was sie beachten müssen. Je besser man sich auskennt, umso sicherer gelingt es, das auszuwählen, was für die eigene Situation passt.

Aber auch dann, wenn man informiert ist und kompetent entscheiden kann, bereitet die Tatsache, dass das eigene Leben häufig ganz anders verläuft als man es sich erhofft hat, oft auch Schwierigkeiten. Vieles ist anstrengend und traurig. Es kann sinnvoll sein, sich auch selbst Hilfe zu holen in einer Therapie, um selbst gesund zu bleiben und um neben der Belastung auch das Schöne wahrzunehmen und wertzuschätzen, das Besondere, das Wertvolle – eben das eigene Leben und das des autistischen Kindes:

»*Wenn ich ein Roboter wäre, ohne Gefühle und ohne Nerven, dann, so glaube ich, wäre ich für Henry der ideale Partner. Er kann mit Gefühlen einfach nicht so richtig etwas anfangen. Aber er bemüht sich, und das rührt mich. Er versucht z. B. manchmal, mich zu umarmen oder zu küssen. Distanziert und sehr ungelenk, aber er scheint verstanden zu haben, dass das etwas ganz Wichtiges ist. Und das ist dann das größte Geschenk, das er mir als Mutter machen kann*« (K. Sickel, in: Preißmann 2015b, 39).

Wie sollte das Umfeld reagieren?

Andere Familienmitglieder, Nachbarn und Freunde sind oft hilflos, wenn es darum geht, auf eine Autismusdiagnose in ihrem Umfeld angemessen zu reagieren. Unverständnis, Vorwürfe und Enttäuschung schwingen oft mit in ihren Äußerungen. Das ist für Eltern autistischer Menschen häufig sehr verletzend und führt zu der Erkenntnis, dass viele Freundschaften sich nicht halten lassen werden, weil einfach das Verständnis für die eigene besondere Situation fehlt.

Sinnvoll ist es vielmehr,

- die Lage der Eltern wertzuschätzen,
- ihnen Respekt, Toleranz und Verständnis entgegenzubringen, auch dann, wenn man nicht immer alles nachvollziehen kann,
- direkt nachzufragen, wenn man etwas nicht versteht, statt hinter dem Rücken der Betroffenen über sie zu schimpfen,

- Interesse zu zeigen am Autismus des Kindes, an der Lage der Eltern und den Maßnahmen, die nun eingeleitet werden,
- ungewöhnliche Verhaltensweisen ein Stück weit auszuhalten und vielleicht sogar als Bereicherung zu empfinden, andererseits aber auch Grenzen zu setzen und gezielt zu sagen, was man nicht möchte,
- als Gesprächspartner und Ratgeber zur Verfügung zu stehen (»ich bin für dich da, wenn du mich brauchst«) und sich für die Bedürfnisse und das Befinden aller Beteiligten zu interessieren
- und jeden Menschen ganz selbstverständlich so zu nehmen, wie er ist.

Verzichten sollte man dagegen

- auf Schuldzuweisungen jeder Art (hinsichtlich der Ursache: »von uns hat er das nicht, das muss von deiner Seite kommen«; hinsichtlich des Verhaltens: »ihr habt sie falsch erzogen«; hinsichtlich der Konsequenzen: »diese oder jene Maßnahme wäre notwendig gewesen« etc.), die niemandem weiterhelfen und die die Verzweiflung noch vergrößern,
- auf (meist sogar gut gemeinte) beschwichtigende Äußerungen wie »das kenne ich auch, ist bei mir auch so.« Der Hintergrund ist meist, durch diese Worte eine gemeinsame Basis herstellen zu wollen, die aber so nicht existieren kann. Betroffene Menschen wie auch Eltern fühlen sich durch solche Äußerungen stattdessen nicht ernst genommen und missverstanden, sie fühlen ihre Probleme bagatellisiert,
- auf das Anzweifeln oder In-Frage-Stellen der Diagnose (»der hat doch nichts«). Der diagnostische Prozess ist schwierig und langwierig und verlangt allen Beteiligten einiges ab. Man würde das ganz sicher nicht auf sich nehmen, wenn das Kind »nichts« hätte. Stattdessen sucht man nach Erklärungen und nach Möglichkeiten zur Unterstützung und ist sehr erleichtert, wenn sie sich finden lassen,
- auf allzu forsche Ratschläge. Eltern allein sind die Experten für ihre ganz persönliche Situation und müssen viele Aspekte berücksichtigen, um passende Angebote auszuwählen. Sie wissen selbst am besten, was ihnen und ihrem Kind guttut. Es hilft ihnen, vermittelt zu bekommen, dass ihre Entscheidungen richtig sind.

Für ein besseres Verständnis kann es hilfreich sein, nach der Diagnose einer Autismus-Spektrum-Störung beim eigenen Kind einen Brief zu verfassen für Familie und Freunde, in dem man verständlich erklärt, was die Diagnose bedeutet, was es damit auf sich hat und was man sich nun wünscht. Der Hilfebedarf ist nämlich für Außenstehende nicht immer ganz selbstverständlich zu erkennen, wenn er nicht kommuniziert wird, denn die Lebenssituation ist eine völlig andere, die andere Menschen nicht kennen. Durch eine solche schriftliche Mitteilung ist es für das Umfeld möglich, erst einmal in Ruhe nachzudenken, sich zu informieren, wenn man das möchte, um dann miteinander darüber zu sprechen.

Auch an die Therapeuten des Kindes darf man Wünsche formulieren. Angehörige wünschen sich von der Therapie, Sicherheit im Umgang mit dem autistischen Kind zu bekommen. Dafür sollten sie in die Therapie eingebunden und von den Therapeuten wahrgenommen und wertgeschätzt werden. Was Eltern nicht brauchen, sind unrealistische Heilsversprechen und das Vermitteln von Schuldgefühlen.

Ambulante und stationäre medizinische Versorgung

Im Folgenden wird häufig der Begriff »Patient« verwendet. Dies geschieht nicht etwa deshalb, weil Menschen mit Autismus per se als krank betrachtet würden, sondern weil dies die klassische Begrifflichkeit von Menschen ist, die sich beim Arzt oder in der Klinik befinden.

Diagnostik einer Autismus-Spektrum-Störung

Eine wichtige Voraussetzung für Hilfe und Unterstützung ist eine Diagnose, und diese Autismusdiagnose wird anfangs von Menschen mit Autismus oft als große Erleichterung erlebt (vgl. Preißmann 2015a). Es ist meist einfach eine Befreiung zu wissen, dass es einen Begriff für die Auffälligkeiten gibt und dass nicht alles auf fehlenden Willen oder auf Unvermögen zurückzuführen ist, wie es dem betroffenen Menschen oft genug in der Vergangenheit vermittelt worden ist (»stell dich nicht so an«, »du bist so komisch«, »streng dich endlich mehr an« etc.). Und Eltern erleben die Zeit der Diagnose bei ihrem Kind meist ähnlich, auch für sie ist es erleichternd zu wissen, dass es eben keine »Erziehungsfehler« waren, die ihr Kind so werden ließen:

»Mit 18 Jahren bekam Max die Diagnose Asperger-Syndrom. Es war, als hätte mir jemand die größte Last meines Lebens auf einmal abgenommen. Meine Unsicherheit, meine Zweifel, meine Ängste – alles war plötzlich weg. Ich hatte die ganze Zeit recht gehabt. Max war anders, ich hatte es gespürt, ich war nicht verrückt, war keine überbehütende Mutter. Es war richtig, Max zu beschützen. Es war richtig, auf ihn zu hören, seine Ängste ernst zu nehmen, ihm reizarme, ruhige Oasen zu ermöglichen. Es war richtig, ihm bestimmte Dinge abzunehmen, die er nicht leisten konnte, Dinge, die andere in seinem Alter problemlos alleine schafften. Es war richtig, meiner Intuition zu folgen. Und es war falsch, Max großem Druck auszusetzen, ihn zu Handlungen zu zwingen, die er nicht leisten konnte, ihm Hilfe zu verweigern und ihm nicht zu glauben. Insgesamt hatte ich es 18 Jahre lang größtenteils richtig gemacht« (A. Hocher, in: Preißmann 2015b, 110).

Die psychosoziale Situation der betroffenen Menschen verbessert sich oft nach der Diagnosestellung deutlich (Riedel et al. 2016). Häufig beginnt mit der Diagnose aber auch ein Trauerprozess: »Die Hoffnung, irgendwann einmal ein ›ganz normales

Leben‹ zu führen, in dem soziale Kontakte leicht gelingen und spezifische Belastungen sich einfach auflösen, muss zunächst einmal losgelassen werden. Zugleich betrauern viele Neudiagnostizierte auch die Chancen auf Verständnis und gezielte Unterstützung, die ihnen mangels einer frühzeitigen, passenden Diagnose in ihrem bisherigen Leben entgangen sind. So wird eine späte Diagnose oft zugleich als Segen und als Fluch wahrgenommen, und sehr häufig wird sowohl seitens der Betroffenen als auch der Angehörigen der Wunsch geäußert: ›Hätte man das nur schon früher gewusst«‹ (Wilczek 2015, 121).

»Dass ich die Diagnose Asperger-Syndrom im Jahr 2010 bekommen habe, war insofern Glück für mich, obwohl es mich anfangs ziemlich mitgenommen hat und ich oft dachte, es wäre besser gewesen, keine Diagnose einzuholen, weil es nur deprimierend schien. Aber der Nutzen war eben das bessere Verständnis für mich selbst und endlich die Möglichkeit, mich so anzunehmen, wie ich bin, und mich nicht mehr ständig zu fragen, was ich falsch mache und warum ich so bin. Durch diese Selbstakzeptanz bin ich momentan glücklicher, als ich es jemals zuvor in meinem Leben war. Ich lebe bewusster, achte mehr auf mich selbst, und es geht nicht mehr (immer) darum, nur zu funktionieren« (S. Merz, in: Preißmann 2015a, 41).

Man macht sich nach einer Diagnose also viele Gedanken und viele Sorgen: Was wird aus mir bzw. aus meinem Kind werden? Welche Möglichkeiten wird es geben, welche Maßnahmen müssen getroffen werden, was kann hilfreich sein? Sinnvoll in solchen Zeiten sind für alle Beteiligten in erster Linie Austausch und Information. Das Wissen darum, dass man nicht allein ist, dass man von den Erfahrungen der anderen profitieren kann (vgl. Selbsthilfearbeit) und dass es in jedem Lebensalter Verbesserungen und Erleichterungen für den Alltag gibt, über die man sich austauschen kann, ist ein ganz entscheidender Faktor für die Krankheitsbewältigung. Eltern und auch selbst betroffene Menschen dürfen nach einer erfolgten Diagnostik also nicht alleingelassen werden, sondern müssen gleich Informationsmaterial am besten schriftlicher Art erhalten über allgemeine therapeutische Möglichkeiten und die Angebote in der Region. Eine bessere Vernetzung von ambulanten Diagnostikern und Selbsthilfeverbänden sowie Therapiezentren ist wünschenswert, um Betroffenen wie Eltern, die sich oft hilflos der Frage gegenübersehen, was nun zu tun ist und wie die Hilfen gebündelt werden können, Orientierung und Handlungsempfehlungen zu geben:

»Mir wurde ganz schwindlig, weil ich plötzlich so viele neue Fragen hatte. Ich war total überfordert und hatte das Gefühl, es müsse jetzt irgendetwas passieren, aber es passierte erstmal gar nichts« (Bauerfeind 2016, 167). – *»Dann erhielten wir die Diagnose Asperger-Syndrom (…). Der Kinderpsychiater teilte mir die Diagnose mit und schob mich zur Türe hinaus. Dass für eine Mutter da die Welt zusammenbricht, dass viele Träume ausgeträumt sind, dass neue Wege gesucht werden müssen, all das musste ich mit mir alleine ausmachen. Ich stand hoffnungslos auf einer dunklen Straße und wusste nicht wohin«* (J. Stadler, in: Preißmann 2015b, 52).

Wichtig sind außerdem ermutigende Beispiele von anderen betroffenen Menschen, denen es größtenteils gelingt, sich mit ihrem Leben zu arrangieren. Diese Darstellungen dürfen nichts beschönigen, sie sollen aber doch deutlich machen, dass viele Verbesserungen möglich sind und dass auch das Leben mit Autismus gelingen kann, wenn man den betroffenen Menschen gut begleitet und ihn nicht allein lässt.

Die Autismus-Diagnose erklärt also die eigenen Besonderheiten, was in der Regel als entlastend empfunden wird. Gleichzeitig ist sie aber auch für das sonstige Umfeld ungemein erleichternd und kann über mehr Verständnis für die Auffälligkeiten zu einer deutlichen Verbesserung der familiären oder sonstigen Beziehungen führen:

Meine Kollegin in der Klinik sagte mir eines Tages, sie könnte in die Luft gehen. Ich dachte, sie wollte ihre Urlaubspläne mit mir besprechen, und fragte sie, wohin sie denn gern fliegen würde. Dass sie sich über einen unserer Patienten geärgert hat, habe ich nicht gemerkt. Wenn also diese Kollegin nicht über meine Schwierigkeiten im Hinblick auf zweideutige Äußerungen Bescheid gewusst hätte, so hätte sie mich vermutlich für reichlich unsensibel gehalten. So aber konnte sie meine Worte richtig einordnen und dann sogar mit mir zusammen lachen, nachdem sie mir erklärt hatte, was da gerade in der Kommunikation schiefgelaufen war. Auch für die Kollegin war das hilfreich – sie war danach nicht mehr wütend.

Scheinbar unangemessenes Verhalten basiert eben ganz oft auf Missverständnissen. Unkollegialität oder Rücksichtslosigkeit sind Attribute, mit denen die Betroffenen immer wieder konfrontiert werden, obwohl sie eigentlich so gar nichts mit ihnen zu tun haben. Das Wissen darum kann Verständnis und Unterstützung fördern.

Ansprechpartner für eine Diagnose

Die erste Anlaufstelle ist bis zum vollendeten 18. Lebensjahr der Kinderarzt, der dann bei entsprechendem Verdacht an einen Kinder- und Jugendpsychiater, ein Sozialpädiatrisches Zentrum (SPZ) oder eine Autismus-spezifische Einrichtung (Autismus-Therapie-Institut o. ä.) überweist (Sozialpädiatrische Zentren sind spezialisierte Einrichtungen der ambulanten pädiatrischen Krankenversorgung mit fachübergreifender Arbeitsweise auf pädiatrischem, psychologischem und pädagogisch-therapeutischem Gebiet zum Zweck der Untersuchung und Behandlung von Kindern und Jugendlichen. Sie arbeiten nach Auftrag und Überweisung der niedergelassenen Fachärzte für Kinder- und Jugendmedizin).

Häufig jedoch kann die Symptomatik lange nicht richtig eingeschätzt werden, was die Diagnose erheblich verzögert und die effektive Hilfe erschwert. Nicht selten vermutet man anfangs eine Hörstörung, weil der Erstbehandler vermutet, das Kind »hört nicht richtig (zu)«. Eine HNO-Abklärung bleibt jedoch ohne krankhaften Befund. Eine unspezifische »Entwicklungsverzögerung« schließt sich als Arbeitsdiagnose an, häufig verbunden mit der eher beschwichtigenden Beruhigung der Eltern, das alles werde sich auch ohne Maßnahmen »schon auswachsen«. Da sich aber nichts »auswächst«, folgt als nächster Schritt oft eine Vorstellung bei vermuteter

ADHS, auch dies aber trifft es nach Ansicht der Eltern nicht richtig. Eine weitere nicht seltene Fehldiagnose kann auch eine geistige Behinderung sein. Viele Menschen mit Autismus wurden in der Vergangenheit völlig zu Unrecht als intelligenzgemindert eingestuft, weil es nicht gelungen ist, die Ressourcen richtig zu erkennen. Das führt dann natürlich in der Folge zu einer permanenten Unterforderung im Alltag und dadurch oft zu noch größeren Verhaltensauffälligkeiten als zuvor. Bei »richtiger«, also autismusspezifischer, Behandlung dagegen verschwindet als problematisch wahrgenommenes Verhalten häufig von selbst (Schlaich 2011). Durch solche Verzögerungen in der Diagnostik vergehen insgesamt also oft viele wertvolle Monate, was für das Kind und seine Eltern Stress und viel Leid mit sich bringt.

Bei erwachsenen Menschen, die bei sich eine Form des Autismus vermuten, ist die Versorgungssituation noch ungünstiger. Auch hier kann der Hausarzt ein erster Ansprechpartner sein und dann zu einem Facharzt (Psychiater) über- oder (bei massiver Symptomatik bzw. erheblichem Leidensdruck) in eine Klinik einweisen. Auch in diesen Fällen kommt alternativ eine Vorstellung bei einem Autismus-Zentrum in Betracht.

In vielen Fällen kann bis hinein ins Erwachsenenalter noch nicht die definitive Diagnose gestellt werden, deshalb ist die Dunkelziffer autistischer Störungen auch sehr hoch. Vor allem betroffene Mädchen und Frauen, die oft ruhiger und stiller sind, nicht den Unterricht stören, sondern unauffällig am Rand dabeisitzen (vgl. Preißmann 2013c), wirken häufig auf Außenstehende eher merkwürdig, aber nicht umfassend beeinträchtigt. Ihr Leid bleibt dann lange Jahre unbemerkt und wird nicht selten erst in der Jugend auffälliger, wenn die Mädchen merken, wie sehr sie sich von den Gleichaltrigen unterscheiden, und darunter zu leiden beginnen.

Es ist nicht zu leugnen: Man erkennt eben nur das, was man auch kennt. Auch deshalb ist es so wichtig, Erzieher, Pädagogen, Ärzte etc. zu schulen hinsichtlich der Symptomatik von Autismus-Spektrum-Störungen, um eine frühzeitige adäquate Behandlung einleiten zu können und Betroffenen wie Angehörigen unnötiges Leid (und dem Gesundheitssystem unnötige Kosten) zu ersparen.

Der diagnostische Prozess selbst ist aufwändig, er umfasst diagnostische Interviews, Befragungen (auch der Bezugspersonen), im Kindes- und Jugendalter standardisierte soziale Situationen (Simulation einer Geburtstagsfeier etc.), Verhaltensbeobachtungen und auch medizinische Untersuchungen, um andere Erkrankungen auszuschließen, die eine ähnliche Symptomatik aufweisen können. Im Erwachsenenalter erfolgt die Diagnosestellung im ärztlichen Interview, in der Beobachtung des Patienten und mit Hilfe von Fragebögen (z.B. »Adult Asperger Assessment AAA«, »Autism Spectrum Quotient Adult AQ«, »Empathy Quotient Adult EQ« etc.).

Differenzialdiagnosen

Eine exakte diagnostische Abgrenzung ist sehr wichtig, aber nicht selten werden vor der Diagnose einer Autismus-Spektrum-Störung andere Diagnosen gestellt, die sich dann im Verlauf als doch nicht so ganz passend erweisen, z. B. (vgl. Tebartz van Elst 2013):

- ADHS,
- (atypische) Depression,
- (atypische) Zwangsstörung,
- (atypische) Angsterkrankung,
- (atypische) psychotische Störung,
- Persönlichkeitsstörung (bei Frauen häufig Borderline-Störung).

Es kann sinnvoll sein, nochmals genauer hinzuschauen, falls sich die zunächst vermutete Diagnose als nicht richtig zutreffend herausstellt, damit effektive Hilfen eingeleitet werden können.

Eine von einem Facharzt gestellte Diagnose sollte anschließend nicht von jedem weiterbehandelnden Arzt oder Therapeuten neu in Frage gestellt werden. Das ist nicht zielführend, denn die Tatsache, dass sie sich dem langwierigen und aufwändigen diagnostischen Prozess gestellt haben, zeigt ja, dass die betroffenen Menschen sehr belastet sind und sich Unterstützung erhoffen. Das macht den Autismus dann auch gerade nicht zu einer »Modediagnose«, wie manchmal suggeriert wird, wenn man von einer harmlosen Variante menschlichen Andersseins spricht und davon, dass solche Diagnosen vor dem Hintergrund einer Modeströmung erfolgen. Erfahrungen zeigen vielmehr, dass Leidensdruck, Komorbiditätsrate und die sozialen Beeinträchtigungen in Beruf und Privatleben auch bei hochfunktionalen Formen von Autismus als gravierend einzuschätzen sind (Riedel et al. 2016).

Die Tatsache, dass autistische Störungen deutlich häufiger diagnostiziert werden als früher, liegt vielmehr auf der einen Seite an besseren Kenntnissen bei Fachleuten und an der weiteren Verbreitung von Autismus in der Öffentlichkeit auch durch die Medien, ist andererseits aber wohl auch durch die veränderte Lebenssituation bedingt, in der wir uns heute befinden. In einer Zeit, als ein »anders« oder »merkwürdig« wirkender Mensch in einem Dorf zwar auffiel, aber doch meist irgendwie seinen Weg fand, wurde er zwar gemieden, war aber doch notwendigerweise auch »dabei«, und das war es dann auch für alle Beteiligten. Heute dagegen sieht sich ein origineller, merkwürdiger Geist gleich einer viel breiteren Front ausgesetzt, denn die sozialen Netzwerke sind eben nicht nur Bühne, sondern auch Pranger. Und dort, wo jeder alles kommentiert, steht es dann manchmal gleich 10 000 gegen einen, Hassbotschaften inklusive. Wenn alle miteinander vernetzt sind, wirkt ein Einzelgänger gleich noch viel fremder.

Hans Asperger beschrieb daher auch noch deutlich andere Perspektiven bei seinen Patienten als die, denen wir heute in der Realität begegnen: »Zu unserer eigenen Verwunderung haben wir gesehen, dass den autistischen Psychopathen, sofern sie nur intellektuell intakt sind, in fast allen Fällen eine Berufseinstellung gelingt, den meisten in ausgesprochen intellektuellen, hochspezialisierten Berufen, vielen in hervorragender Stellung. Bevorzugt werden abstrakte Wissensinhalte. Wir finden eine größere Anzahl, denen ihr mathematisches Können den Beruf bestimmt – neben den ›reinen Mathematikern‹ Techniker, Chemiker, auch Beamte –, wir finden oft auch ungewöhnliche, abseitige Spezialberufe, z. B. einen Heraldiker, der, wie es heißt, auf diesem Gebiet eine Autorität ist, auch einige Musiker von beträchtlichen Graden sind aus von uns beobachteten autistischen Kindern geworden« (Asperger 1944, 134).

Böke stellt dagegen eine pessimistisch gefärbte, für die heutige Zeit aber vielleicht eher realistische Vermutung auf: »Im autistischen Spektrum stellen gerade die Hochbegabten mit nicht-technischem Interessenschwerpunkt die wahrscheinlich chancenloseste Gruppe dar (…). Denn in allen Bereichen, wo es um Qualifikationen geht, die nicht nach einfachen Effizienzkriterien messbar und verwertbar sind, wird die mit allen Wassern der Selbstinszenierung, Selbstvermarktung und ›Netzwerkfähigkeit‹ gewaschene neurotypische Konkurrenz sich ihre Positionen nicht von undurchschaubaren Eigenbrötlern streitig machen lassen« (Böke 2015, 132–133).

Es scheint also an den heute veränderten Rahmenbedingungen zu liegen, nicht jedoch an den Betroffenen selbst, dass es Menschen mit Autismus häufig kaum gelingt, in Beruf und Gesellschaft Fuß zu fassen. Eigeninitiative, Eigenverantwortung, Selbstmanagement, Kommunikationsbereitschaft und Flexibilität sind nur einige wenige geforderte Fähigkeiten. Dem Einzelnen wird immer mehr davon abverlangt, und immer mehr Menschen zeigen sich dem nicht gewachsen. Arbeitsverdichtung und Multitasking kennzeichnen zusätzlich unseren heutigen Alltag, zu Zeiten Hans Aspergers waren die Anforderungen jedoch andere. Vermutlich schien deshalb sein Thema damals auch nicht sonderlich relevant, weil die von ihm beschriebenen Menschen irgendwie zurechtkamen. Heute dagegen passt der Rahmen nicht mehr, das erklärt das steigende Interesse am Thema Autismus. Dieses Wissen muss dann jedoch im nächsten Schritt dazu führen, soziale Strukturen so anzupassen, dass wieder alle Menschen gut damit leben können.

Natürlich ist nicht jeder Mensch, der sich in einer Facharztpraxis oder einer Fachambulanz zur Abklärung einer vermuteten Autismus-Spektrum-Störung vorstellt, auch tatsächlich autistisch, aber ohne Zweifel bestehen in jedem Fall ein Leidensdruck und die berechtigte Hoffnung, erfahren zu dürfen, was die eigene Person kennzeichnet. Sobald sich ein Autismusverdacht bestätigt, müssen der Betroffene und die Eltern dahingehend beraten werden, was in Schule und Alltag, bei Berufs- oder Studienwahl berücksichtigt werden sollte und welche Hilfen nun sinnvoll sind. Wenn dagegen die Autismusdiagnose nicht gestellt wird, darf man den Hilfe suchenden Menschen auch mit dieser Einschätzung nicht alleine lassen, sondern muss ihm ebenso eine Beratung anbieten über alternative Erklärungen und in Frage kommende Maßnahmen, um seine Lage zu verbessern. Dieser Punkt wird häufig übersehen, und wenn man erfährt, dass Menschen mit Autismus ihre Diagnose in vielen Fällen als eine wichtige Voraussetzung zum Glücklichsein (Preißmann 2015a) beschreiben, dann gilt es festzustellen, dass sie unglücklich bis verzweifelt sind, wenn diese ihre Vermutung nicht bestätigt wird. Das soll nicht dazu führen, die diagnostische Einschätzung zu überdenken, sondern auch diesen Menschen beizustehen.

Checkliste: mögliche Auffälligkeiten bei Erwachsenen

Mögliche Symptome im Sinne einer Frühdiagnostik im Kindesalter sind im Kapitel »Psychoedukation« aufgeführt; zahlreiche betroffene Menschen stellen sich aber auch erst als Erwachsene zur Diagnostik vor. Deshalb sollen auch hierfür typische Auffälligkeiten und mögliche Fragen vorgestellt werden, die eine erste Einschätzung erlauben können:

- Fühlen Sie sich in vielen sozialen Situationen und Interaktionen unsicher, insbesondere in Gruppen (auch dann, wenn es Ihnen hier im Vier-Augen-Kontakt mit mir recht gut zu gehen scheint)?
- Fällt es Ihnen schwer, sich vorzustellen, was andere Menschen denken oder fühlen oder warum sie über einen Witz lachen müssen?
- Fällt es Ihnen schwer, enge Freundschaften zu knüpfen und dann auch zu halten?
- Wenn Sie sich an Ihre Schulzeit/Ausbildung zurückerinnern, gab es damals Probleme? Fiel es Ihnen etwa schwer, mit den Mitschülern oder Lehrern in Kontakt zu kommen? Wurden Sie geärgert? Waren Sie Außenseiter?
- Fällt es Ihnen schwer, Arbeitsstellen zu finden und auch zu behalten, an denen Sie sich wohlfühlen und an denen Sie Ihre Kenntnisse und Fähigkeiten einbringen können?
- Haben Sie Interessen, mit denen Sie sich häufig über lange Zeit beschäftigen (oder hatten Sie früher solche Interessen)?
- Sind Sie beunruhigt, wenn sich etwas verändert oder wenn etwas Unerwartetes geschieht?
- Fällt es Ihnen schwer, ein angemessenes Gesprächsthema mit anderen Menschen zu finden? Möchten Sie eher Sachinformationen austauschen, während die anderen den Kontakt eher deshalb zu suchen scheinen, weil er ihnen Spaß macht?
- Wirken Sie pedantisch und übergenau?
- Fällt es Ihnen schwer, Augenkontakt zu halten?
- Sind Routinen und Rituale für Sie wichtig?
- Haben Sie Auffälligkeiten in Ihrer Wahrnehmung (Über- oder Unterempfindlichkeit bezüglich Geräuschen, Berührungen, Gerüchen, Geschmack und der visuellen Wahrnehmung)?

Falls der Patient auf die meisten dieser Fragen mit »ja« antwortet, sollte man an das Vorliegen einer Autismus-Spektrum-Störung denken und eine gezielte Diagnostik einleiten.

Was folgt nun? – Vorgehen nach der Diagnose

Wenn sie die Diagnose einer Autismus-Spektrum-Störung erhalten haben, fragen sich Betroffene wie Angehörige, wie man denn nun vorgehen soll und wo man Hilfe erhalten kann. Einige Möglichkeiten sollen hier aufgeführt werden, natürlich gibt es viele weitere, die sich nach dem Lebensalter und der aktuellen Lebenssituation richten. Zahlreiche weitere konkrete Hilfen finden sich im letzten Kapitel des Buches bei den Vorschlägen für eine »Barrierefreiheit« für Menschen mit Autismus in den unterschiedlichen Lebensbereichen. Als erste Maßnahmen empfehlen sich:

- Informationen einholen über Autismus (Internet, Literatur, Vorträge und Seminare von Autismus-spezifischen Einrichtungen und Einzelpersonen),
- Informationen über Autismus weiterleiten an alle Personen, die mit dem betroffenen Menschen beschäftigt sind (Angehörige, Mitarbeiter in Kita, Kindergarten, Schule, evtl. Arbeitskollegen, Nachbarn und Freunde), um das Verständnis zu verbessern,
- Anschluss an einen Autismus-Regionalverband (über 50 Verbände in allen Gegenden Deutschlands; Adressen unter www.autismus.de) und eine Selbsthilfegruppe (für selbst betroffene Menschen bzw. Angehörige), um sich austauschen und gegenseitig unterstützen zu können bezüglich Hilfen und sinnvoller Maßnahmen,
- evtl. therapeutische Förderung überlegen und Beratung darüber einholen (Autismus-Therapiezentren, niedergelassene Psychotherapeuten oder Ergotherapeuten etc.),
- Schwerbehindertenstatus überlegen, falls im Einzelfall möglich (zuständig: Versorgungsamt),
- Hilfen für Kita, Kindergarten oder Schule mit den zuständigen Erziehern oder Lehrern besprechen, dabei Vorschläge machen (was fällt schwer, was wäre hilfreich); individuellen Nachteilsausgleich erarbeiten (einige Vorschläge der Kultusministerien der Länder für den Schulbereich finden sich im Internet); im Kleinkindalter beim Jugendamt den wesentlich erhöhten Förderbedarf beantragen; im Schulalter ggf. Schulbegleiter überlegen und (ebenfalls beim zuständigen Jugendamt) beantragen. Gerade für mögliche Hilfen im Kindergarten- oder Schulalter ist es dringend empfehlenswert, sich beim Autismusverband vor Ort beraten zu lassen,
- im Studium: Fachschaft bzw. psychosoziale Beratungsstelle bzw. Behindertenbeauftragen kontaktieren, Schwierigkeiten besprechen und Hilfen überlegen,
- bei Arbeit und Beruf: Mit Mitarbeitern bzw. Vorgesetzten überlegen, was verändert werden sollte, um besser arbeiten zu können (Rahmenbedingungen, konkrete Hilfen etc.),
- bei Arbeitslosigkeit bzw. Berufsfindungsphase: Mit Rehaberater des Arbeitsamts bzw. mit Integrationsfachdienst Kontakt aufnehmen und Möglichkeiten überlegen,
- bezüglich allgemeiner Fragen im Hinblick auf Behinderung, Teilhabe, Behörden etc.: Beratungsangebote in der Region nutzen (Sozial-/ gemeindepsychiatrische Beratungsstellen, Teilhabeberatungsstellen EUTB etc.).

Im Anschluss an die Diagnostik sollte eine ausführliche Beratung der Eltern bzw. selbst betroffenen Menschen selbstverständlich sein. Dabei ist es wichtig, therapeutische Möglichkeiten und sonstige Hilfen zu benennen, mögliche Konsequenzen für Schule, Ausbildung etc. darzulegen und auch eine erste Orientierung darüber zu geben, wohin man sich nun als nächstes wenden sollte, um weitere Schritte einzuleiten. Sinnvoll als erste Anlaufstellen wären unabhängige Informations- und

Beratungsstellen für Betroffene und ihre Angehörigen auf Länderebene und zusätzliche Informationsplattformen im Internet mit Hinweisen zu den regionalen Angeboten.

Spezialisierte (fachärztliche) Betreuung

Einen Spezialisten zu finden, der einen gut begleitet, ist wichtig und schwierig zugleich. Kompetente Fachärzte sind rar, häufig gibt es lange Wartezeiten und nur selten kurzfristige Termine.

Kontinuierliche Begleitung

Die meisten Menschen mit Autismus-Spektrum-Störung profitieren aber sehr von einer guten kontinuierlichen fachärztlichen Betreuung durch einen Kinder- und Jugendpsychiater, einen Erwachsenenpsychiater, einen klinischen Psychologen oder ein Sozial-Pädiatrisches Zentrum.

Dies kann u. a. folgende Aspekte umfassen:

- Motivation des Betroffenen, entsprechende Hilfen in Anspruch zu nehmen,
- Planung und Koordination der Therapien sowie weiterer Hilfen (betreutes Einzelwohnen, sozialarbeiterische Unterstützung, auf Wunsch Einleitung einer gesetzlichen Betreuung, Hilfe im Hinblick auf den Schwerbehindertenstatus, Maßnahmen zur Teilhabe am Berufsleben etc.),
- ggf. Einleitung und Überwachung einer medikamentösen Behandlung (s. u.),
- Erkennen und Behandlung von Begleiterkrankungen,
- Begleitung in Krisensituationen,
- Ansprechpartner für die Angehörigen, falls vom betroffenen Menschen gewünscht,
- Ansprechpartner für Dritte (andere Ärzte, Therapeuten, Betreuer etc.), falls vom betroffenen Menschen gewünscht.

Entsprechend der Häufigkeit autistischer Störungen ist die Bereitschaft zu einer solchen Begleitung im Prinzip von jedem Facharzt zu fordern, und durch die angebotenen Fortbildungen ist eine ausreichende Qualifikation dafür zu erreichen. Der erhöhte zeitliche Aufwand ist adäquat zu vergüten.

Transition

Eine besondere Herausforderung stellt der Übergang vom Jugend- in das junge Erwachsenenalter dar, der nicht nur der Beginn einer neuen Lebensphase ist, sondern eben auch der Übergang in eine neue Institution und Form der medizinischen Betreuung, der bewältigt werden will.

Zusätzlich zu den entwicklungsbedingten Veränderungen beginnen viele autistische Jugendliche gerade in diesem Alter damit, schmerzhaft ihre Einschränkungen zu erkennen, die mit ihrem Autismus zusammenhängen. Das kann dann zu Depressionen führen oder auch zu verstärkten Verhaltensauffälligkeiten. Gerade nun also brauchen sie eine gute Unterstützung durch einen verlässlichen und kompetenten Fachmann.

Mit Vollendung des 18. Lebensjahres aber endet die Zuständigkeit des Facharztes für Kinder- und Jugendpsychiatrie, der bis dahin – oft über viele Jahre hinweg – für die Betreuung zuständig war und zu dem sich häufig ein enger Kontakt aufgebaut hat, auch von Seiten der Angehörigen. Im vertragsärztlichen ambulanten Bereich ist die Weiterbetreuung bis zum 21. Lebensjahr möglich, in Kliniken aber ist nun ein neuer Kollege aus der Erwachsenenpsychiatrie zuständig, den man nicht kennt, der vielleicht nicht einmal die nötigen Informationen und oft schon gar nicht die erforderlichen Fachkenntnisse besitzt.

Da aus autistischen Jugendlichen aber erwachsene Menschen mit Autismus werden, dürfen die spezifischen Aktivitäten hier nicht enden, sondern müssen eine Fortsetzung in das Erwachsenenalter und in die Erwachsenenmedizin finden. Der Übergang ist als ein Prozess zu gestalten, der bis zur sicheren Einbettung des Patienten in der Erwachsenenmedizin mindestens folgende Elemente umfassen sollte (vgl. auch Oldhafer 2016):

- Rechtzeitiger Beginn der langfristigen Vorbereitung des Transfers,
- nähere Informationen für den Betroffenen zur Erwachsenenmedizin,
- gemeinsame Besuche in der Erwachsenenmedizin oder gemeinsame Sprechstunden mit dem weiterbehandelnden Kollegen, zumindest aber gemeinsame Behandlungsplanung,
- dabei enge Zusammenarbeit mit dem sozialen Umfeld des autistischen Menschen, falls von diesem gewünscht (z. B. Eltern, Therapeuten, Lehrer oder Arbeitgeber etc.),
- Motivation des autistischen Menschen, einen Brief an den weiterbehandelnden Kollegen zu schreiben, um ihm aus der eigenen Sicht alles Wichtige mitzuteilen. Hier könnten auch die eigenen Fortschritte und Entwicklungsschritte Erwähnung finden
- und schließlich Übergabe des Patienten an den Kollegen und ausführliche Informationen zum jeweiligen Einzelfall, den individuellen Besonderheiten und der persönlichen Situation des betroffenen Menschen.

Einige Modellprojekte u. a. aus Hamburg und Berlin zu einem solchen »Transitionsmanagement«, also der Begleitung des Übergangs in die Erwachsenenmedizin, haben gute Ergebnisse gezeigt (Roth-Sackenheim 2016) und sollten auch für Menschen mit Autismus weitergedacht werden, um gerade in diesem wichtigen Zeitraum eine gute Versorgung sicherzustellen.

Fachärztliche Versorgung in Krisen

In Krisensituationen ist es manchmal nötig, die Begleitung anzupassen, häufigere Termine anzubieten und auch kurzfristig erreichbar zu sein. Eigentlich sollte das selbstverständlich sein, aber es gibt hier Unterschiede. Manche Ärzte sind flexibel genug, darauf zu reagieren, für andere stellt das ein großes Problem oder sogar eine Unmöglichkeit dar. Es ist deshalb immer wieder nötig, darauf hinzuweisen, wie wichtig die Krisenintervention für die betroffenen Menschen wie auch für Angehörige ist und welch großen Stellenwert ihr alle Beteiligten zuschreiben. Auf die Frage, was für sie eine wertvolle Hilfe darstellt, nennen zahlreiche Eltern die gute fachärztliche Begleitung und hier insbesondere die Möglichkeit, in Krisenzeiten jederzeit telefonische Hilfe erwarten zu können und spontan Termine zu erhalten, wenn eine akute Situation eintritt (Bauerfeind 2016, 303).

Genauso wichtig ist es jedoch, auch die Betroffenen selbst dabei anzuleiten, etwas für sich zu tun. Ein junger Mann mit Autismus-Spektrum-Störung beschreibt, dass er sich für Krisensituationen eine »Notfalltasche« gepackt hat, die er dann nur noch schnell mitnehmen muss. Da Krisen oft ohne lange Vorankündigung entstehen, sieht er sich in solchen Momenten nicht mehr in der Lage, noch lange seine Sachen zurechtzupacken, bzw. er vergisst erfahrungsgemäß in der Eile wichtige Dinge. Dies kann also eine sinnvolle Strategie darstellen, deshalb beschreibt er nachfolgend den Inhalt und die Beschriftung seiner Notfalltasche:

Inhalt der Tasche (mit »Notfalltasche« beschriftet):

- *Anweisungszettel (beidseitig bedruckt, ganz oben, wegen der Adressen)*
- *Handyladegerät*
- *Zahnbürste & Zahnpasta*
- *Schlafanzug*
- *kurze Sporthose*
- *T-Shirt*
- *Socken (2x)*
- *Unterwäsche (2x)*
- *Ohropax*
- *Deo, Duschzeug*
- *Medikamente (Benzodiazepine, die aber bisher nur zwei- oder dreimal zum Einsatz kamen, weil ich um deren Risiken weiß; außerdem die Medikamente, die ich aktuell einnehme)*

Begleitschreiben in der Tasche:

- *Notfalltasche von (Vorname Nachname; Version 2 vom 4.2.16)*
- *Geb. 01.01.01 in (Ort), wohnhaft in (Adresse), (Berufsbezeichnung), Krankenkasse: (Name der Kasse, Versicherungsnummer)*
- *Text des Begleitschreibens: »Wer das liest, sieht vermutlich einen verstörten oder verängstigten Menschen vor sich. Falls das der Fall ist, bringen Sie mich bitte in einen dunklen, ruhigen Raum mit Liege, geben Sie mir Wasser und Alprazolam 0,5 mg (in der*

Tasche) und zeigen Sie mir die Toiletten. Das Infozimmer der Station ist zur Befragung schlecht, denn es ist zu hell, hat viele Geräuschquellen und ich nehme die vorbeilaufenden Patienten als störend wahr. Bitte vermeiden Sie in diesen Situationen Konflikte oder Kommentare, die ich negativ deuten könnte oder die mich verunsichern.

Ich habe:

- *ADS*
- *Autismus-Spektrum-Störung/Asperger-Syndrom (F 84.5)*
- *Vermutlich eine depressive Phase.*

Ich nehme:

- *Bis zu 10 mg Medikinet (zuletzt 5 mg unretardiert, morgens)*
- *Im Notfall bis zu 1 mg Alprazolam*
- *(evtl. Name des Antidepressivums, das ich ggf. gerade einnehme).*

Mein behandelnder Facharzt ist: (Name, Adresse, Tel.-Nummer des Psychiaters)

- *Hausarzt: (Name)*
- *Meine Therapeutin ist: (Name, Adresse, Tel.-Nummer der Psychotherapeutin)*
- *Verwandte (Vorsicht, die sind keine Anrufe aus dem Krankenhaus gewohnt):*
- *Mein (Verwandter des Vertrauens) ist zu erreichen unter: (Telefonnummer geschäftl./ privat)*
- *Meine Eltern sind zu erreichen (nur im absoluten Notfall!) unter: (Telefonnummer).*

Vermutlich wurde mein Zustand ausgelöst durch eine Panikattacke oder zu wenig Schlaf und eine Reizüberflutung. Bitte versuchen Sie, mit beruhigenden Mitteln wie Alprazolam entgegenzuwirken, damit ich wieder in Fassung komme. Falls das nicht innerhalb von 12 Stunden geschieht, informieren Sie bitte meinen (Verwandter des Vertrauens), der selbst Medikamente nimmt, die mir in solchen Fällen womöglich auch helfen könnten. Bitte tauschen Sie sich mit meinem Arzt/ meiner Therapeutin aus.

Bitte beachten Sie weiterhin Folgendes:

- *Als (überreizter) Autist brauche ich Ruhe (reizarme Umgebung)*
- *Bei Herzrasen oder Tinnitus können Körpersignale negativ sein – bitte meine Aufmerksamkeit auf Folgendes lenken: möglichst komplexe Probleme aus der Informatik (Spezialinteresse, am liebsten Algorithmik oder Programmierung), alternativ jedes andere Computerproblem, Star Trek, Elektrotechnik/ Medizingeräte, Mathematik oder (nur dann, wenn ich keinen Tinnitus habe!) Akustik (evtl. hilft auch ruhige klassische Musik)*
- *Ibuprofen hilft mir beim Schlafen*
- *Meine Panik bezieht sich im Wesentlichen auf Kontrollverlust und/oder Einsamkeit«*

Informationen für mich:

- *Nächste Krankenhäuser sind:*
  (jeweils Name, Adresse, Nummer, Verkehrsverbindung und evtl. Kommentar in der Art »das ist das links neben dem Getränkemarkt«)
  (Patrick)

Medikamentöse Behandlung

Eine medikamentöse Behandlung kann den Autismus als solchen nicht beheben, sodass eine Autismus-Spektrum-Störung per se grundsätzlich keine Indikation für eine psychopharmakologische Behandlung darstellt. Die Anwendungsgebiete von Psychopharmaka bei Menschen mit Autismus liegen vielmehr in der Behandlung von Begleiterkrankungen (v. a. Depressionen, Angst-/Zwangsstörungen, ADHS, selten psychotische Störungen), wenn alternative Behandlungsansätze allein keinen zufriedenstellenden Erfolg zeigen, und manchmal auch in der Verbesserung der »Begleitsymptome, die viel stärker beeinträchtigend und sozial behindernd sein können als die autistischen ›Grundstörungen‹ (…). Zu diesen ›Begleitsymptomen‹ gehören beispielsweise Schlafstörungen, Essstörungen, Wutausbrüche, Ängstlichkeit, Zwänge, Aggressionen gegen sich selbst und andere« (Dose 2014, 173). Nur wenige Medikamente sind jedoch für diesen Einsatz gut untersucht, insbesondere fehlen bislang gezielte Studien zur Behandlung von ängstlich-depressiver Symptomatik oder komorbiden Zwangsstörungen (Freitag 2011).

- Die Medikation richtet sich nach der vorherrschenden Symptomatik und der Art der Begleiterkrankungen.
- Bei autistischen Menschen häufig angewandt werden Antidepressiva, die oft sinnvoll sein können (bei Angst oder Depression und auch zur Beruhigung).
- Außerdem werden andere beruhigende Präparate eingesetzt wie Neuroleptika (besonders gut untersucht ist dabei das Risperidon; vgl. McDougle et al. 1998), die akute Verhaltensauffälligkeiten (Aggressivität, selbstverletzendes Verhalten, Hyperaktivität) verbessern können, aber keinen Einfluss haben auf die autistische »Kernsymptomatik«. Alternativ kommen notfalls kurzfristig auch Benzodiazepine in Betracht (Vorsicht: Gefahr der Abhängigkeitsentwicklung bei längerer Anwendung).
- Methylphenidat oder weitere Wirkstoffe kommen bei begleitender ADS/ADHS zur Anwendung (vgl. z. B. Aman et al. 2005). Vor allem die Hyperaktivität kann dadurch verbessert werden, allerdings ist diese Wirkung bei autistischen Störungen offenbar schwächer ausgeprägt als bei ADHS (Dose 2014), und in Einzelfällen wird auch eine paradoxe Wirkung mit Verstärkung der Hyperaktivität und Erregung beschrieben.

Alle Psychopharmaka können mit Nebenwirkungen behaftet sein, es ist daher notwendig, sie ärztlich überwachen zu lassen. Wichtige regelmäßige Kontrolluntersuchungen bestehen mindestens aus Blutentnahmen, der Kontrolle von Blutdruck, Puls und Körpergewicht sowie einer EKG-Ableitung.

Zu beachten ist außerdem, dass bei autistischen Menschen nicht selten Neuroleptika für solche Auffälligkeiten eingesetzt werden, die bei nicht autistischen Menschen mit anderen Medikamenten (z. B. Antidepressiva) oder aber gar nicht medikamentös behandelt werden. Offenbar werden Neuroleptika in diesen Fällen nicht als Heilmittel, sondern als »Disziplinierungsmittel« benutzt (z. B. Boehlke 1992). Dies stellt natürlich in vielen Fällen eine fragwürdige Indikation dar. Allerdings darf man andererseits auch nicht übersehen, dass Psychopharmaka manchmal unumgänglich sind, um eine von dem betroffenen Menschen selbst gewünschte Inklusion in Schule, Beruf oder Gesellschaft unter den gegebenen Bedingungen erst zu ermöglichen. Medikamente können dann eine Grundlage für Entwicklungsprozesse darstellen:

Am schlimmsten war der Druck, den ich bekam, als ich den geschützten Rahmen verlassen sollte. Ich war völlig depressiv und hatte Angst, auf den Arbeitsmarkt zu gehen. Nun war ich 19 Jahre alt. Mein Betreuer riet mir, etwas gegen diese Ängste zu tun. Also besuchte ich eine Psychotherapie, bei der mir der Therapeut mehrere Wege zeigte, mit Stress und Angst umzugehen, wie progressive Muskelentspannung oder positive Visualisierung. Hinzu kamen noch eigene Wege, wie zum Beispiel ein verstärkter Glaube an Gott. Das alles half mir, Angst und Stress zu überwinden und tapferer den Situationen entgegen zu gehen.

Ein Umzug nach Braunschweig in eine WG erfolgte und ich durfte bei der Lebenshilfe arbeiten. Das war ein großes Glück, denn auch dies war ein geschützter Rahmen. Mir ging es sehr gut.

Der Neurologe, bei dem ich jetzt war, fragte mich deshalb, ob wir das Risperdal-Medikament reduzieren wollten. Ich stimmte zu, denn es ging mir ja gut. Wir machten erst die Hälfte weniger und setzten es dann ganz ab – und das ging schief. In der Folge bekam ich eine entsetzliche Reizüberflutung, die mich in vielen Fällen handlungsunfähig machte. Als Ergebnis davon kam ich wieder in die Klinik.

Nach etwa 2 Wochen wurde ich vorzeitig entlassen, war aber noch nicht gesund. Beim Neurologen wurde mir eine Diagnose mitgeteilt: Asperger-Autismus und eine psychotische Erkrankung ohne Schizophrenie.

(Gregor Sommer)

Eine enge Zusammenarbeit aller Beteiligten ist im Falle einer medikamentösen Behandlung zwingend nötig, um bestmöglich den Wünschen des autistischen Menschen zu entsprechen. Zudem sind ausreichende Maßnahmen der Qualitätssicherung zu fordern, und schließlich muss regelmäßig das Auftreten von Nebenwirkungen überprüft werden.

Allgemeinärztliche/zahnärztliche Behandlung

Viele Menschen mit Autismus haben über sehr lange Zeit hinweg keinen Zugang zum Gesundheitswesen und deshalb nicht selten gravierende medizinische Probleme:

»*Nach wie vor werden wir häufig mit Patienten konfrontiert, die aufgrund mangelnder Erfahrung der vorbehandelnden Ärzte sowie aufgrund eines insgesamt nicht vorhandenen speziellen Behandlungssettings für autistische Menschen in einem Zustand in unserer Fachklinik vorgestellt werden, der nur als elend zu bezeichnen ist. Auch gibt es eine nicht unerhebliche Anzahl an Patienten, die unter falschen Diagnosen jahrelang fehlbehandelt wurden und bei denen sich somit oft langfristig Störungen fixiert haben, die vielleicht vermeidbar gewesen wären. In der Medizin allgemein kann aus meiner Sicht gesagt werden, dass die Qualität der Behandlung abhängig ist vom Schweregrad der autistischen Störung. Je ausgeprägter die autistische Kommunikationsstörung, je schwieriger eventuelle aversive Verhaltensweisen des Patienten mit Autismus-Spektrum-Störung, je pflegeaufwändiger die Betreuung des Menschen, desto weniger ausdauernd, verständnisvoll und effektiv wird die Behandlung dieses Patienten sein*« (Schlaich 2011, 235–236).

Auch wurde ermittelt, dass Menschen mit Autismus bei fast allen Todesursachen ein höheres Sterblichkeitsrisiko als andere Menschen haben (Hirvikoski et al. 2016). Das sind eigentlich vernichtende Feststellungen, die die Missstände unseres Gesundheitssystems deutlich machen. Sie verdeutlichen damit aber auch die Dringlichkeit der Thematik und die Notwendigkeit, Kenntnisse über den Autismus für alle medizinischen Fachbereiche zu fordern und zu fördern.

Die Inanspruchnahme des ambulanten medizinischen Versorgungssystems durch Menschen mit Autismus kann aus unterschiedlichen Beweggründen heraus erfolgen:

- Bei einem bestehenden Beratungswunsch im Hinblick auf die eigene Gesundheit,
- zur Inanspruchnahme von Vorsorgeleistungen (präventive Versorgung),
- zur ärztlichen Behandlung bei bestehenden Beschwerden (kurative Versorgung),
- aus Gründen der kontinuierlichen Begleitung im Rahmen eines Gesamtbehandlungskonzeptes im Sinne einer möglichst umfassenden Eingliederung in das soziale, familiäre und möglichst auch berufliche Leben.

Entsprechend unterschiedlich sind die Vorbereitung auf den Arztkontakt, die Information im Vorfeld über das eigene Anliegen und auch die persönliche Beziehung zum Behandler aufgrund gemeinsamer Vorerfahrungen.

Besonderheiten der Arzt-Patienten-Beziehung

- Nicht selten werden Menschen mit Autismus von den Eltern oder anderen Betreuungspersonen zum Arztbesuch motiviert, der Kontakt erfolgt dann also nicht auf eigene Veranlassung. Die Betroffenen können meist auch nicht wählen, zu welchem Arzt sie gehen möchten, die Auswahl trifft vielmehr das Umfeld.
- Oft erscheinen die Betroffenen mit einer Begleitperson, die vielleicht auch das Anliegen vorträgt, wenn dies dem autistischen Menschen selbst schwerfällt (häufig ist es auch durchaus sinnvoll, beim Arztgespräch und auch bei der Untersuchung eine Bezugsperson dabei zu haben, die Auskunft über die Beschwerden und die krankheitsbedingten Veränderungen geben und zugleich durch ihre Anwesenheit den betroffenen Menschen beruhigen kann). Der Arzt im Gegenzug kommuniziert dann aber häufig ebenfalls nur über die Begleitperson.
- Es besteht oft keine persönliche Beziehung zum Arzt, der Betroffene hat kein Vertrauen und fürchtet sich.
- Wenn er nicht sprechen kann, ist es ihm oft nicht möglich, mit dem Arzt ausreichend zu kommunizieren und seine Besorgnis zu äußern.
- Der Betreuer bzw. die Eltern sind nicht immer bei der Behandlung dabei, sondern gehen wieder weg oder warten im Wartezimmer. Dieses »Ausgeliefertsein« überfordert autistische Menschen häufig.
- Der Betroffene zeigt dann oft kein Verhalten, das dieser Situation angemessen ist, er wird womöglich aggressiv, zeigt keine Kooperation oder versucht zu fliehen.
- Nicht selten ist auch die Reaktion des ärztlichen und sonstigen medizinischen Personals gegenüber dem Patienten in dieser Situation durch ein unangemessenes Verhalten gekennzeichnet (schreien, schimpfen, vielleicht sogar festhalten oder körperliche Gewalt anwenden).
- Neu auftretende Probleme und Beschwerden werden häufig zunächst auf den Autismus geschoben, man sucht also vor allem nach psychologischen Ursachen und denkt erst in zweiter Linie an körperliche Leiden. Das kann zu erheblichen Verzögerungen und auch zu Versäumnissen führen. Aber auch psychiatrische Begleiterkrankungen werden oft übersehen, weil sie durch die bestehende autismustypische Symptomatik lange Zeit unbemerkt bleiben können. Auf der anderen Seite werden aber autistische Menschen viel häufiger als andere Leute mit Psychopharmaka behandelt.

In einer Studie (Autismus-Forschungs-Kooperation 1) hat man festgestellt, dass Allgemeinmediziner autismustypisches Verhalten (z. B. das Vermeiden von Blickkontakt) negativer beurteilen als Fachärzte, die über den Autismus besser Bescheid wissen. Das Wissen über die Symptomatik führt also zu einer besseren Akzeptanz, was sich auch auf den Arzt-Patienten-Kontakt auswirkt. Insgesamt aber ist es leider so, dass viele Hausärzte nicht signifikant mehr über autistische Störungen wissen als die Allgemeinbevölkerung (Sappok & Dern 2011). Sie kennen insbesondere die Symptome des Asperger-Syndroms nicht und wissen nicht, dass hier keine geistige Behinderung vorliegt und die betroffenen Menschen auch ganz spezifische Stärken und Fähigkeiten aufweisen. Auch unterschätzen sie deutlich die Häufigkeit des

Autismus, so wurde eine Häufigkeit von etwa 1 zu 4000 vermutet (Autismus-Forschungs-Kooperation 1). Aus all diesen Gründen kommt es nicht selten vor, dass man Menschen mit einer diagnostizierten Autismus-Spektrum-Störung diese Diagnose und ihre Schwierigkeiten »nicht glaubt«, auch deswegen, weil ihnen das Ausmaß der Beeinträchtigung nicht anzusehen ist:

Während eines Reha-Aufenthaltes wurde die Diagnose einer Autismus-Spektrum-Störung durch einen Psychiater gestellt. Dies wurde dann in dem Entlassungsbericht vermerkt. Als ich meinen ehemaligen Hausarzt nach der Reha getroffen hatte und ihm über die Diagnose berichtete, hatte er dafür kein Verständnis, da ich nicht in einer Ecke sitze und auf Menschen reagiere. (Andreas Hornoff)

Probleme durch autismusspezifische Besonderheiten

Häufig besteht eine fehlende oder abgeschwächte Schmerzwahrnehmung, sodass man auch selbst manchmal nicht richtig einschätzen kann, wie ernst es ist. Wenn also ein Mensch mit Autismus keine Schmerzen hat, dann bedeutet das noch lange nicht, dass keine Erkrankung vorliegt.

Aber auch dann, wenn der Betroffene Schmerzen verspürt, kann er sie oft nicht angemessen ausdrücken, die Schmerzen oder andere Befindlichkeitsstörungen können dann beispielsweise durchaus auch als aggressives oder anderes problematisches Verhalten imponieren (z. B. Autoaggressionen wie Kopfschlagen bei Zahnschmerzen, Unruhe aufgrund von Bauchschmerzen etc.). Insgesamt können manchmal aber auch nur diskrete Veränderungen im Verhalten bereits Hinweise auf eine abklärungsbedürftige Symptomatik geben (z. B. Mau et al. 2015). Häufig wäre es hier mit einfachen Mitteln möglich, Abhilfe zu schaffen, aber dazu muss man die körperliche Problematik erst einmal erkennen, und dazu wiederum bedarf es einer vertrauensvollen Arzt-Patienten-Beziehung und einer guten Kenntnis des autistischen Menschen. Stattdessen jedoch landen die Betroffenen nicht selten in der Psychiatrie, wo sich ihr Verhalten eher verschlechtert, weil die Ursache ja nicht behandelt werden konnte.

Auf der anderen Seite ist jedoch die adäquate Behandlung autistischer Menschen auch dann, wenn man ihre Beschwerden richtig erkennt, oft nicht gegeben. Berührungsängste seitens des medizinischen Personals, Zeitmangel, fehlende Fachkenntnisse und unpassende Rahmenbedingungen sind im Zusammenspiel ursächlich dafür verantwortlich. Die Betroffenen wirken ängstlich und aufgeregt und deswegen nicht selten auch abweisend. Das beeinflusst dann wiederum die Art und Weise, wie man ihnen gegenübertritt.

Zahlreiche Eltern von Menschen insbesondere mit frühkindlichem Autismus berichten über die insgesamt völlig unzureichende ärztliche Versorgung der Betroffenen:

Mein Sohn Jens, 31 Jahre, empfindet kaum Schmerz und hat panische Angst vor ›weißen Kitteln‹. Unser Hausarzt betreut ihn, so weit er das zulässt. Jens ist bis heute nicht geimpft, weil die Ärzte damals alle Bedenken bezüglich des Autismus hatten. Ihm wurde auch noch niemals Blut abgenommen, er hat bisher noch keine Spritze zugelassen.

Sorgen machen mir inzwischen seine Zähne. Er putzt sie zwar regelmäßig, dennoch haben sich Beläge und Zahnstein gebildet und das Zahnfleisch ist akut entzündet. Ich habe bereits fast alle Zahnärzte abgeklappert – keiner will ihn behandeln. Eine Behandlung in Vollnarkose ist auch sehr risikoreich, da er auf viele Medikamente paradox reagiert. Es gab da in der Vergangenheit schon sehr unschöne Szenen, etwa, als bei einer Operation die Narkose eingeleitet werden sollte. Man hat ihm im Vorfeld bereits alle möglichen Beruhigungsmittel gegeben, aber durch die paradoxe Reaktion wurde er munter statt müde. Letztlich kam er bei vollem Bewusstsein in den OP, und dort standen dann acht männliche Pfleger, die ihn versuchten festzuhalten – vergebens. Mein Sohn wehrte sich mit allen Kräften, er wurde panisch, und die Narkoseärztin rammte ihm dann die Injektion in den Oberschenkel – obwohl er vollständig bekleidet war. Ich musste das alles durch eine Scheibe mit ansehen und konnte nicht eingreifen und meinem Sohn helfen. Daher rührt bis heute seine Angst vor Arztbehandlungen.

Durch Nachfragen bei anderen Eltern wurde mir bewusst, dass viele Eltern mit solchen und ähnlichen Problemen zu kämpfen haben. Die ärztliche bzw. zahnärztliche Versorgung von Menschen mit Autismus scheint ein großes Problem zu sein. Umso wichtiger ist es, dass Ärzte über die Besonderheiten bei Menschen mit Autismus informiert und dafür sensibilisiert werden. Wir Eltern wollen uns nicht bei jedem Arztbesuch neu erklären und rechtfertigen müssen. Es gibt viel zu wenige Ärzte, die sich mit diesem Thema auseinandersetzen und die autistische Menschen behandeln! Ich würde mich sehr freuen, wenn meine Zeilen dazu beitragen, dass anderen Betroffenen und deren Eltern diese schlimmen Erfahrungen erspart bleiben.

(Brigitte Pfeiffer-Jung)

Aber auch bei den Betroffenen, die über gute sprachliche Fähigkeiten verfügen, gibt es zahlreiche Hürden bei Arzt- und Zahnarztbesuchen, weil hier viele für sie problematische Faktoren zusammenkommen, die sich in allen Phasen des Arztkontakts bemerkbar machen.

Probleme bei der Terminvereinbarung und dem Aufsuchen der Praxis

- Es bereitet oft große Schwierigkeiten, eigenständig einen Termin auszumachen (Probleme z. B. beim Telefonieren oder dabei, die Notwendigkeit eines kurzfristigen Termins zu vermitteln).
- Manchmal gibt es auch logistische Hürden: Die Praxis ist nur schwer zu finden (etwa im Hinterhof), sie sieht anders aus als bei früheren Besuchen, die übliche Wegstrecke dorthin ist gesperrt, der Zug fällt aus etc.
- Es fällt schwer, das eigene Anliegen richtig zu schildern und die Beschwerden angemessen darzustellen. Menschen mit Autismus wirken nicht selten heiter, obwohl sie Schmerzen haben oder ernsthaft krank sind. Manchmal zeigen sie eine sehr starke Selbstbeherrschung in sozialen Situationen, was zu gefährlichen

Fehlinterpretationen führen kann. Nicht selten erhalten sie dann nur einen (zu) späten Termin.

Probleme bei Wartezeit vor Ort

- Probleme bereitet der enge Kontakt mit anderen Menschen im Wartezimmer.
- Das Wartezimmer ist oft eng, voll und schlecht gelüftet; viele verschiedene Menschen erzeugen die unterschiedlichsten Gerüche (Parfüm, Schweiß etc.). Die hypersensible olfaktorische Wahrnehmung von Menschen mit Autismus spielt hier eine große Rolle und setzt sich auch in den Behandlungsräumen fort, wo Gerüche von Desinfektionsmitteln etc. hinzukommen.
- Häufig findet sich eine grelle (Neon-)Beleuchtung; unterschiedliche Geräusche der anderen Patienten, vom Anmeldebereich, aus Nachbarräumen oder von draußen sowie das Klingeln von Telefonen werden von autistischen Menschen lauter wahrgenommen als von anderen.
- Diese sensorischen Reize sind nicht nur unangenehm und störend, sie können bei Menschen mit Autismus auch zu einem ernsten Problem werden, eine Anspannung auslösen und zu einer sensorischen Überforderung führen.
- Häufig bestehen lange Wartezeiten trotz eines festen Termins. Man weiß nicht im Vorfeld, wie lange es dauern wird, und diese Unsicherheit ist für autistische Menschen sehr problematisch und manchmal kaum auszuhalten. Die Unruhe verstärkt sich, und nicht selten laufen sie in diesen Momenten davon.
- Man weiß nicht, wie der Arztbesuch selbst ablaufen wird, was einen erwarten wird, dadurch fehlt die Sicherheit, die man bräuchte, um diese Anforderung gut bewältigen zu können.

Probleme bei der körperlichen Untersuchung

- Es bereitet Schwierigkeiten, manchmal sogar Schmerzen, von einem fremden Menschen angefasst zu werden (etwa im Rahmen der körperlichen Untersuchung, womöglich sogar ohne jede Vorwarnung).
- Nicht immer erhält der Arzt durch die Untersuchung die von ihm erhofften Rückmeldungen, die für seine Diagnose wichtig sind (z.B. fehlende Schmerzangabe beim Abtasten der Bauchregion).
- Der Grund und die Konsequenzen der Untersuchung sind oft ebenso wenig bekannt wie die voraussichtliche Dauer, das alles verstärkt Unruhe und Angst.
- Durch die hohe sensorische Belastung sind Menschen mit Autismus häufig sehr stark abgelenkt und können sich auf nichts anderes mehr konzentrieren.

Probleme bei Kommunikation und Interaktion

- Durch die große Aufregung und Angst beim Kontakt mit einem fremden Menschen werden leicht wichtige Einzelheiten vergessen, auf die man eigentlich hinweisen oder die man fragen wollte.

- Manche Auffälligkeiten werden auch nicht unbedingt als relevant eingeordnet, wenn sie nicht gezielt erfragt wurden.
- Oft braucht man mehr Zeit als andere Menschen, um zu erklären, weshalb man gekommen ist, aber diese Zeit besteht bei der engen Taktung im Gesundheitswesen oft nicht. Auch kann es länger dauern, bis man auf die Fragen des Arztes antworten kann, weil man einfach mehr Zeit zum Überlegen braucht.
- Viele Menschen mit Autismus können nicht gut Blickkontakt halten und wirken, vor allem bei Aufregung, abweisend und unnahbar. Die Mimik kann aber auch auf andere Weise unangemessen sein oder aber nicht das wirkliche Befinden widerspiegeln.
- Informationen, die vom Arzt oder der Helferin nicht ganz eindeutig formuliert sind, können oft nicht verstanden werden. Redewendungen, Metaphern und Ironie bereiten Probleme und werden wörtlich verstanden. Gleichzeitig aber besteht das besonders große Bedürfnis nach Vorhersehbarkeit und exakten, verständlichen Informationen.

Zusätzliche Probleme beim Zahnarztbesuch

- Die Mundregion ist ein extrem empfindlicher Bereich, und für einen autistischen Menschen kann das Gefühl von kaltem Instrumentarium, das in den Mund eingeführt wird, sehr schmerzhaft sein.
- Die Geräusche von Bohrer und anderen Instrumenten können zusätzlichen Schmerz bereiten, vor allem, wenn sie an solchen Stellen angewandt werden, an denen die Knochenleitung des Schalls eine Rolle spielt.
- Zahnärzte gehören zu den ganz wenigen Berufsgruppen, denen es gestattet ist, in einen extrem persönlichen Bereich vorzudringen. Die meisten Menschen finden das unangenehm, sie verstehen aber, dass der Zahnarzt ihnen so nah sein muss, um die Zähne zu untersuchen und zu behandeln. Für autistische Menschen aber ist dies oft eine ganz besonders schlimme Erfahrung.
- Der Geschmack oder die Beschaffenheit der Zahncreme können Ekelgefühle auslösen, was das Zähneputzen sehr erschwert. Auch die Schwierigkeiten im Hinblick auf die Motorik spielen dabei eine Rolle, manchmal kann nicht richtig eingeschätzt werden, welcher Druck beim Putzen angemessen ist, oder die Bewegungen können nicht richtig ausgeführt werden.

Als Kind konnte ich mir nicht die Zähne putzen, weil ich den Schaum und den Geschmack von Zahnpasta so furchtbar fand. Ich habe aber sehr viel gezuckerte Limo getrunken. Deshalb waren bereits meine Milchzähne von Karies befallen. Ich musste dann sehr oft zum Zahnarzt. Leider wirkte die Betäubungsspritze zu schwach. Ich wusste aber nicht, dass ich etwas sagen soll, wenn ich noch etwas spüre. Erst als ich erwachsen war und mich wieder zum Zahnarzt traute, sagte er mir, ich solle sagen, wenn es noch weh tut. Dann erlebte ich Behandlungen, die nicht weh taten! Das Problem mit der Zahnpasta habe ich immer noch, aber schwächer. Ich halte es einige Minuten aus, wenn es eine Sorte ist, die ich mag. (Ilona Mennerich)

Probleme auf Seiten des medizinischen Personals

Das waren ein paar der Schwierigkeiten auf Seiten der betroffenen Menschen selbst, aber es gibt auch Probleme, die eher bei den Mitarbeitern des Gesundheitssystems liegen:

- Die Akzeptanz von Menschen mit Autismus ist in der Gesellschaft noch immer eher gering. Verhaltensauffälligkeiten, die man nicht einordnen kann, machen anderen Leuten Angst. Die Erfahrung zeigt, dass vielen aggressiven Ausbrüchen beispielsweise unbeachtete Versuche vorausgehen, sich mitzuteilen. Diese Versuche sind aber oft so unscheinbar oder uneindeutig, dass man sie im Alltag leicht übersehen kann. Es kommt dann immer wieder zu einer Fehleinschätzung des betroffenen Menschen, der als böse erscheint, obwohl er sich einfach nur verständlich machen möchte, oder der auf den ersten Blick vielleicht auch »geistig behindert« wirkt, was dann natürlich wiederum auch die Art und Weise beeinflusst, wie man ihm gegenübertritt.
- Es gibt meist zu wenig Personal für eine gute Betreuung von Menschen mit speziellen Bedürfnissen; die vorhandenen Fachkräfte finden ungünstige Arbeitsbedingungen vor.
- Die Mitarbeiter haben zu wenig Zeit, um sich mit jedem einzelnen Menschen ausreichend lange zu beschäftigen. Menschen mit Autismus aber brauchen vor allem dann, wenn sie aufgeregt sind, oft ganz besonders lang, um sich zu äußern. Wenn man sie dann drängt, ein bisschen schneller »zum Punkt« zu kommen, verstärkt sich ihre Aufregung, was alles nur schlimmer macht.
- In ihrer Ausbildung erfahren die verschiedenen Berufsgruppen, die als Mitarbeiter im Gesundheitswesen tätig sind (Ärzte, Krankenpfleger, Arzthelferinnen, Physiotherapeuten etc.) noch immer nur wenig über die vielfältigen Erscheinungsformen des Autismus, meist gibt es höchstens Kenntnisse über die Extremformen. Man kennt also allenfalls das Bild des schaukelnden Kindes in der Ecke, das gar keinen Kontakt aufnimmt, oder den Menschen mit den rätselhaften Spezialbegabungen. Dass sich Autismus auch anders äußern kann und jeder Betroffene ganz unterschiedliche Schwierigkeiten und Fähigkeiten hat, ist vielfach nicht bekannt.
- Die mangelnden Vorkenntnisse kann man dem medizinischen Personal nicht vorwerfen, wohl aber das oft fehlende Interesse, sich mit diesem Bereich näher zu beschäftigen und sich zu informieren. Allein das Gefühl, dass der Arzt versucht hat, sich z. B. im Internet zu informieren, könnte schon viel Vertrauen aufbauen. Auch Zerbo et al. (2015) betonen die Wichtigkeit verbesserter Kenntnisse des medizinischen Personals über Autismus-Spektrum-Störungen im Hinblick auf eine gute medizinische Versorgung der Betroffenen.
- Auch die fehlende Bereitschaft zu einer konstruktiven Zusammenarbeit mit den Bezugspersonen (Eltern, Therapeuten, Betreuern etc.) ist oft ein großes Problem. Sie ist aber gerade bei autistischen Menschen so wichtig, da manchmal nur die engen Bezugspersonen die Verhaltensauffälligkeiten richtig einschätzen können und wissen, wie man helfen kann:
In meiner Kindheit gab es dafür ein Beispiel am Ende der Kindergartenzeit, als ich mir

bei einem Sturz vom Klettergerüst im Kindergarten den Oberschenkel brach. Ich weinte und schrie auf dem gesamten Weg mit dem Krankenwagen in die Klinik, aber nicht etwa deshalb, weil ich Schmerzen gehabt hätte. Im Gegenteil, ich war und bin auch heute noch nur wenig schmerzempfindlich. Aber man hat mir schon auf dem Weg in den Krankenwagen die Hose zerschnitten, die ich trug und die meine Lieblingshose war. Ich konnte mich kaum beruhigen, und natürlich halfen deshalb auch die Schmerzmedikamente, die man mir eilig gab, nicht gegen meinen Kummer. Als meine Mutter mich im Krankenhaus sah, wusste sie sofort, was los war, und ihr gelang es dann auch, mich allmählich zu beruhigen. Hätte man mich selbst gefragt, hätte man das auch vorher schon erfahren.

Maßnahmen, um den Arztbesuch für Menschen mit Autismus zu erleichtern

Menschen mit Autismus weisen also zahlreiche Besonderheiten in ihrem krankheitsbezogenen Kommunikations- und Kooperationsverhalten auf. Sie benötigen fachliche Kompetenzen und besondere Rahmenbedingungen für ihre angemessene gesundheitliche Versorgung. Anders als bei Menschen mit Gehbehinderung, die z. B. auf einen Fahrstuhl angewiesen sind, braucht man für die Barrierefreiheit für Menschen mit psychischen Barrieren im Wesentlichen nur geringfügige Änderungen in der Praxisorganisation und Verständnis für Besonderheiten hinsichtlich Kommunikation, Verhalten und Wahrnehmung.

Viele Ärzte sind unsicher, welche Hilfen sinnvoll sein könnten und wie sie mit den betroffenen Patienten umgehen sollten. Sinnvoll sind daher Vorschläge und Anregungen für beide Seiten, für Mitarbeiter des Gesundheitswesens ebenso wie für autistische Menschen selbst, wie man mit teilweise nur geringen Bemühungen vieles verbessern kann. Information und Aufklärung ist dafür eine wichtige Voraussetzung:

Nach meiner Diagnose habe ich die Erfahrung gemacht, dass es sehr vorteilhaft sein kann, den behandelnden Arzt über den eigenen Autismus zu informieren. So können eventuell auftretende Ängste vom Gegenüber einfacher erfasst und zugeordnet werden. Denn nach meiner Erfahrung wird im Volksmund leider immer noch die Ansicht vertreten, dass ein erwachsener Mensch seine Ängste zu kontrollieren und zu verbergen hat. Das »Privileg«, ängstlich sein zu dürfen, wird daher allenfalls Kindern und sichtlich behinderten Menschen zugestanden, ansonsten aber werden Kooperation, angepasstes Verhalten und Selbstdisziplin erwartet.

Einige vom Autismus Betroffene wirken jedoch im emotionalen Bereich manchmal auch eher kindlich statt erwachsen, und das macht den Umgang mit uns für den behandelnden Mediziner nicht immer einfach. Einerseits hat er einen geistig altersgerecht entwickelten erwachsenen Menschen vor sich, aber auf der anderen Seite steht möglicherweise eine emotional kindlich wirkende Persönlichkeit, die ihren Ängsten hilflos ausgeliefert ist. Das kann ich vor dem Hintergrund etlicher stationärer Operationen aus Zeiten vor meiner Autismus-Diagnose nur bestätigen. Es gab permanent Konflikte in Krankenhäusern oder bei Ärzten, da ich wiederholt im ängstlichen Affekt reflexartig zurückgewichen bin oder

bestimmte Gegenstände festgehalten habe, wenn es um schmerzhafte oder betont körpernahe Behandlungsmaßnahmen ging.
Erst nach meiner Autismus-Diagnose mit 37 Jahren habe ich im medizinischen Bereich Veränderungen realisiert. Bei nachfolgenden Operationen ging man beispielsweise während der OP-Vorbereitung und der anschließenden Versorgung weitaus sensibler und ruhiger vor, als ich es bislang kannte. So wurde mir bewusst, dass es einerseits zwar tragisch ist, erst eine solch tiefgreifende Diagnose vorweisen zu müssen, um eine Rücksichtnahme zu erwirken, dass ich aber andererseits über diese Tatsache erleichtert sein sollte. Also bin ich dankbar für die daraus resultierenden Verbesserungen, die sich in der medizinischen Behandlung für mich ergeben haben und hoffentlich auch künftig zeigen werden.
(Simone Pinke)

Vorbereitung des Arztbesuchs und Maßnahmen bei Wartezeit in der Praxis

- Eine Terminvereinbarung per Fax oder E-Mail fällt vielen Menschen mit Autismus leichter als die telefonische Anmeldung.
- Wenn man im Vorfeld weiß, was dem autistischen Patienten die größten Probleme bereitet, kann man sich darauf einstellen und nach Lösungen dafür suchen. Deshalb ist es sinnvoll, als autistischer Mensch den Arzt bereits vor dem Termin über den Autismus zu informieren, vielleicht anhand eines Briefs oder eines Merkblatts, das detaillierte Angaben darüber enthält, was für die eigene Person schwierig ist und was dagegen hilft. Man kann auf diese Weise auch darum bitten, dass der Arzt auch die übrigen Praxismitarbeiter informiert.
- Man sollte ggf. »Randtermine« bevorzugen (zu Beginn oder am Ende der Sprechstunde, wenn das Wartezimmer noch nicht oder nicht mehr so voll ist). Viele Betroffene berichten über eine zunehmende Unruhe bei längeren Wartezeiten, die ihnen solchen Stress bereitet, dass an eine geordnete Behandlung nicht mehr zu denken ist:
 Gerade in letzter Zeit hatte ich einige Arztbesuche, bei denen ich froh war, die »Autistenkarte« ziehen zu können, um ein paar Rücksichtnahmen zu erbitten, zum Beispiel einen Termin zu bekommen, der mir lange Wartezeiten erspart. Muss ich zu lange warten, kann es nämlich sein, dass ich dem Arzt überhaupt nichts Sinnvolles mehr mitteilen kann. (Meetje Margret Witte)
- Wichtige Informationen für den Arzt (aktuelle Beschwerden, Fragen, Anliegen etc.) sollte man aufschreiben, damit man nichts Wesentliches vergisst. Das kann nämlich leicht passieren, wenn man aufgeregt ist:
 Zum Arzt gehe ich nur sehr ungern. Erst sitzt man eine gefühlte Ewigkeit im Wartezimmer und versucht, sich der vielen Sinneseindrücke durch eine Art ›Wegdriften‹ zu entledigen, um dann irgendwann abrupt herausgerissen zu werden, schnell ins Behandlungszimmer gehen und dem Arzt in wenigen Sekunden punktgenau berichten zu müssen. Was sich hier bewährt hat, ist das Vorbereiten einer schriftlichen Notiz, auf der kurz, knapp und kompetent das steht, was ich dem Arzt mitteilen möchte: Welche Symptome aufgetreten sind, seit wann die Symptome bestehen und welche mögliche

Vorgeschichte dazugehört. Diesen Zettel gebe ich dann dem Arzt, falls ich es mündlich nicht mehr schaffen sollte. (Markus Behrendt)
- Man sollte sich vorher über die Lage der Praxis und den Weg dorthin informieren; Abbildungen der Räumlichkeiten und des Gebäudes auf der Praxis-Homepage sind als Orientierungshilfe sinnvoll.
- Bei schwierigen Terminvereinbarungen kann man sich durch Familie, Bekannte oder Therapeuten helfen lassen, oft ist auch eine Begleitung bei problematischen Arztkontakten (z. B. beim Frauenarzt oder Zahnarzt) hilfreich.
- Vereinbarte Termine sollten, wenn irgend möglich, von beiden Seiten auch pünktlich eingehalten werden.
- Es ist hilfreich, dem autistischen Patienten eine ruhige Ecke im Wartezimmer anzubieten oder einen separaten Raum zur Überbrückung der Wartezeit zur Verfügung zu stellen. Alternativ kann man es dem betroffenen Menschen auch ermöglichen, nochmals etwas nach draußen zu gehen, wenn ihn die Nähe zu den anderen Patienten überfordert. Optimal ist es natürlich, wenn man ihn so einbestellen kann, dass sich die Wartezeit in der Regel in Grenzen hält, und ihn bei einer ungewöhnlich langen Wartezeit rechtzeitig zu informieren.

Untersuchungssituation, Kommunikation und Interaktion

- Wichtig ist es, klare und eindeutige Fragen zu stellen und ebensolche Anweisungen zu geben, damit diese auch verstanden werden können. Man sollte dafür konkrete, unmissverständliche Worte wählen, auf Redewendungen oder Ironie verzichten. Anweisungen sollten außerdem nacheinander erteilt werden, mehrere Forderungen gleichzeitig können oft nicht bewältigt werden.
- Man muss den Patienten ausreden lassen, auch dann, wenn er etwas länger braucht, um in Ruhe nachzudenken und schließlich sein Anliegen auszudrücken. Dabei muss man auch eventuelle Pausen in Kauf nehmen.
- Üblicherweise kann sich der Arzt an den vom Patienten geschilderten Symptomen orientieren und die Untersuchung danach ausrichten. Bei Patienten mit Autismus aber muss das ärztliche Vorgehen manchmal ganz anders sein, man muss bewusst aktiv und aufdeckend arbeiten und dabei sehr systematisch vorgehen. Mögliche Symptome müssen also explizit erfragt werden, weil sie oft nicht von selbst berichtet werden.
- Autistische Besonderheiten müssen bei der Diagnosestellung berücksichtigt werden: z. B. veränderte Schmerzwahrnehmung, untypische Reaktion auf Schmerzen bzw. gestörte Körperwahrnehmung; manche Symptome können daher nicht richtig eingeordnet werden und werden so leicht über- oder unterschätzt; Schmerzen können manchmal nicht richtig lokalisiert werden etc.
- Besonders sensibel muss man bei der körperlichen Untersuchung vorgehen, die den Betroffenen oft extremes Unbehagen bereitet. Bitte also keine plötzliche Berührung ohne Vorwarnung. Alle Maßnahmen sollten stattdessen angekündigt und erläutert werden; oft ist es auch hilfreich, eine vertraute Bezugsperson hinzu zu bitten, die Sicherheit gibt.

- Detaillierte Informationen über die bestehende Erkrankung und ggf. die vorgesehenen (Untersuchungs-) Maßnahmen sind wichtig, damit der betroffene Mensch weiß, was ihn erwarten wird. Dadurch können Angst und Unsicherheit deutlich reduziert werden. Bitte also auch Ablauf und Zeitrahmen für die Untersuchungen ankündigen.
- Man muss sensibel, aber ehrlich über den Gesundheitszustand Auskunft geben; auf wohlwollend-rücksichtsvoll gemeinte Unehrlichkeit reagieren Menschen mit Autismus oft sehr empfindlich.
- Eventuell sollte man eine schriftliche Kommunikation ermöglichen, falls der verbale Ausdruck schwerfällt. Gleichwohl ist es wichtig, den betroffenen Menschen selbst anzusprechen und nicht nur über dessen Kopf hinweg mit dem Betreuer zu reden. Schließlich ist der Mensch mit Autismus der Patient, nicht die Begleitperson!
- Störgeräusche sollten angekündigt und ggf. erklärt werden (Telefon in mehreren Räumen, Drucker, Geräte etc.).
- Es ist hilfreich, stets nachzufragen, wenn man ein Verhalten nicht verstehen kann oder wenn man nicht sicher ist, wie man im jeweiligen Einzelfall gut helfen kann. Aber auch für autistische Menschen selbst ist ein Nachfragen oft sinnvoll: *Möglicherweise lande ich bei manchen Praxen in der Kategorie »schwierige« Patienten, wenn ich Fragen anders als erwartet beantworte oder Anweisungen teilweise falsch verstehe – und umsetze. Wenn mir auffällt, dass irgendetwas irritiert, versuche ich nachzufragen, ob meine Annahme richtig ist und es an meinem Verhalten in Gesprächen oder meiner Umsetzung von Anordnungen lag. Meinen Autismus erwähne ich meistens nicht, zumal nicht alle Medizinerinnen und Mediziner das gleiche Verhalten ungewöhnlich oder problematisch finden. Meine allgemeinen Verständnis-Fragen können zwar eventuell nerven, doch ärztliche Ratschläge durch Missverständnisse nicht korrekt befolgen zu können, dürfte bei Medizinern noch weniger gut ankommen. (Melanie Filsinger)*

Individuelle Maßnahmen

Man muss gemeinsam nach Lösungen für schwierige Situationen suchen, die manchmal unkonventionell, immer aber individuell sein müssen:

Arzttermine, Vorsorgeuntersuchungen und Besuche aufgrund akuter Beschwerden waren mit unserem Sohn Keanu (11) schon immer ein unvorhersehbares Ereignis. Lief es bei dem einem Mal nahezu ›normal‹ ab, konnte das nächste Mal umso anstrengender und unangenehmer werden. Aus unerklärlichen Gründen war das vorhin noch aufmerksam wartende, ruhige und freundliche Kind mit Beginn der Untersuchung plötzlich widerspenstig, überdreht oder bockig. Es gab Situationen, in denen sich unser Sohn weigerte, auch nur der kleinsten Aufforderung Folge zu leisten.

Anfangs schämten wir Eltern uns in solchen Momenten für sein Verhalten. Der spürbare Unmut und die Ungeduld der Ärzte und Sprechstundenhilfen machten es nicht einfacher. Mit der Zeit aber konnten wir gelassener reagieren. Wir erkannten, dass es einen unbekannten Auslöser für dieses Verhalten geben musste. Wir baten nun in schwierigen Si-

tuationen einfach um Verständnis und Zeit. Leider hatten wir damit nicht oft Erfolg – das Verständnis ist selbst Kindern gegenüber meist sehr begrenzt und Geduld kaum zu erwarten. Zeit ist Geld!

Mit der Diagnosestellung gab es dann endlich eine Erklärung für das Verhalten unseres Sohnes während der Arzttermine. Entspannt nahmen wir also einen Termin zur Blutabnahme bei seiner Kinderärztin wahr. Nicht, weil wir die Blutabnahme für einfach hielten, sondern wir erwarteten nun einfach mehr Rücksicht und Verständnis von der »Fachfrau«.

Es war das erste Mal für Keanu, und skeptisch ließ er das Anlegen des Venenstauschlauches zu. Als ihm die Ärztin die Schmetterlingskanüle vor die Augen hielt und nach kurzer Erklärung loslegen wollte, zog er seinen Arm weg. »Ich habe Angst«, sagte er verständlicherweise. Die Ärztin erwiderte in einem gereizten Tonfall: »So ein großer Junge muss ja wohl keine Angst vor einer so kleinen Spritze haben.« Ich wollte gerade helfend eingreifen und ihn beruhigen, als auch schon drei erwachsene Sprechstundenhilfen den Raum betraten, um ihn herum Platz nahmen und ihn an Kopf, Händen und Armen packten. Sofort schlug mein Sohn um sich. Die Frauen versuchten, ihn mit Gewalt ruhigzustellen, damit die Ärztin das Blut abnehmen konnte. Mein Sohn entwickelte Bärenkräfte und es entstand ein heftiger Kampf. Das alles ging so schnell, dass ich überhaupt nicht reagieren konnte. Erst als ich in die weit aufgerissenen Augen meines Sohnes sah, erwachte ich aus meiner Starre und konnte diese Farce beenden.

Die Ärztin und ihr Team verließen atemlos, aber wütend schimpfend den Behandlungsraum und drohten, dass sie bei einem solchen Verhalten eine weitere Behandlung ablehnten. Keanu schrie mich an, er wolle nie wiederkommen und sich auch nie im Leben Blut abnehmen lassen. Ich ging zu ihm, nahm ihn in den Arm und entschuldigte mich für das, was passiert war, insbesondere für meine unterlassene Hilfe. Ich erklärte ihm, dass er nichts verkehrt gemacht habe. Er beruhigte sich relativ schnell, weinte aber bitterlich und fragte, ob wir jetzt gehen könnten.

Ein paar Tage später suchte ich das Gespräch mit meinem Sohn. Ich erklärte ihm die Notwendigkeit der Blutentnahme und der gemeinsamen Suche nach einer Lösung. Seine anfänglich heftige Abwehrhaltung legte sich zum Glück schnell. Nach kurzer Zeit sagte er: »Du sagst doch immer, beim Handyspielen vergesse ich die Welt um mich herum. Dann lass mich doch einfach dabei Handy spielen!« – Gesagt, getan!

Ich rief wieder in der Arztpraxis an. Unwillig gab mir die Sprechstundenhilfe einen neuen Termin mit der Bemerkung, dass Keanu dann hoffentlich bessere Laune hätte als beim letzten Mal. Sobald Keanu auf der Behandlungsliege lag, durfte er also sein Handy einschalten. Als die Ärztin den Raum betrat, war er so schon tief in seinem Spiel versunken. Die Ärztin war, entgegen meiner Erwartungen, sehr freundlich, ich erklärte ihr Keanus Idee und bat sie, nicht mehr viele Worte zu verlieren und loszulegen. Innerhalb weniger Sekunden war alles vollbracht. Alle atmeten auf und die Ärztin gab zu, morgens bereits eine Extrarunde Yoga gemacht zu haben.

Früher hätte ich bei einem derartigen Vorfall sofort den Kinderarzt gewechselt. Meine Wut hätte mein Handeln bestimmt. Heute kann ich meine Gefühle in den Hintergrund schieben und praktische Lösungen finden. Ich bin nachgiebiger geworden. Das habe ich nicht zuletzt meinem Sohn zu verdanken. Keanu hat eine logische Lösung gefunden, denn für ihn wäre die Behandlung durch eine komplett fremde Person in einer neuen Umgebung wesentlich schwieriger geworden. Ich durfte erfahren, dass auch eine »Fachkraft« – in diesem Falle die Kinderärztin – in ihre Rolle einem autistischen Kind gegenüber noch

hineinwachsen muss. Die Aufklärungen und das Wissen über die Autismus-Spektrum-Störungen stecken noch in Kinderschuhen und häufig fehlt der praktische Umgang miteinander.
(Nicole Scriba)

Sinnvoll ist es außerdem, auch im Rahmen einer therapeutischen Maßnahme gezielt das Anliegen »Arztbesuch« zu üben: Wie vereinbare ich einen Termin? Welche Einzelheiten muss ich dabei nennen? Wie lange brauche ich für den Weg in die Praxis, wie gelange ich dorthin (wo kann ich parken)? Wie finde ich mich dort zurecht, wo kann ich vor Ort nachfragen, wenn mir etwas nicht klar ist? Wie läuft ein (routinemäßiger oder notfallmäßiger) Kontakt ab? Welche Einzelheiten muss ich erfragen? Häufig lassen sich solche Kontakte (vielleicht auch im Rollenspiel) trainieren und können dann mit weniger Angst und Unsicherheit ausgeführt werden.

Wichtig wäre insgesamt für den autistischen Menschen ein »Lotse« durch das Gesundheitssystem, also jemand, der ihn gut kennt, der ihm eine vertraute Person geworden ist und der seine Beschwerden durch gemeinsame Erfahrungen richtig einschätzen kann. Auf diese Weise ließe sich sicherstellen, dass notwendige Maßnahmen nicht unterblieben, dass dem betroffenen Menschen auf der anderen Seite aber vermeidbare Klinikaufenthalte oder unnötige Mehrfachuntersuchungen erspart werden könnten. Und auch bei Menschen mit Autismus spielt das Vertrauen eine große Rolle:

Meine Tochter Karin wurde in Berlin geboren, hier wurde bei ihr mit sechs Jahren das Asperger-Syndrom diagnostiziert. Sie litt an keinen besonderen Krankheiten und bis auf ein paar Erkältungen mussten wir, Gott sei Dank, keine Ärzte aufsuchen. Unsere Kinderärztin hatte ihre Praxis nicht weit von unserer damaligen Wohnung entfernt, sie kannte mich bereits vor der Geburt von Karin aus der Zeit, wo ich sie mit meiner älteren Tochter besucht habe. Sie führte alle Baby-Untersuchungen und Impfungen durch, ihr Ehemann praktizierte als Arzt im gleichen Gebäude und unser Verhältnis war fast freundschaftlich. Leider jedoch ist sie inzwischen verstorben, sodass wir uns nach einem neuen Kinderarzt umsehen mussten, was sich schwierig gestaltete, denn auf fremde Menschen reagierte mein Kind selten, und der Gedanke, sich von einem neuen Menschen untersuchen und anfassen lassen zu müssen, bereitete ihr großes Unbehagen. Mittlerweile aber haben wir eine nette und freundliche Kinderärztin gefunden, die meiner Tochter die Sicherheit vermittelt, dass sie in guten Händen ist.

Die Erfahrungen aus dieser Zeit lehrten mich folgendes:

- *Ich muss mir immer die Symptome erklären lassen.*
- *Ich muss herausfinden, wie die bevorstehende Untersuchung ablaufen und wie lange sie dauern wird. Liege ich daneben oder ändert sich kurzfristig etwas (was ja selbstverständlich vorkommt), folgen Fragen und nicht selten Vorwürfe und lange Diskussionen.*
- *Meine Tochter hat vor allem Probleme mit Ärzten (Männern), die ein »kumpelhaftes Auftreten« haben. Für manche Kinder kann das wahrscheinlich gut sein, für meine*

Tochter ist es der reine Horror. Ein Erwachsener und Arzt dazu ist kein Freund; er soll eine Autorität sein, Selbstsicherheit ausstrahlen und klare Anweisungen erteilen.
- Termine sollen ihr einen Tag vorher mitgeteilt werden, damit sie nicht allzu lange unter Stress steht. Sonst kann sie sich auf andere Aufgaben nur unter großer Anstrengung konzentrieren.
- Ich muss absolut ehrlich zu ihr sein; allerdings ist manchmal das Schweigen besser als eine falsche Information.
- Ich kann sie vor einer Behandlung nicht ansprechen, das soll erst danach geschehen. (Martina Morozova – mormartina@yahoo.de)

Auf gelegentliche Hinweise auf meinen Autismus wird unterschiedlich reagiert. Manche Mediziner stellen die Autismus-Diagnose infrage, weil ich stark angepasst und eigenständig wirke, manche wollen danach in sehr einfacher Sprache mit mir reden, was ich weder gewohnt bin noch benötige. Ich wünschte mir vor allem, dass weniger Redewendungen oder mehrdeutige, ironische oder sarkastische Kommentare verwendet würden. Medizinische Fachbegriffe finde ich dagegen universell, verständlich und hilfreich, auch um mit Dritten zu kommunizieren, denn man kann ja ggf. Begriffe nachschlagen und nachfragen.

Wenn manche Ärzte nach der Sprechstunde ohne Verabschiedung wortlos den Raum verlassen, habe ich mittlerweile gelernt, dass es im Zweifelsfalle nichts mit mir und meinem Verhalten zu tun hat, sondern eine Angewohnheit im eng getakteten Arbeitsalltag ist. Mich irritieren nicht »richtig« abgeschlossene Abschiede aber immer noch. Auch wenn ich Begrüßungen und Verabschiedungen nicht so elegant hinbekomme: beides ist mir wichtig. Bei häufigeren Kontakten habe ich mir vorgenommen, darum zu bitten, mich vorab auf das Ende der Sprechstunde hinzuweisen, damit noch Zeit für die Grußformel bleibt.
(Melanie Filsinger)

Lösungsansätze für Zahnarztbesuche

Mehrere Beispiele speziell im Hinblick auf den Zahnarztbesuch zeigen, dass es auch dafür Lösungen gibt, wenn man individuelle Hilfen sucht, nicht aufgibt und vor allem das Glück hat, an Fachleute zu geraten, die zu einer Zusammenarbeit bereit sind:

Bei unserem Sohn Loki (5 Jahre) wurden bei der Routine-Zahn-Untersuchung im Kindergarten Löcher festgestellt. Damals waren wir noch am Anfang der Autismus-Diagnostik und vermutlich sehr unerfahren. Logische Konsequenz: ab zum Zahnarzt und richten lassen. Loki kannte die Zahnärztin, und alles war okay, bis die Instrumente ins Spiel kamen. Mund zu – Kind völlig verängstigt. Es folgten mehrere Versuche und Gespräche mit der wirklich sehr, sehr menschlichen und bemühten Zahnärztin. Diese schaffte es sogar, unserem Sohn unbemerkt eine Betäubungsspritze zu geben. Aber: Zahnfleisch taub – Mund noch immer zu! Es gab keine Chance, die Löcher zu füllen, zu groß war die Panik.

Wir bekamen also eine Überweisung zur Zahnsanierung unter Vollnarkose. Das klang auch für unseren Sohn gut, der auch mutig mit zur Voruntersuchung ging. Wir sprachen das Thema Autismus beim Narkosearzt an, der meinte, das ginge alles gut. Am Tag des Termins (unser Sohn konnte vor Angst Tage vorher schon nicht schlafen) wurden leider unsere

Hinweise und Bitten auf eine langsame Vorgehensweise und Erklärungen dem Kind gegenüber völlig ignoriert. Die Beteiligten hofften wohl auf den Überraschungseffekt, setzten mit Schwung die Narkosemaske auf, worauf unser Sohn in Panik geriet, um sich schlug und kaum mehr zu beruhigen war. Da brachen wir ab und fuhren traurig nach Hause. Unser Sohn beschloss, dort nie wieder hinzugehen.

Also machten wir Eltern uns auf die Suche nach einem anderen Zahnarzt. Nicht wirklich einfach! Schlussendlich landeten wir in einer Kinderpraxis speziell für Angstpatienten. Die Vorgespräche waren toll, und auch hier wieder baten wir um Rücksichtnahme. Alles war ganz toll, bis zum Tag der OP. Der Narkosearzt war im Urlaub und der Vertretungsarzt war der Meinung, man müsste das Kind nur mit mehr Gewalt und mehreren Personen festhalten. Dadurch wurde aber auch die Gegenwehr heftiger, bis unser Sohn blau anlief und ich rief, sie mögen aufhören. Der Narkosearzt wurde wütend, schrie uns an und warf uns hinaus. Unser Sohn hatte eine blaue geschwollene Nase und sah an den Armen und Beinen aus wie verprügelt. Er schlief drei Tage nicht, aß und sprach kaum. Wir waren verzweifelt, denn mittlerweile war fast ein Jahr vergangen und er hatte durch die Löcher häufig starke Zahnschmerzen. Also ging es wieder zurück zu unserer Zahnärztin, in der Hoffnung, einen Weg zu finden. Wir kauften Tablet, Kopfhörer, Handknetbälle und übten nachts in der Praxis. Mit und ohne Geräusche, mit und ohne Licht. Aber nichts half, die Panik war zu groß und ich hatte Loki versprochen: Keine Gewalt mehr.

Durch Zufall fanden wir eine Praxis, die neu eröffnet hatte. Etwas weiter zu fahren, aber mit viel positivem Gefühl und Menschen, die uns zuhörten. Zu diesem Zeitpunkt hatten wir auch bereits die Diagnose und lernten jeden Tag neue Wege hinzu. Der Narkosearzt sprach selbst mit unserem Sohn (nicht nur mit uns). Und dieser fing an, ihm zu vertrauen. Er bekam alles erklärt und gezeigt. Für den Termin war ein Beruhigungsmittel vorgesehen. Es wurde in Cola verabreicht, was unser Sohn aber sofort roch und es verweigerte. Nach einer halben Stunde zureden und vielen Tränen konnte er sich aber überwinden und hat es doch getrunken. Auch in diesem Zustand kam noch heftige Gegenwehr, als der Arzt erschien! Aber dieser »Held« hatte sich zuhause mit unserem Fall beschäftigt und ging einen neuen, für uns ungewöhnlichen Weg. Er spritzte sofort und direkt eine Menge Propofol in den venösen Zugang und leitete erst danach die Narkose ein, so dass unser Sohn nur ca. zehn Sekunden gehalten werden musste. Aber daran erinnerte er sich anschließend dank des vorherigen Beruhigungsmittels nicht mehr.

Als er aufwachte, fragte er sofort: »Ist es vorbei?« Und schloss direkt an: »Danke für die Cola!« Und er war entspannt und erleichtert und geht auch weiterhin mutig und freiwillig zur Kontrolle.

Ich finde es wichtig, zu zeigen, dass es eben auch anders geht! Aber dazu müssen die Ärzte wollen. Wir sind unserem Narkosearzt sehr dankbar und empfehlen ihn gerne weiter.

(Eva Spahr)

Vor allem bei kleineren Kindern kann der Zahnarztbesuch auch mit verhaltenstherapeutischen Maßnahmen vorbereitet werden:

Bei Nele stellte das Zähneputzen eine wirkliche Herausforderung dar, sie weinte dabei und versuchte wegzulaufen. Daher war es auch nicht verwunderlich, dass ich einige braune Stellen entdecken konnte, als ich in Neles Mund schaute. Zahnarztbesuche hätten sie bisher aufgeschoben, erklärte mir Neles Mutter, denn sie hätten schon häufiger Besuche beim

HNO-Arzt machen müssen, die sehr unschön verlaufen seien. Nele weine und schreie mittlerweile schon beim Betreten des Treppenhauses des Arztes und müsse gegen ihren Willen in die Praxis getragen und bei der Behandlung festgehalten werden.

Wir besprachen, dass zunächst mehrere Besuche in einer Zahnarztpraxis durchgeführt werden sollten, bei denen Nele sich nur im Empfangsbereich oder im Wartezimmer aufhalten sollte und keine weiteren Anforderungen an sie gestellt würden. Stattdessen sollte sie motivierende Spielsachen (potenzielle Verstärker) am besten von den Zahnarzthelferinnen oder gar dem Zahnarzt selbst überreicht bekommen. Durch diese Verbindung der motivierenden Spielsachen mit den neuen Personen und der neuen Umgebung wollten wir erreichen, dass auch diese Personen und diese Umgebung für Nele zu etwas Motivierendem würden, so dass sie sich gerne dort aufhielt und mitmachte.

Glücklicherweise fand die Mutter recht schnell eine geeignete Praxis mit einem engagierten Zahnarzt, der sich gerne auf diese Vorgehensweise einlassen wollte. Neles Mutter deponierte also etliche potenzielle Verstärker (Leuchtspielzeuge, Kreisel, ein altes Mobiltelefon etc.) bei den Zahnarzthelferinnen. Zusätzlich übten die Eltern zu Hause spielerisch mit einem Zahnarztspiegel, in Neles Mund zu schauen und dafür ihren Mund weit zu öffnen. Hierbei war Neles etwas jüngerer Bruder Ole sehr hilfreich, der in das »Zahnarztspielen« einbezogen wurde. Auch im weiteren Verlauf dieses Projekts spielte der Bruder eine bedeutsame Rolle. Es konnte also losgehen!

Bei den ersten beiden Besuchen in der Zahnarztpraxis hielten sich Nele und ihre Mutter im Wartezimmer auf, die Zahnarzthelferinnen begrüßten Nele, überreichten ihr die oben genannten verstärkenden Spielsachen, blieben in Neles Nähe und lobten sie. Beim dritten Besuch kam dann auch der Zahnarzt hinzu, begrüßte Nele und übergab ebenfalls Verstärker-Spielsachen, und alle zusammen gingen in ein Behandlungszimmer. Nele und Ole durften auf dem Zahnarztstuhl im Behandlungszimmer hoch- und herunterfahren. Ole setzte sich beim vierten Besuch auf den Zahnarztstuhl und öffnete den Mund so weit, dass der Zahnarzt mit einem Zahnarztspiegel seine Zähne kontrollieren konnte – er war das beste Modell für seine große Schwester, die dies beobachtete. Anschließend ließ sie zu, dass der Zahnarzt kurz auch in ihren Mund schaute, während sie auf dem Schoß ihrer Mutter saß.

Keiner hatte damit gerechnet, dass Nele beim fünften Besuch von allein auf den Stuhl kletterte und den Zahnarztspiegel in die Hand nahm! Sie tolerierte dann, dass der Zahnarzt bei ihr schaute und vorsichtig etwas an den Zähnen kratzte, während sie auf dem Zahnarztstuhl saß. Zusätzlich zu viel Lob und einer Belohnung beim Zahnarzt durfte Nele sich im kleinen Lädchen um die Ecke noch etwas aussuchen.

Der Zahnarzt hatte 5 kleine kariöse Stellen entdeckt, die einer Behandlung bedurften, zum Glück aber noch recht oberflächlich waren. Die Behandlung erfolgte während zweier weiterer Besuche, bei denen Neles Kooperation wieder engmaschig verstärkt wurde. Da Nele beim letzten Besuch in einer Situation doch weinte und vom Stuhl klettern wollte, empfahl ich ihrer Mutter, direkt noch einige Besuche beim Zahnarzt anzuschließen. Bei diesen sollte keine Untersuchung erfolgen, sondern Nele sollte wieder die Gelegenheit bekommen, in der Praxis und auf dem Zahnarztstuhl zu spielen. Zudem sollten dann in regelmäßigen Intervallen Besuche eingeplant werden, damit Nele mit der Zahnarztpraxis vertraut blieb – für spätere Kontrollen und evtl. notwendige Behandlungen.

(Mareike Overhof)

Auch Menschen mit Autismus merken, wer es gut mit ihnen meint. Manchmal kann man dann Reaktionen erleben, die man nie für möglich gehalten hätte:

Bei zahnärztlichen Behandlungen gab es bisher keine Probleme, einzig das Wort »Zahnspange« bereitete meiner Tochter sehr viel Angst. Sie verlangt keine Betäubung, lässt sich alles erklären und schätzt es, wenn die Anweisungen klipp und klar geäußert werden. Selbst Milchzähne jedoch ließ sie sich nur in einer Klinik entfernen, oft an Feiertagen oder nachts. Bei unserem letzten Besuch in der Klinik fragte ich die behandelnde Ärztin, ob sie meine Tochter auch weiterhin behandeln könnte. Sie erklärte sich einverstanden und überreichte mir ihre Visitenkarte. Wir hatten gerade eine Stunde hinter uns, während der drei Zähne gebohrt und gefüllt worden sind, ich musste mein Kind während der Behandlung an den Füßen halten, geduckt wie ein Verbrecher hinter dem großen Stuhl, meine Füße steckten in Pumps und ich konnte sie kaum noch spüren. Da drehte sich die Zahnärztin zu meiner Tochter, drückte ihr eine Überweisung in die Hand und sagte:»Wegen der unteren Zähne solltest du dich beim Kieferorthopäden vorstellen, wahrscheinlich kriegst du eine Zahnspange«. Ich erwartete den wütenden Blick meines Kindes, doch gar nichts passierte. Karin sagte »okay« und wir befanden uns plötzlich wieder im Warteraum. Sie nahm einen Stift und schrieb auf die Rückseite der Visitenkarte: »Sie ist nett. Bin froh, dass wir sie gefunden haben. Zahnspange nach der Rückkehr aus dem Urlaub.« Ich war überwältigt und überrascht, habe sie ganz fest gedrückt und wir liefen nach Hause.
(Martina Morozova)

Nur bei optimalen Bedingungen sind auch optimale Lösungen möglich:

Stefanie ist 28 Jahre und hat eine Diagnose aus dem Autismus-Spektrum. Für das Gelingen nicht alltäglicher Situationen wie einer Arztbehandlung sind optimale Bedingungen hinsichtlich Tageszeit, Begleitung der Vertrauensperson, die Anfahrt und nicht zuletzt auch die Vorgehensweise in der Praxis wichtig. Stefanie hat einen Zahnarzt gefunden, der gemeinsam mit seinem Team genau diese optimalen Bedingungen umsetzt. Die Vertrauensperson plant im Vorfeld sehr genau den anstehenden Behandlungstermin. Im Fall von Stefanie beinhaltet dies, keine Wartezeit zu haben, sondern direkt mit Betreten der Praxis in den Behandlungsraum gehen zu können. Außerdem hat es der engagierte Zahnarzt geschafft, einen optimalen Kontakt zu Stefanie aufzubauen und genau die Schlüsselwörter einzubauen, die bei Stefanie Vertrauen und Kooperationsbereitschaft fördern. Es ist die gute zwischenmenschliche Verbindung, die bei Stefanie und ihrem Zahnarzt auch umfangreichere Eingriffe möglich macht. Er versteht es, unsere Impulse im Umgang mit Stefanie aufzunehmen und Stefanie dadurch in ihren Worten verständlich zu erreichen. In Abstimmung mit der Vertrauensperson erklärt der Zahnarzt mit sehr viel Geduld jeden Behandlungsschritt ganz genau. Mittlerweile sind wir schon so ein eingespieltes Team, dass wir uns schon fast ohne Worte verstehen.

Dieses Beispiel aus Heilbronn zeigt, dass unter solchen Bedingungen mit Offenheit, optimaler Vorbereitung und Kommunikation und ein wenig mehr Zeitaufwand sogar umfangreichere Maßnahmen bei einer schwer beeinträchtigten Autistin möglich sind.
(G. Dehm)

Selbstverständlichkeiten?

Und schließlich muss man manchmal auch vermeintlich selbstverständliche Aspekte explizit erwähnen, um deutlich zu machen, worum es letztendlich geht:

Wie sollte das Verhältnis zwischen Ärzten und Menschen mit Autismus sein? »*Einfach formuliert: So, wie man sich von Mensch zu Mensch benehmen sollte! Auch Ärzte sollten das Zuhören lernen und bereit sein, Fragen so zu beantworten, wie sie gestellt wurden (…). Auch wenn die Wartezimmer voll sind, gibt es für ein ›Abfertigungsverhalten‹ keine Entschuldigung (…). Es ist auch eine Unart, sich über den Kopf des Betroffenen hinweg bei Begleitpersonen über diesen Menschen zu informieren*« *(David 2002, 36–37).*

Um Menschen mit Autismus vor allem in dringenden Fällen medizinisch gut versorgen zu können, sind Grundkenntnisse für alle Ärzte nötig. Als Anlaufstelle für eine kontinuierliche allgemeinmedizinische Betreuung sollte es jedoch flächendeckend Praxen geben, die sich auf die besonderen Bedürfnisse dieser Personengruppe einstellen und sich in diesem Bereich spezialisieren.

Psychotherapie/Autismusspezifische Therapie

Autismus ist nicht heilbar und auch durch Medikamente nur bedingt zu beeinflussen. Deshalb kommt der psychotherapeutischen Unterstützung eine große Bedeutung zu, um

- die subjektiv belastende Symptomatik zu reduzieren,
- die oft starke Belastung der Familien zu lindern,
- wichtige Kompetenzen zu vermitteln (Förderung neuer Verhaltensweisen, die dazu beitragen, sich besser in Schule, Beruf und Gesellschaft zurechtzufinden; Vermittlung lebenspraktischer Kompetenzen etc.),
- die eigenen Besonderheiten akzeptieren zu lernen und sie in den eigenen Lebensentwurf zu integrieren (statt sich an der »Normalität« zu orientieren)
- und vor allem, um die eigene Lebenszufriedenheit zu verbessern.

Darüber hinaus müssen natürlich auch bei Menschen mit Autismus die ganz individuellen Ziele im Mittelpunkt des Handelns stehen: »*Das bedeutet für mich als Therapeut, (…) niemals dagegen oder darüber hinweg zu handeln und dort, wo ein Klient offensichtlich nicht in der Lage ist, eigene Ziele zu formulieren oder auch die Konsequenzen seiner Ziele zu überblicken, eben diese Möglichkeit, sich frei zu entscheiden, in den Fokus der Therapie zu nehmen*« (Rickert-Bolg 2011, 274).

Viele betroffene Menschen erleben den Autismus als einen integralen Bestandteil ihres Ichs und sind deshalb skeptisch bezüglich therapeutischer Interventionen. Sie befürchten, der Therapeut könnte versuchen, sie »normal« zu machen, ihnen also den Autismus (und damit einen entscheidenden Anteil ihrer Persönlichkeit) »wegzunehmen«. Sie würden daher, wenn diese irgendwann möglich würde, eine ursächliche Behandlung ablehnen, aber sie sind einverstanden mit Interventionen, die ihnen helfen, sich Fähigkeiten anzueignen, um im Alltag besser zurechtzukommen oder eine bessere psychische Gesundheit zu erreichen (v. a. im Hinblick auf Depressionen und Ängste). Viele Menschen mit Autismus denken also über eine ambulante Psychotherapie nach (Autismus-Forschungs-Kooperation 2), und diejenigen, die bereits Erfahrungen damit haben, berichten über zahlreiche Verbesserungen durch die therapeutische Maßnahme, nicht nur in der Kindheit, sondern auch und vor allem im Jugend- und im Erwachsenenalter:

Für mich haben sich durch die lange therapeutische Unterstützung meine Selbstständigkeit und vor allem meine Lebensfreude ganz entscheidend verbessert. Ich kann schwierige Situationen mit meiner Therapeutin durchsprechen, um dann Möglichkeiten zu erarbeiten, wie solche Momente besser laufen könnten. Meist geht es dabei um Kontakte zu anderen Menschen, im beruflichen wie im privaten Bereich.

Wichtig war für mich die Möglichkeit, die Auffälligkeiten, die sich aus dem Autismus ergeben, besser einordnen zu können, Strategien zu entwickeln, gut damit umzugehen und das Leben mit meinen Möglichkeiten gestalten zu können.

Auch der Umgang mit Gefühlen lässt sich in einer Therapie trainieren, man wird sicherer dabei, wichtig dafür sind vor allem eigene Beispiele der Therapeutin. Es hilft mir sehr, wenn sie aus ihrer Erfahrens- oder Erlebniswelt berichtet. Oft lässt sie mich auch heute noch aus mehreren Möglichkeiten auswählen, wenn ich nicht weiß, wie ich mich in verschiedenen Situationen gefühlt habe. Sie gibt mir also Beispiele vor, wie es bei anderen Menschen ist oder wie es bei mir hätte sein können. Von diesem Vorgehen profitiere ich sehr.

Die meisten Menschen mit Autismus haben Probleme mit Gefühlen. Es fehlt ihnen das intuitive Wissen, welche Emotion sich in welchem Gesichtsausdruck zeigt. Das lässt sie manchmal verzweifeln, wenn es darum geht, ihr Gegenüber einzuschätzen. Aber auch eigene Gefühle können oft nicht richtig ausgedrückt werden, und so kann es auch für ihre unmittelbaren Bezugspersonen schwer sein, den emotionalen Gehalt ihrer Gesichtsausdrücke zu deuten und so ihre Gefühle richtig zu verstehen. Ein Lächeln muss nicht unbedingt Fröhlichkeit und Tränen müssen nicht in jedem Fall Traurigkeit bedeuten. Daraus und aus den weiteren Auffälligkeiten ergeben sich im Alltag Probleme, die man einfach mit jemandem besprechen muss:

Wichtig ist es für mich, einen Ansprechpartner außerhalb der Familie an meiner Seite zu haben, dem ich meine Schwierigkeiten anvertrauen kann.
(Nico König)

Versorgungssituation und Anlaufstellen

Nach Erhalt einer Diagnose aus dem autistischen Spektrum kann direkt eine Kontaktaufnahme mit einem der Autismus-Therapiezentren erfolgen, die es in großer

Zahl in Deutschland gibt (Adressen unter www.autismus.de). In der Regel besteht dort eine Warteliste, bevor mit der Therapie begonnen werden kann.

Eine Alternative sind psychologische bzw. ärztliche (Kinder- und Jugendlichen-) Psychotherapeuten in eigener Praxis im Rahmen einer Richtlinien-Psychotherapie. Gerade in den letzten Jahren darf man erfreulicherweise feststellen, dass immer mehr Therapeuten interessiert und motiviert sind, mit autistischen Menschen zu arbeiten. Ein wertschätzender, wohlwollender Umgang, eine Behandlung, die ganz auf den betroffenen Menschen abgestimmt ist, sowie ein lösungs- und ressourcenorientiertes Arbeiten sind wichtiger als jedes Fachwissen, sodass man auf diese Weise durchaus an sehr hilfreiche Begleiter geraten kann.

Allerdings ist die therapeutische Versorgung für betroffene Kinder und Jugendliche, vor allem aber im Erwachsenenbereich noch lange nicht ausreichend, der Bedarf übersteigt das Angebot um ein Vielfaches, und häufig fühlen sich niedergelassene Psychiater oder Psychologen auf diese Klientel fachlich nicht ausreichend vorbereitet. Die Förderung der Betroffenen endet daher oft mit dem Eintritt in das Erwachsenenalter, nur an wenigen Zentren wird jenseits des Jugendalters »spezifische Kompetenz vorgehalten. Meist werden betroffene Patienten (…) suboptimal behandelt« (Tebartz van Elst et al. 2013, 51), vor allem spät diagnostizierte Personen haben kaum Zugang zu einer spezialisierten Versorgung (Rittmann 2014). Ersatzweise werden Gruppenangebote geschaffen, um wenigstens eine gewisse Versorgung zu gewährleisten (z. B. Gawronski et al. 2012). Im Idealfall jedoch sollten diese Gruppentrainings die Einzelbehandlung sinnvoll ergänzen, nicht aber ersetzen.

Es wäre also wichtig, künftig noch viel mehr Therapeuten für die Arbeit mit autistischen Menschen zu interessieren und über die speziellen Bedürfnisse zu informieren. Aufgrund ihrer Ausbildung sind Psychotherapeuten auch für die Arbeit mit Menschen mit Autismus qualifiziert, viele von ihnen haben jedoch Berührungsängste, die es abzubauen gilt. So werden viele Betroffene von Therapeuten abgewiesen mit der Begründung, dass man sich nicht gut genug mit Autismus-Spektrum-Störungen auskenne. In der Regel aber suchen auch die Betroffenen den Therapeuten in erster Linie aufgrund von Depressionen, Ängsten, Selbstwertproblemen, Schwierigkeiten bei Arbeit und Beruf oder in der Partnerschaft auf, es führen also zunächst einmal ähnliche Anliegen zur Therapeutensuche, wie dies auch bei anderen Menschen der Fall ist. Daher ist eine herkömmliche psychotherapeutische Maßnahme auch für Menschen mit Autismus geeignet.

Derzeit allerdings sieht die Versorgung oft so aus: Der Patient sucht aufgrund psychischer Probleme einen Facharzt für Psychiatrie oder einen Psychologischen Psychotherapeuten auf und bittet um eine diagnostische Einschätzung oder zumindest um die Hilfe bei der Bewältigung der bestehenden Probleme, die er nicht mehr aus eigener Kraft leisten kann. Der Arzt oder Therapeut diagnostiziert die für ihn erkennbaren psychischen Störungen (oft Depression, Soziale Phobie, Anpassungsstörung, Zwangsstörung oder Persönlichkeitsstörung) und beginnt mit der Behandlung. Natürlich wird er dabei hinsichtlich Entwicklung, Wahrnehmung und Erleben von einer »normalen« Situation ausgehen, wie sie bei anderen Menschen auch vorliegt. Der Patient jedoch

»scheint mit vielen dieser zugrunde gelegten Gegebenheiten und den darauf basierenden Angeboten nichts anfangen zu können, selbst wenn er sich offenbar ehrlich bemüht – oder wie gewohnt versucht, sich sein Anders-Sein nicht anmerken zu lassen. Die Psychotherapie wird irgendwann abgebrochen oder auch in der Hoffnung fortgeführt, dass ›es schon irgendwann besser wird‹ und die angebotenen Maßnahmen greifen werden. Aber das Erleben, nicht ganz verstanden zu werden, wächst auf beiden Seiten und hinterlässt beim Patienten wie auch beim Therapeuten ein Gefühl der Unsicherheit bzw. der Frustration. Im besten Fall verlässt der Patient die Therapie (…) mit dem Gefühl, ›vielleicht zumindest etwas‹ für sich getan zu haben, aber dennoch mit den ›eigentlichen‹ Problemen keinen Schritt weiter und nach wie vor alleine zu sein« (Wilczek 2015, 122).

Aufgrund der Häufigkeit sollte die therapeutische Versorgung von Menschen mit Autismus nicht allein Spezialisten vorbehalten bleiben, sondern zumindest ein Grundwissen diesbezüglich sollte zum Standard eines jeden Psychotherapeuten gehören. Jeweils auf regionaler Ebene empfiehlt es sich daher, Informations- und Fortbildungsmaßnahmen anzubieten, um das nötige Wissen über Autismus-Spektrum-Störungen zu vermitteln und vor allem die Berührungsängste abzubauen, sich mit dieser Klientel therapeutisch zu beschäftigen. In der Regel nämlich ist dies ein sehr befriedigendes und durchaus auch bereicherndes Arbeiten (Preißmann 2013b). Menschen mit Autismus erweisen sich meist als sehr zuverlässige und dankbare Patienten.

Es ist also eine wichtige Aufgabe der Autismusverbände und Therapiezentren, Informationsveranstaltungen für Therapeuten in der Region anzubieten. Wir machen das in der Rhein-Main-Region seit gut drei Jahren in Form von Online-Seminaren, und ab und zu bekomme ich die Rückmeldung des einen oder anderen Therapeuten, der dabei war und inzwischen auch den einen oder anderen betroffenen Menschen in Therapie genommen hat. Nur auf diese Weise kann es wohl für die verschiedenen Lebensbereiche gelingen, ein Netzwerk von Ansprechpartnern in der Region aufzubauen, um Schule, Beruf, Freundschaft und Alltag für Menschen mit Autismus zu erleichtern – und vor allem zu verschönern.

Methoden

Autistische Störungen haben eine sehr große Bandbreite, alle autistischen Menschen unterscheiden sich im Hinblick auf ihre Schwierigkeiten und Ressourcen, ihren Leidensdruck und hinsichtlich der Ziele und Wünsche für ihr Leben. Die Therapie besteht daher sinnvollerweise aus einer Kombination von unterschiedlichen Therapieansätzen, die für jeden betroffenen Menschen entsprechend der jeweiligen Situation, der eigenen Möglichkeiten und Bedürfnisse zusammengestellt werden:

- Es werden verhaltenstherapeutische Maßnahmen angewandt, die einen stark strukturierenden und übungsbezogenen Charakter haben.
- Viele erwachsene autistische Menschen mit hochfunktionalen Autismusformen betonen aber auch den Wert einer tiefenpsychologischen Behandlung für sich, wenn sich der Therapeut ganz individuell auf seine Patienten einlassen und das Vorgehen entsprechend anpassen kann.

- Wichtig ist außerdem die Psychoedukation, also die Aufklärung und Information über alles, was mit dem Autismus zusammenhängt.
- In letzter Zeit häufiger angewandt wird die Ergotherapie, die viele autistische Menschen für sich als eine sehr hilfreiche Unterstützung entdecken (s. u.).
- Außerdem sind kreative Maßnahmen möglich, z. B. verschiedene kunsttherapeutische Techniken. Viele Betroffene können sich in der Malerei oder auch in der darstellenden Kunst sehr gut ausdrücken und profitieren sehr davon.
- Individuell passende Entspannungstechniken sind wichtig.
- Begleitend können tiergestützte Verfahren (mit Pferden, Hunden o. ä.), Physiotherapie oder Logopädie sinnvoll sein.
- Beratung und Begleitung auch des Umfelds sind wichtig für ein besseres Verständnis (Eltern, Pädagogen, Ausbilder, Arbeitgeber, Mitbewohner etc.).
- Darüber hinaus können im jeweiligen Einzelfall weitere Maßnahmen zur Anwendung kommen.

Insgesamt zeigt sich oft, dass eine als fruchtbar empfundene Psychotherapie mit autistischen Menschen unabhängig vom angewandten Therapieverfahren ist: »Tatsächlich hat sich ein störungsangepasstes, systemisch geprägtes Vorgehen mit einem tiefenpsychologisch geprägten Verständnis von Entwicklung und Erleben und einem jeweils bedarfsgerechten Angebot verhaltenstherapeutischer Interventionen sowie auch vielfältiger anderer psychotherapeutischer Methoden bewährt. Der Klientenzentrierung kommt dabei (…) eine besondere Bedeutung zu« (Wilczek 2015, 128–129). Auch Behandlungsansätze v. a. für Patienten mit chronischen Depressionen nutzen die Chance, die sich bietet, wenn es gelingt, bewährte Werkzeuge aus unterschiedlichen Therapieschulen einzusetzen (Schöps 2016, McCullough Jr. 2003), weil nicht alles jedem hilft und eigentlich jede psychotherapeutische Behandlung individuell erfolgen sollte.

Dazu gehört es auch, die ganz persönlichen Strategien zu nutzen, die der betroffene Mensch für sich entwickelt hat, um sich vor allem vor Überforderung zu schützen. Der soziale Rückzug, der rigide Umgang mit Regeln, das Vermeiden von Veränderungen, zwanghafte Verhaltensweisen und die Versuche, soziale Situationen zu kontrollieren, sind so zu verstehen, als Ressourcen wertzuschätzen und auch therapeutisch nutzbar.

Ein Umdenken ist nötig hinsichtlich herausfordernder Verhaltensweisen bei Menschen mit Autismus. Es ist nicht ausreichend, mittels verhaltenstherapeutischer Maßnahmen für einen Abbau des unerwünschten Verhaltens und für eine möglichst reibungslose Anpassung der betroffenen Person an soziale Gegebenheiten zu sorgen, denn dies wäre lediglich eine Verhaltensmodifikation. Vielmehr geht es um die Schaffung von Situationen, in denen ein Kind, Jugendlicher oder Erwachsener seinen Lebensstil entwickeln und seine Persönlichkeit entfalten, sich sozial einbringen sowie soziale Bestätigung und Wertschätzung erfahren kann. Dadurch wird ein Beitrag geleistet zur sozialen Inklusion und zur Wertschätzung des betroffenen Menschen, was als vorrangiges Ziel anzusehen ist (vgl. Carr et al. 2002, 4) und quasi als Nebeneffekt den Abbau herausfordernder Verhaltensweisen miteinschließt. Konzeptionell ist ein solches Vorgehen z. B. verankert im Konzept der Positiven

Verhaltensunterstützung (engl. Positive Behavior Support). Diese ist darauf ausgelegt, herausforderndes Verhalten als Ausdruck eines gestörten Verhältnisses zwischen der betroffenen Person und der Umwelt zu analysieren und besser zu verstehen. Darauf aufbauend wird im nächsten Schritt ein Programm entwickelt, das allen Beteiligten hilft, psychische Belastungen und kritische Situationen zu bewältigen und ein besseres Miteinander zu ermöglichen (vgl. Theunissen 2016).

Die Methode der Positiven Verhaltensunterstützung basiert auf folgenden Grundannahmen bezüglich des herausfordernden Verhaltens:

- Herausfordernde Verhaltensweisen sind erlernt.
- Herausfordernde Verhaltensweisen sind kontextbezogen.
- Herausfordernde Verhaltensweisen dienen einem persönlichen Zweck.

Wichtig ist es daher, die funktionale Bedeutung des Problemverhaltens zu erkennen und zu analysieren, »ganzheitlich« zu intervenieren, also alle beteiligten Personen im Blick zu haben, und eine konstruktive Zusammenarbeit anzustreben. Nur dann können die Interventionen effektiv sein.

Besonders wichtig ist es auch, Unterstützung zu bieten für das »Leben in zwei Welten«, wie viele autistische Menschen ihr Dasein empfinden. Auf der einen Seite sind sie selbst als autistischer Mensch, auf der anderen Seite »die anderen«. Eine gemeinsame Schnittmenge scheint es eher nicht zu geben. Dieses Dilemma lässt sich auf zwei Weisen lösen, die beide suboptimal erscheinen, weil sie in der Regel zu zahlreichen weiteren Problemen führen: Manche Betroffene entscheiden sich für ein zurückgezogenes Leben und verzichten fast vollständig auf Kontakte und auf ein Miteinander. Aber das führt dann letztlich doch oft zur Isolation, zu einem Gefühl der Einsamkeit und nachfolgend einer Depression. Andere autistische Menschen entscheiden sich dagegen für soziale Kontakte und Zugehörigkeit, für ein Leben in der vermeintlichen »Normalität« also, aber dieses permanente Streben nach Anpassung bedeutet eben auch, dass sie alles, was sie als Menschen ausmacht, zurückstellen. Das bedeutet viel Stress und mündet ebenfalls in Depressionen oder auch weiteren psychischen bzw. psychosomatischen Störungen. Wie auch immer man sich entscheidet, jede dieser beiden Alternativen macht auf Dauer krank.

Die Lösung kann also nur in der Anleitung zu einer »Zwischenform« bestehen. Dafür empfiehlt sich folgendes Vorgehen:

- Würdigung der eigenen Welt, die, bei allen Unterschieden, mit Schwierigkeiten wie auch Ressourcen als gleichwertig erkannt und auch vom Therapeuten anerkannt werden soll.
- Von dieser eigenen Welt ausgehend erfolgt eine »Expedition« in die Welt der anderen: »Auf eine Expedition bereitet man sich vor. Man versucht, möglichst viel über diese Welt herauszufinden, die man besuchen wird, eignet sich Wissen über die dortigen Lebensbedingungen, Sitten und Gebräuche, Sprachkenntnisse usw. an. Und man besorgt sich eine passende Ausrüstung. Solchermaßen ausgestattet, besucht man die Menschen in ihrer ›anderen‹ Welt, stellt sich als Gast vor – und wird als interessierter ›Besucher‹ über vieles informiert, was man sonst nie er-

fahren hätte (und was die Gastgeber sich untereinander nie erklärt hätten, weil sie es für selbstverständlich nehmen). Man darf sich manchen Fauxpas erlauben und mit viel mehr Nachsicht rechnen, da man ja ›nicht von hier‹ ist.
- Jede Expedition hat aber auch ein Ende. Man kehrt zurück nach Hause, ruht sich aus, genießt, dass alles so ist, wie man selbst es für sich braucht. Und dann kann man daran gehen, die Erfahrungen und Erkenntnisse auszuwerten, die man in der Welt der anderen gesammelt hat. Dabei kann es sehr hilfreich sein, jemanden an der Seite zu haben, der sich dort schon gut auskennt und bei der Deutung und Einordnung der neuen Eindrücke hilft (…).
- Durch ein solches Pendeln zwischen den unterschiedlichen, aber gleichwertigen Welten wird – und das ist letztlich die entscheidendste und heilsamste Erfahrung – das Erleben einer authentischen Schnittmenge entstehen: Man wird feststellen, dass es bei aller Unterschiedlichkeit doch ganz grundlegende Gemeinsamkeiten gibt in den Grundbedürfnissen, in den Grundfragen des Menschen und in Ansätzen zu Lösungen. Weil alle Beteiligten Menschen sind. Diese Erfahrung ermöglicht dann erstmals ein Erleben von Verbundenheit und Zugehörigkeit ohne Selbstverleugnung« (Wilczek 2015, 125–126).

Wichtige Themenbereiche in der Therapie

Vor allem zu Beginn der Therapie steht oft die Aufarbeitung der eigenen Geschichte im Vordergrund mit dem Ziel der Stabilisierung eines kohärenten Identitätsgefühls. Wichtig ist die Auseinandersetzung damit, was der Autismus für den jeweiligen betroffenen Menschen bedeutet, wie er ins Selbstbild integriert werden kann und wie es gelingt, angemessen damit umzugehen. Denn auch wenn die Diagnose meist als Entlastung empfunden wird, bereitet die Tatsache einer lebenslangen Einschränkung doch oft auch Schwierigkeiten, und häufig muss gewissermaßen das Leben neu interpretiert werden.

In Umfragen (Preißmann 2007, Vogeley 2012) hat man ermittelt, dass sich die meisten erwachsenen Menschen mit Autismus außerdem Hilfe erhoffen

- beim Umgang mit Stress (dieser Punkt wurde mit großem Anstand am häufigsten genannt und zeigt schon, wie belastet die Betroffenen im Alltag oft sind),
- im Hinblick auf die eigene Identität,
- bei der sozialen Interaktion, v. a. im Hinblick auf Freundschaft oder Partnerschaft,
- beim Umgang mit Emotionen, den eigenen Gefühlen ebenso wie den Gefühlen anderer Menschen; beides ist schwierig und oft unverständlich. Viele Erfahrungen des Tages wirken noch lange nach und sorgen nicht selten für schlaflose Nächte, »auch wenn die Situation selbst aufgehört hat. Innerlich versucht man, das Ganze nachzubearbeiten« (Corman-Bergau & Saalfrank 2015, 132). Viele Betroffene merken zudem nicht auf Anhieb, dass sie durch eine unbedachte Äußerung die Gefühle anderer Menschen verletzt haben, und auch im Nachhinein können sie oft nicht verstehen, warum der andere gekränkt reagiert hat, wenn die Äußerung doch der Wahrheit entsprach. Gleichzeitig aber leiden sie

unter großem Stress (vermutlich sogar unter stärkerem Stress als andere Menschen), wenn sie erkennen, dass es jemandem schlecht geht, der ihnen etwas bedeutet. Sie haben also durchaus Gefühle, nur gelingt es ihnen alleine oft nicht, adäquat damit umzugehen, sie brauchen Unterstützung dabei,
- im Hinblick auf (insbesondere psychische) Begleiterkrankungen, vor allem Ängste und Depressionen, die die größte Rolle spielen (s. u.).

Die derzeitigen Therapieprogramme für autistische Menschen konzentrieren sich daher v. a. auf die Themen Stressbewältigung, Interaktion und soziale Kompetenz.

Diese Themen kann man in Einzel- oder Gruppentherapie bearbeiten, meistens hat sich eine Kombination aus beidem als sinnvoll erwiesen, da man in der Gruppe vieles gleich im Kontakt mit den anderen Teilnehmern üben kann, da der Therapeut andererseits aber in der Einzelbehandlung stärker auf den einzelnen Menschen eingehen und ganz gezielt die Themen auswählen kann, die diesem persönlich in der derzeitigen Lebenssituation wichtig sind.

Die Behandlung autistischer Menschen ist eine Langzeitbehandlung; man hat in Untersuchungen festgestellt, dass eine gute Frühförderung wichtig ist, dass aber auch die zeitliche Dauer der Therapie einen großen Einfluss hat auf den Behandlungserfolg (Herpertz-Dahlmann et al. 2010). Die Durchführung der Therapie muss also über einen langen Zeitraum hinweg gewährleistet sein; es ist wichtig, sich selbst ebenso wie dem autistischen Menschen genug Zeit zu geben.

Was müssen Therapeuten sonst noch beachten?

Der therapeutische Ansatz bei Menschen mit Autismus ist in der Regel anders als bei anderen Patienten: Während es üblicherweise bei einer Psychotherapie vor allem darum geht, Symptome zu verändern, ist man bei der Arbeit mit autistischen Menschen mit zwei weiteren wichtigen Zielen konfrontiert. Die Verbesserung sozialer Kompetenzen soll helfen, sich in Gesellschaft und Alltag besser zurechtzufinden, und die bestehenden Einschränkungen müssen erkannt und vielleicht auch »betrauert« werden, um schließlich möglichst gut damit umgehen zu können und Bewältigungsstrategien zu erarbeiten. Das sind also zusätzliche Herausforderungen für den Therapeuten (Corman-Bergau & Saalfrank 2015).

Eine psychotherapeutische Behandlung von Menschen mit Autismus verlangt außerdem nach deutlich mehr konkreten Hilfestellungen bei organisatorischen Aufgaben und lebenspraktischen Anforderungen als üblicherweise im Rahmen einer therapeutischen Maßnahme vorgesehen. Bei Erklärungen muss man detaillierter vorgehen, viele unverstandene soziale Situationen und Missverständnisse sollten erläutert werden.

Darüber hinaus ist es wichtig, den autistischen Menschen mit all seinen Eigenheiten, Schwierigkeiten wie auch Ressourcen, anzunehmen und ihn als Person wertzuschätzen (und ihm diese Wertschätzung auch zu vermitteln). Wesentlich ist emotionale Wärme, auch autistische Menschen sind durchaus in der Lage zu erkennen, wer es gut mit ihnen meint. Auch muss man die ganz persönlichen Besonderheiten und Einschränkungen beachten und mit den individuellen Möglichkeiten arbeiten:

Bevor ich meine Therapeutin gefunden habe, mit der ich schon sehr lange erfolgreich arbeite, habe ich zwei Sitzungen bei einer anderen Psychotherapeutin verbracht. Sie merkte, dass ich keinen Blickkontakt halten konnte, warf mir das permanent vor und erklärte schließlich, sie werde nicht mit mir sprechen, wenn ich sie dabei nicht ansähe. Ich merkte rasch, dass sie nicht die richtige Therapeutin für mich sein würde.

Ein paar weitere Aspekte sollten beachtet werden (vgl. Corman-Bergau & Saalfrank 2015 sowie Autismus-Forschungs-Kooperation 2):

- Der Therapeut sollte eventuell langsamer sprechen als sonst üblich; er sollte sich auf das Wesentliche konzentrieren und vor allem zu Beginn der Behandlung auf Smalltalk verzichten.
- Daneben aber ist es oft sinnvoll, als Person präsenter zu sein, als das bei den meisten anderen Patienten der Fall ist. Viele betroffene Menschen profitieren sehr von den Erfahrungen und Erlebnissen ihres Therapeuten (u. a. Preißmann 2013b). Da sie oft sehr zurückgezogen sind, haben sie meist nicht viel Gelegenheit, sich mit Gleichaltrigen auszutauschen und mit ihnen Erfahrungen des Alltags zu besprechen.
- Es sollten nicht mehrere Fragen auf einmal gestellt, sondern jeweils die Antwort abgewartet werden.
- Insgesamt muss man die Schwierigkeiten bei der sozialen Interaktion beachten und eventuell auch alternative Kommunikationsmöglichkeiten anbieten (Brief, E-Mail etc.). Diese können auch genutzt werden, um eine Therapiestunde vor- oder nachzubereiten.
- Autistische Menschen fühlen sich sicherer mit Routinen. Deshalb sollte die Therapie nach Möglichkeit am gleichen Wochentag zu derselben Uhrzeit im gleichen Raum stattfinden; notwendige Veränderungen sollten rechtzeitig mitgeteilt werden.
- Die Sitzanordnung sollte nicht zu nah beieinander gewählt werden.
- Der Therapeut sollte Ruhe und Gelassenheit ausstrahlen.
- Sensorische Besonderheiten spielen oft eine große Rolle. Sinnvoll ist daher ein möglichst ruhiger Raum mit weichem Licht und ohne starke Geruchsbelastung.
- Für autistische Menschen ist es sehr wichtig, auch die eigenen Stärken und Ressourcen zu erkennen, um sie weiterentwickeln und gezielt nutzen zu können (z. B. in beruflicher Hinsicht). Die Umgebung spielt eine wichtige Rolle, ob diese Fähigkeiten zum Tragen kommen oder eher die bestehenden Schwierigkeiten. Es ist daher notwendig zu wissen, welche Umgebungsbedingungen für die Entfaltung der eigenen Potenziale hilfreich sind und welche eher hinderlich. Auch dies sollte in der Therapie erarbeitet werden.

Möglichkeiten und Grenzen der Therapie

Das Ziel einer jeden Therapie ist es, in erster Linie die Lebensqualität zu verbessern, und manchmal verbessern sich dadurch gleichzeitig auch die autistischen Symptome. Man darf sich dabei jedoch nicht an der »Normalität« orientieren und eine »Normalisierung« anstreben, für die die betroffenen Menschen sich verbiegen und ihre Persönlichkeit aufgeben müssten. Und es gibt Interventionen, die quasi »Wunderheilungen« versprechen. Da sich der Autismus aber nicht heilen lässt (und ob das tatsächlich wünschenswert wäre, ist noch einmal eine ganz andere Frage), sollte man bei diesen »Außenseitermethoden« in aller Regel kritisch-zurückhaltend sein. Oft wird hier mit immer neuen Ideen versucht, die Bedürftigkeit der betroffenen Familien auszunutzen. Manches ist zudem aus medizinischen oder ethischen Gründen abzulehnen. Es ist wichtig, auch auf die eigene Intuition zu vertrauen und sich zu fragen, ob man ein gutes Gefühl damit hat. Einige Erfahrungen klingen absurd, haben sich aber leider genau so ereignet:

»Mein Sohn wurde bei einer Therapie mit den Füßen an einen Stuhl gebunden, weil er sonst nicht sitzen bleibt. Wenn ich mit diesen Methoden nicht einverstanden sei, müsse ich mir eine andere Therapie suchen, wurde mir gesagt. Ich war erschüttert.« – *»Ich sollte vor Therapiebeginn unterschreiben, dass ich keine rechtlichen Schritte einleiten würde, wenn mein Kind nach Therapiesitzungen mit blauen Flecken nach Hause kommen sollte. Ich zerriss diesen Zettel, schnappte mir meine Tochter und suchte das Weite«* (Bauerfeind 2016, 91).

Die allermeisten Therapien aber können eine große Chance sein auf eine Unterstützung, um das eigene Leben schön und entsprechend der eigenen Vorstellungen gestalten zu können. Natürlich stößt man immer wieder auch an Grenzen – nicht alles ist machbar, auch mit größter Anstrengung nicht. Das zu erkennen tut weh, und dann muss man neu überlegen, wie die persönlichen Ziele so verändert werden können, dass sie mit den eigenen Möglichkeiten erreicht werden können. Auch Menschen mit Autismus müssen daher angeleitet werden, realistische Wünsche und Vorstellungen für ihr Leben zu definieren.

Ein sehr schönes Fazit stammt von Sommerauer et al. (2015, 214): »Zusammenfassend lässt sich sagen, dass uns heute eine Reihe von Interventionsmethoden zur Verfügung stehen, die effektiv und effizient in den Alltag integriert werden können. Für jeden Betroffenen sollte individuell herausgefunden werden, welche Methoden für seine spezielle Situation zielführend und realisierbar sind. Intervention bei Autismus hat nicht den Anspruch, den Betroffenen vom Autismus zu befreien, doch sie kann einen wesentlichen Beitrag zur Entspannung manch belasteter Situation leisten und eine positive Entwicklung mit mehr Wohlbefinden, Lebensfreude, Kompetenzen und besserem Zurechtfinden in der Welt ermöglichen.« Es geht also darum, die Lebensqualität von Menschen mit Autismus und deren Angehörigen zu erhöhen und optimistische Lebensperspektiven zu ermöglichen. Offenheit, Neugier, Akzeptanz, Authentizität und eine ordentliche Portion Geduld sind auf Seiten des Therapeuten wichtige Voraussetzungen dafür.

Ergotherapie

Der Name setzt sich zusammen aus »Werk/Arbeit« und »Behandlung«, ursprünglich war die Ergotherapie also eine arbeitstherapeutische Maßnahme zur Behandlung psychisch kranker Menschen. Inzwischen aber fand eine Verschiebung und Ausweitung der Zielsetzungen statt, sodass die Ergotherapie nun ganz unterschiedliche Aspekte und Indikationen umfasst. Auch für Menschen mit Autismus kann eine ergotherapeutische Maßnahme eine sehr wertvolle Unterstützung darstellen, was aber vielfach noch nicht wirklich bekannt ist. Deshalb sollen hier die wesentlichen Aspekte beschrieben werden.

Allgemeines

Entsprechend der ganz individuellen Bedürfnisse und Ziele kann ein sehr vielseitiges Angebot vorgehalten werden, das in der Regel im Rahmen eines Gesamt-Behandlungskonzeptes zur Anwendung kommt. Ergotherapeuten orientieren sich dabei sehr eng an dem einzelnen Menschen, vor allem an dessen Stärken und Ressourcen, die gefördert werden sollen. Gleichzeitig wird aber auch die nötige Unterstützung angeboten, um ein möglichst selbstbestimmtes Leben führen zu können. Maßstab auch für die ergotherapeutische Hilfe ist also nicht »eine gewisse Norm«, die zu erreichen »wünschenswert« wäre. Es wird vielmehr genau dort nach Lösungsansätzen gesucht, wo der Betroffene selbst Einschränkungen erlebt und Hilfebedarf sieht (vgl. Miller 2013 bzw. 2020).

Im Vergleich zu autistischen Störungen ist die Therapieplanung bei anderen Krankheitsbildern aus dem orthopädischen oder neurologischen Bereich vielleicht scheinbar einfacher, weil es hier feste Behandlungsschemata gibt. Bei autistischen Menschen dagegen lässt man sich jedes Mal gewissermaßen auf ein neues »Abenteuer« ein, was spannend und herausfordernd ist. Ähnlich wie bei der psychotherapeutischen Behandlung kann man auch durch eine ergotherapeutische Maßnahme oft sehr große Fortschritte beobachten.

Die Ziele einer ergotherapeutischen Maßnahme können sein:

- »Im Alltag zurechtkommen« (Alltagsprobleme und deren Ursachen identifizieren, Kompetenzen entdecken und neu entwickeln, notwendige Unterstützung erhalten)
- Hilfen im Hinblick auf die veränderte Wahrnehmung mit sensorischer Überempfindlichkeit, Reizüberflutung etc.
- Hilfen im Hinblick auf kommunikative und zwischenmenschliche Kompetenzen etc.

Miller definiert dabei die Rolle des Ergotherapeuten wie folgt (vgl. Miller 2016):

Rolle des »Experten«

- Aufklärung über Einflüsse und Beeinflussbarkeit von Wahrnehmung
- Unterstützer bei den Aktivitäten des täglichen Lebens (Selbstversorgung, Schule/Beruf, Mobilität, Freizeit, Wohnen, Gesundheit, Hygiene, Freundschaft, Kontakte etc.)
- Begleitung zu Terminen oder beim Einkaufen
- Übernahme von bzw. Unterstützung bei Telefonaten und dem Herstellen von Kontakten
- Weitere Hilfsangebote für den Alltag

Rolle des »Begleiters«

- »Dolmetscher« intersozialer Regeln
- »Anschauungsobjekt« auch durch das Beschreiben von Erfahrungen und Erlebnissen und damit Aufzeigen der eigenen Lebenswirklichkeit als eine Möglichkeit, das Leben zu gestalten
- »Lebenscoach«

Rolle des Helfers im Finden eigener Lösungen

SMARTe Zielsetzungen finden (spezifisch, messbar, attraktiv, realistisch, terminiert).

Manchmal kann es hilfreich sein, dass der Therapeut dasselbe Geschlecht hat wie der autistische Mensch. So gelingt es einer autistischen Frau leichter, Themen wie Partnerschaft, Kleidung, Sexualität oder Hygiene mit einer Frau zu besprechen.

Andere Male ist aber auch das Gegenteil der Fall und man erfährt durch die Zugehörigkeit zum gleichen Geschlecht sogar noch verstärkte Ablehnung:

Für mich macht es kaum einen Unterschied, ob ich von Ärztinnen oder Ärzten behandelt werde, in manchen Fachrichtungen treffe ich ohnehin fast nur auf Männer. Und entgegen anderslautender Meinungen ist es nicht immer zu meinem Vorteil gewesen, als Frau mit einer Ärztin zu reden. »Haben Sie keine Kinder?«; »Warum haben Sie keine Kinder?« Bis Mitte 40 bin ich solche persönlichen Dinge ab und an von Ärztinnen in der Sprechstunde gefragt worden; und meine Antwort hatte Einfluss auf den weiteren Gesprächsverlauf.
(Melanie Filsinger)

Da die Betroffenen in vielen Bereichen nicht auf eigene Erfahrungen zurückgreifen können, ist es hilfreich, wenn der Therapeut zwischendurch auch von eigenen Erfahrungen berichten kann. Menschen mit Autismus sind ja gerade als Heranwachsende oft isoliert. Ihnen fehlen all die Gespräche und die Rückmeldungen der Gleichaltrigen. So fällt es ihnen deutlich schwerer, sich eine Meinung darüber zu bilden, welche Kleidung oder Frisur ihnen steht und welches Verhalten in bestimmten Situationen angemessen ist. All das und noch viel mehr kann man in einer Ergotherapie lernen.

Hilfe bei Wahrnehmungsbesonderheiten

Ein Thema, das fast alle autistischen Menschen mehr oder weniger betrifft, ist die empfindliche Sinneswahrnehmung, durch die es den Betroffenen oft nicht gelingt, unwichtige Reize auszublenden und sich auf das vermeintlich Wesentliche zu konzentrieren (siehe Kap. »Wahrnehmungsbesonderheiten«). Das kann den Schulalltag oder den Einkaufsbummel zur Herausforderung machen. Wahrnehmung nimmt Einfluss auf Denken, Fühlen und Handeln, ist deswegen ein ganz wesentlicher Bereich, sodass Hilfen auf diesem Gebiet außerordentlich wichtig sind, auch im Hinblick auf Verhaltensauffälligkeiten, denn wenn man von einer massiven Reizüberflutung betroffen ist, kann man oft nicht mehr anders reagieren als in Form von Wutausbrüchen, Sich-hinfallen-Lassen o. ä. Ein geordnetes, geplantes und kontrolliertes Verhalten ist dann in aller Regel nicht mehr möglich.

Es können alle Wahrnehmungsbereiche von einer Überempfindlichkeit betroffen sein:

- Visuell: helles Licht; Gewimmel in der Fußgängerzone; Bildschirmarbeit etc.
- Akustisch: Straßen-, Baulärm; Lärm auf dem Schulhof; Großraumbüro etc.
- Gleichgewicht (vestibuläre Reize): Fahrradfahren; Bus- und Straßenbahnfahrten; Schiffs- und Bootstouren etc.
- Taktil: Etiketten in der Kleidung; Kleidung aus Wolle, bestimmte Stoffe; lange Haare; klebriges und feuchtes Material (Schneiden von saftigem Obst, Arbeiten mit Kleister o. ä.) etc.
- Gustatorisch: Geruch und Geschmack.

Ergotherapeuten sind u. a. Spezialisten für den Bereich der Wahrnehmung und können auf diesem Gebiet viel für autistische Menschen tun:

- Aufklärung über die Wahrnehmungsbesonderheiten ist wichtig, um sie verstehen und richtig einordnen zu können (z. B.: »Ich trage enge Kleidung nicht deshalb, weil ich auf andere Menschen ›sexy‹ wirken möchte, sondern weil sie mich weniger auf der Haut irritiert als weite, flatternde Kleidungsstücke«).
- Manche störenden Reize lassen sich relativ leicht vermeiden, für andere muss man länger nach geeigneten Maßnahmen suchen. Insgesamt geht es darum, Reize, die für den Betroffenen Stress bedeuten, im Alltag zu reduzieren. Dies gelingt, indem man entweder an der Umgebung Änderungen vornimmt (getönte Brille bei Lichtempfindlichkeit, Wände in einer gedeckten Farbe, Herausschneiden von Etiketten aus der Kleidung, Reduktion von künstlichem Licht aus Glühbirnen oder Neonröhren etc.) oder sich durch Verhaltensänderungen den Reizen fernhält (Einkauf am frühen Morgen erledigen, wenn weniger los ist, bei Reizüberflutung im Kaufhaus Bestellung im Internet oder per Katalog, Nutzung der Möglichkeit von Heimarbeit, Zug- oder Autofahrten an die eigenen Möglichkeiten anpassen etc.).
- Auch das Zuviel der Reizaufnahme lässt sich hemmen. Neben der Erarbeitung von Strategien der Vermeidung gibt es auch Möglichkeiten, die Reizaufnahme zu

hemmen. Dies kann auf verschiedene Weise geschehen: Durch die Kognition – das Wissen um das, was einem bevorsteht, bedeutet weniger Stress. So verursachen geplante Ereignisse – auch unangenehme, wie z. B. Zahnarztbesuche – häufig weniger Stress als plötzliche Ereignisse (auch freudige, wie z. B. das zufällige Treffen von netten Bekannten in unerwartetem Rahmen). Unangenehmes ist viel leichter zu ertragen, wenn man eine Aufgabe hat (z. B. Fotografieren bei Familienfeiern). Und auch Kälte und Druck auf den Körper beruhigen unsere Wahrnehmungssysteme. Ganz praktisch kann man das in einer Stresssituation nutzen, indem man z. B. eiskaltes Wasser über die Innenseiten der Unterarme laufen lässt oder aber fest anliegende Decken, Westen o. ä. nutzt, die helfen können, zur Ruhe zu kommen.

Ich bemerke Situationen der Reizüberflutung mittlerweile schon in einem früheren Stadium, sodass ich selbst noch etwas unternehmen kann. Ich habe festgestellt, dass eine rechtzeitig eingenommene Aspirin-Tablette in Kombination mit Tropfen gegen Übelkeit und Koffein in Form eines Espresso oder einer halben Flasche Cola light dann noch rechtzeitig helfen können, sodass ich in der Lage bin, meinen Tagesablauf fortzusetzen, ohne mich hinlegen zu müssen. Und da das nicht mehr oft vorkommt, ist es dann auch in Ordnung, dafür zu etwas Medizin zu greifen.

Früher habe ich mich in solchen Momenten oft in meinem Zimmer auf den Boden gelegt und meinen Couchtisch mit der Tischplatte nach unten auf mich gelegt. Der Druck beruhigte mich rasch. Was vielleicht skurril ausgesehen haben mag, war intuitiv genau das Richtige.

Außerdem habe auch ich bemerkt, dass ich an kalten Tagen sehr viel mehr Reize ertragen kann, dass Kälte also tatsächlich die Reizaufnahme hemmt. Ich finde das eine sehr wichtige Erkenntnis, denn manchmal kann ich auf diese Weise die Anforderungen gezielt steuern und anpassen.

Hilfe bei der Alltagsbewältigung

Neben dem großen Bereich der Wahrnehmung gibt es ein weiteres Gebiet, auf dem der Ergotherapeut einen Menschen mit Autismus unterstützen kann, nämlich die Bewältigung des Alltags. Hierbei geht es um lebenspraktische Aspekte auf ganz unterschiedlichen Gebieten, entsprechend der aktuellen Lebenssituation und dem Alter des betroffenen Menschen.

Ergotherapeuten arbeiten praktisch orientiert, sodass man vieles auch direkt in der Praxis ausprobieren kann (Haushaltstätigkeiten wie Kochen und Backen oder Bügeln und Putzen, verschiedene Freizeitaktivitäten wie Musik, Sport oder kreative Techniken, Maßnahmen zur Körper- oder Alltagshygiene etc.). Im Rahmen von »Außenaktivitäten« kann man gemeinsam einkaufen gehen, Behördengänge planen und absolvieren, Arztbesuche vorbereiten und durchführen, die Benutzung öffentlicher Verkehrsmittel üben etc. Auch lassen sich soziale Kontakte initiieren (anfangs gemeinsame Teilnahme an Veranstaltungen, Vereinsaktivitäten, Kontakt zu Interessenverbänden herstellen etc.). Dabei muss auch die soziale Naivität bedacht werden, die nicht selten ungewöhnliche Interventionen erfordert:

»Die Mutter sagte zu Robert, der intensivere Betreuung brauchte, er solle sein Geld nicht weggeben. Als ihn das nächste Mal ein Bettler fragte, ob er Kleingeld habe, gab er zur Antwort, er habe nur eine 20er Note, worauf der Bettler sagte, das sei auch gut. Daraufhin gab Robert ihm den Schein. Wenn Bettler ihn um Geld baten, um Essen oder einen Kaffee zu kaufen, oder wenn sie ein »Stützli« (schweizerdeutsch etwa für ›kleine Spende‹; Anm. d. Autorin) verlangten, gab er ihnen jedes Mal das Verlangte. Er hatte nicht verstanden, was die Mutter meinte, als sie ganz allgemein sagte, er solle sein ›Geld nicht weggeben‹. Er wurde unter den Bettlern bekannt als einer, den man ausnehmen konnte. Damit Robert lernen konnte, sein Geld für sich zu behalten, wurde für ihn eine Übung ausgedacht. Alle Mitarbeiter des Musikladens, wo arbeitete, baten ihn jeden Tag auf eine andere Art um Geld. Robert wusste, dass das eine Übung war und dass er jedes Mal ablehnen sollte. So lernte er die verschiedenen Arten kennen, wie Bettler Geld verlangen, und hatte von da an für jede Variante die richtige Antwort bereit. Nun kann er sicher und unbehelligt durch die Straßen gehen« (Hawkins 2013, 48).

Selbsthilfe und weitere Maßnahmen

Die Selbsthilfe ist ein ganz wesentliches Instrument zur besseren Krankheits- und Lebensbewältigung und deshalb aus dem Gesundheitssystem nicht mehr wegzudenken. In manchen Fällen aber ist es nicht immer einfach, die betroffenen Menschen einzubeziehen, so auch beim Autismus, wo die Kontaktschwierigkeit ja ein ganz zentrales Problem darstellt.

Dennoch begann man vor etwa 15 Jahren mit dem Versuch einer Selbsthilfearbeit für Menschen mit Autismus, damals entstand in Mülheim/Ruhr die erste Selbsthilfegruppe in Deutschland (Wepil 2006). Rasch wurden neue Gruppen gegründet, weil es viel Bedarf gab, und inzwischen gibt es ein nahezu flächendeckendes Angebot an Gruppen teilweise auch schon spezieller Art (z. B. separate Gruppen für betroffene Frauen, für Geschwister oder Lebenspartner autistischer Menschen und natürlich die sehr wichtige Selbsthilfearbeit für Eltern).

Schon nach nur kurzer Teilnahme an der damaligen Gruppe im Ruhrgebiet habe ich gemerkt, wie sehr mir die Treffen geholfen haben und wie sehr ich mich darauf gefreut habe. Ich fühlte mich angenommen und verstanden, konnte mit den anderen Teilnehmern Informationen austauschen über Schwierigkeiten und Bedürfnisse und musste das alles nicht mühsam erklären, weil die anderen diese Auffälligkeiten eben auch bei sich kannten. Gleichzeitig aber hatte ich auch die Möglichkeit, Kontakte zu knüpfen und mit anderen Menschen ins Gespräch zu kommen, allmählich auch über persönliche Themen. Erstmals in meinem Leben habe ich gemerkt, dass eine Gruppenaktivität auch Spaß machen und bereichernd sein kann; in der Schule hatte ich solche Momente immer nur als furchtbar erlebt. Die anderen Gruppenteilnehmer und ich bemerkten schon bald noch weitere positive Veränderungen. So gelang es uns viel besser als vorher, mit den alltäglichen Schwierigkeiten umzugehen und Lösungen zu entwickeln. Wir waren selbstbewusster geworden und nicht mehr so ängstlich.

Inzwischen habe ich selbst die Moderation einer Gruppe in Frankfurt übernommen, weil ich weiß, wie wichtig und wie sinnvoll diese Arbeit ist. Ich mache immer wieder die Erfahrung, wie groß in vielen Fällen die Angst ist, wenn man das erste Mal dabei ist, und wie erleichtert die Teilnehmer sind, wenn sie merken, dass es ihnen dabei gutgeht, und dass es ihnen oft auch schon beim ersten Treffen dann doch ganz gut gelingt, sich mit einzubringen.

Selbsthilfe – Ziele und Besonderheiten

- Selbsthilfegruppen sind wichtig zum Erfahrungsaustausch; man kann von den hilfreichen Strategien der anderen sehr viel lernen und auch Ideen für das eigene Leben entwickeln.
- Es kann sehr tröstlich sein zu erkennen, dass es noch andere Menschen mit ähnlichen Auffälligkeiten gibt und man doch nicht so ganz allein ist, wie es oft den Anschein hat. Zu sehen, wie andere das Beste aus ihrer Situation machen, vermittelt außerdem Hoffnung und Zuversicht. Man erhält also in einer Selbsthilfegruppe sowohl konkrete Hilfe als auch solidarische Unterstützung.
- Auch das eigene Selbstbewusstsein und Selbstvertrauen werden gestärkt, wenn man selbst durch eigene Erfahrungen anderen helfen kann. In der Begegnung autistischer Menschen untereinander entsteht oft eine ganz besondere Atmosphäre, die ein hohes Selbstbefähigungspotential aktiviert und so die Entwicklung neuer Kompetenzen fördert.
- Die Gruppen dienen aber auch dem Knüpfen von Kontakten und bieten die Möglichkeit einer sinnvollen Freizeitgestaltung. Vielen Betroffenen fällt es leichter, in diesem Rahmen Kontakte zu knüpfen, da die Kommunikation untereinander als längst nicht so kompliziert und anstrengend erlebt wird wie die mit anderen Menschen. Die Begegnung autistischer Menschen untereinander ist dabei geprägt von Offenheit, Eindeutigkeit und Ehrlichkeit, Respekt und Loyalität.

Selbsthilfe – mögliche Hürden und Maßnahmen

Selbsthilfe heißt ja, sich auszutauschen und sich gegenseitig zu unterstützen, autistische Menschen aber ziehen sich in der Regel eher zurück und brauchen gerade dabei Unterstützung. Es ist also notwendig, hier neue Ideen zu entwickeln und manchmal auch ungewöhnliche Wege zu gehen.

So werden viele Gruppen moderiert, um den einzelnen Gruppenmitgliedern zu helfen, miteinander ins Gespräch zu kommen, und das Miteinander anzuleiten. Die autistischen Teilnehmer sind zu Beginn meist sehr aufgeregt und dann häufig nicht in der Lage, aktiv auf Menschen zuzugehen, die sie nicht kennen. Im Verlauf aber bessern sich Kontaktverhalten und Interaktionsfähigkeiten deutlich. Anfangs sagt

z. B. jeder das, was ihm zum jeweiligen Thema einfällt, aber allmählich gelingt es allen immer besser, auch spontan auf das einzugehen, was der Vorredner gerade gesagt hat.

Sinnvoll ist es, die Treffen entsprechend der Bedürfnisse autistischer Menschen zu strukturieren, so kann z. B. der Ablauf immer gleich gestaltet werden, es gibt eine festgelegte zeitliche Begrenzung, und die Themen der folgenden Treffen werden meist im Voraus ausgesucht, damit man sich darauf einstellen kann.

Sinnvoll ist auch eine möglichst homogene Zusammensetzung der Gruppe, damit ein konstruktiver Austausch gelingen und man Themen finden kann, die für alle Gruppenmitglieder interessant sind und die einzelne Teilnehmer nicht permanent über- oder unterfordern (vgl. Preißmann 2013b, 74–76). Insbesondere auf Berufstätigkeit bzw. Arbeitslosigkeit muss man achten, denn die Schwierigkeiten, Fragen und Bedürfnisse unterscheiden sich gerade dann besonders stark.

Auch werden ein paar Regeln für das Miteinander aufgestellt, die für alle verbindlich sind, z. B. dass jeder den anderen ausreden lässt, dass man seine Meinung sagen darf, ohne dass sie gleich kritisiert wird, und dass das Gesagte vor allem natürlich in der Gruppe bleibt und nicht nach draußen dringt (vgl. Wepil 2006).

Selbsthilfe – häufige Themenbereiche

In vielen Selbsthilfegruppen für Menschen mit Autismus werden vorher die Themenschwerpunkte festgelegt. Häufige Wünsche sind hier:

- Diagnostik (Ablauf, Ansprechpartner in der Region, konkretes Vorgehen, mögliche Vor- und Nachteile, mögliche weitere Schritte nach einer Diagnose etc.),
- Therapie (Darstellen und Besprechen der verschiedenen Möglichkeiten, Erfahrungen der einzelnen Gruppenmitglieder, Ansprechpartner, konkretes Vorgehen bei der Therapeutensuche etc.),
- Arbeit und Beruf (das ist wohl das häufigste Thema überhaupt und zeigt schon, dass die Situation für autistische Menschen noch immer ungenügend ist. Problematisch ist oft der Umgang mit Arbeitskollegen, die das Verhalten nicht richtig einschätzen können. Jüngere Gruppenteilnehmer versuchen, eine für sich geeignete Arbeitsstelle zu finden und hinsichtlich der Berufswahl realistische wie befriedigende Perspektiven zu entwickeln),
- ein großes Thema ist auch der richtige Umgang mit Stress in allen Lebensbereichen. Ganz eigene Möglichkeiten zur Entspannung können in der Gruppe besprochen werden,
- Sozialkontakte (v. a. Freundschaft und Partnerschaft),
- Wahrnehmungsbesonderheiten (Sinneswahrnehmung, Über- bzw. Unterempfindlichkeiten, Körperwahrnehmung, Umgang mit Gefühlen etc.),
- Begleiterkrankungen (v. a. Depressionen und Ängste – wie sieht das aus, welches sind die Besonderheiten beim Autismus, welche Hilfsmöglichkeiten gibt es?),
- Ansprechpartner für konkrete Hilfe im Alltag (im Haushalt, bei Behörden, Schwerbehindertenausweis etc.),

- Hilfe im Hinblick auf die eigene Identität,
- Glück und Lebenszufriedenheit (vgl. Preißmann 2015a).

Sonstige therapeutische Konzepte

Spezielle therapeutische Maßnahmen und Konzepte sind vorstellbar und teilweise bereits in der Erprobung. Dazu gehören:

- »Stärkentraining«: Die Fokussierung auf Ressourcen und Kompetenzen ist gerade bei Menschen mit Autismus ein wichtiger Ansatz, denn häufig erleben sie sich selbst nur wenig kompetent, auch deshalb, weil man ihnen jahrelang so begegnet ist. Mit der Anerkennung einer »autistischen Intelligenz« (vgl. Theunissen 2015) folgt jedoch als nächster Schritt, eben diese Fähigkeiten gezielt zu nutzen und dem betroffenen Menschen auch als Ressource bewusst zu machen. Dies geschieht bereits in Form von »Fähigkeitsworkshops« (z. B. im Hinblick auf Arbeit und Beruf bei »autworker«). Auch in anderen Lebensbereichen und auch bei therapeutischen Maßnahmen wäre es wichtig, sich noch deutlich stärker als bisher an Fähigkeiten und Ressourcen zu orientieren.
- Schauspieltraining: Das angeleitete Rollenspiel »kann eine enorme Sicherheit im Umgang mit anderen Menschen vermitteln. Schauspieler lernen ja nicht nur den Text, wenn sie sich auf eine Rolle vorbereiten. Sie studieren vielmehr so gut wie möglich die Person, die sie darstellen wollen, informieren sich also über konkrete Fakten, analysieren das Verhalten, fragen nach den Zielen. Diese ganz intensive Beschäftigung mit anderen Menschen könnte auch Menschen mit Autismus die Mitmenschen näherbringen, denn oft können sie sich erst durch das eigene Erleben in die Rolle des anderen versetzen, während andere Menschen sich die Lage und die Situation des anderen einfach vorstellen und sich hineindenken können, ohne Vergleichbares selbst erlebt zu haben« (Preißmann 2015a, 141).
- »Peer-Beratung« und Mitarbeit als Co-Therapeut durch Menschen mit Autismus: Dies sind recht neue Ansätze, die in manchen Autismuszentren bereits Anwendung finden. Peer-Beratung heißt: Menschen mit Autismus beraten und unterstützen andere Betroffene. Der Peer-Berater berichtet von seinen eigenen Erfahrungen, kann so Hemmschwellen beim Ratsuchenden ab- und Vertrauen für den weiteren Beratungsprozess aufbauen. Wenn man Vergleichbares erlebt hat und die Schwierigkeiten und Auffälligkeiten aus eigener Betroffenheit kennt, kann man Menschen in vergleichbaren Situationen manchmal besser helfen, als das Außenstehende tun können. Dies kann also eine sehr sinnvolle Ergänzung der übrigen therapeutischen Arbeit sein. Eigentlich ist es eine selbstverständliche Sache: Menschen beraten andere Menschen, aber im Bereich von Menschen mit Autismus betritt man hier Neuland. Dafür ist es notwendig, geeignete und interessierte Betroffene dabei anzuleiten, wie dafür die Kommunikation gestaltet werden sollte und was man dabei sonst noch beachten muss, und sie bei Fragen und Schwierigkeiten im Verlauf zu begleiten. Dies verspricht ein spannendes und sinnvolles neues Aufgabengebiet zu werden. Im Bereich der Behindertenhilfe allgemein arbeitet man bereits seit mehreren Jahren mit Peer-Unterstützung.

Weitere Maßnahmen

Weitere ergänzende Maßnahmen müssen individuell abgestimmt werden und ersetzen nicht die therapeutischen Angebote, können sie aber ebenfalls sinnvoll ergänzen. Möglich und hilfreich sind z. B.:

- Psychosoziale Unterstützung durch Sozialarbeiter, gemeinde-/sozialpsychiatrische Dienste, Teilhabeberatungsstellen (EUTB) etc.,
- Integrationsfachdienste zur beruflichen Vermittlung; Engagement von Firmen oder Privatpersonen bei der Vermittlung von Praktika und Arbeitsstellen,
- Freizeit- und Hilfsangebote durch Verbände der Behindertenhilfe, kirchliche und private Träger,
- physiotherapeutische oder sporttherapeutische Angebote,
- Unterstützung durch die Familie, v. a. Eltern und Geschwister,
- Nachbarschaftshilfe und Laienhilfesystem,
- viele weitere Ideen existieren bereits oder sind für die Zukunft geplant: Partnervermittlung speziell für autistische Menschen, Wohnmöglichkeiten verschiedenster Art, auch Mehrgenerationenwohnprojekte etc.
- Wichtig sind insgesamt individuelle, kreative und flexible Lösungen in allen Lebensbereichen, am Arbeitsplatz genauso wie in der Freizeit, in Familie und Gesellschaft. Bei der Entwicklung neuer Maßnahmen sollte man autistische Menschen selbst und deren Erfahrungen und Wünsche einbeziehen.

Krankenhausbehandlung

Krankenhausbehandlungen stellen oft ein großes Problem dar. In aller Regel ist man hier nicht auf autistische Menschen eingestellt, hat keine Kenntnisse über die Auffälligkeiten und die möglichen Hilfen, die in jedem Einzelfall ein bisschen anders gestaltet werden müssen, und man ängstigt sich vielleicht auch vor dem Betroffenen. Zeit und Geduld sind Mangelware, aber genau sie wären am wichtigsten für die erfolgreiche Zusammenarbeit mit autistischen Menschen im Krankenhaus.

Häufige Schwierigkeiten

Problematisch sind zudem u. a. folgende Faktoren:

- Die komplizierten Aufnahmeformalitäten, die von den Betroffenen, zumal im Zustand der Angst und Aufregung, häufig nicht alleine bewältigt werden können,
- der enge Kontakt mit den anderen Patienten, womöglich auch noch im gleichen Zimmer,

- die häufig nicht gegebene Möglichkeit, eine Bezugsperson zur Beruhigung im selben Zimmer mit aufzunehmen, falls das gewünscht wird,
- die fehlende Möglichkeit zum Rückzug auf der Station,
- die Angst und die Unkenntnis, was einen im Hinblick auf die Erkrankung wie auch auf die diagnostischen und therapeutischen Maßnahmen erwarten wird,
- die sensorischen Überforderungen (grelles Licht, verschiedene unangenehme Gerüche wie Körperflüssigkeiten oder Desinfektionsmittel, unterschiedliche Geräusche durch Apparate, Telefone, laute, hektische Menschen etc.),
- die ständig wechselnden pflegerischen Mitarbeiter als Bezugspersonen,
- die geforderte Flexibilität, so kann der gewohnte Tagesablauf nicht durchgezogen werden, was oft schon allein ausreicht, um eine Krise auszulösen.

In meiner Kleinkindzeit musste ich aufgrund einer Schiel-OP immer wieder stationär in eine Augenklinik. Schon damals zeigten sich meine Asperger-Besonderheiten. Es wusste nur niemand, was es damit auf sich hatte. Das machte mich wohl zum leichten Opfer.

Mir wurde in dieser Klinik sehr viel zugemutet. Meine Eltern durften mich nicht besuchen, angeblich deshalb, damit ich beim Abschied nicht weinte. Meine Stofftiere wurden mir weggenommen, wegen der Keime. Die anderen Kinder mobbten mich, weil ich so still war, ihre Art zu spielen nicht verstand und ihren Lärm nicht ertrug. Ich wurde bei den Mahlzeiten an einen separaten Tisch gesetzt und bekam eine Schwester als Aufsichtsperson, die über mein Essen wachte. Ich mochte schon damals bestimmte Dinge nicht. Erdbeermarmelade und Grießbrei waren mir ein Graus. Die Schwester zwang mich zu essen, indem sie mir den Mund zuhielt, damit ich schluckte. Ich war tollpatschig und zog oft meinen Pulli falschherum an. Dafür wurde ich mit Isolation bestraft. Diese Erlebnisse verfolgten mich lange.

Eigenartigerweise schien sich niemand zu wundern, dass das Kind so schmerzresistent war. Ich wurde nicht für meine Tapferkeit belohnt. Ich wurde nicht mehr getröstet nach Spritzen, Impfungen o. ä. Ich bekam keine Gummibärchen von den Arzthelferinnen. Es war selbstverständlich, dass Ani das nicht brauchte. Ihr tat ja nichts weh.

Eines Tages bemerkte ich dann im Unterricht ein unangenehmes Ziehen im rechten Bauchbereich. Mein Spezialinteresse war immer schon alles rund um die Frage: Wie funktioniert ein Mensch? Ich tippte also auf den Blinddarm und ging cool und naiv in die nächste Notaufnahme. Ich lief da ganz aufrecht rein und meinte, der »Wurm« müsste wohl raus. Die erstaunten und gleichzeitig verärgerten Gesichter der Ärzte werde ich nie vergessen. Sie wollten mich nach Hause schicken, trauten sich aber wohl doch nicht so recht, mich so ganz ohne Untersuchung gehen zu lassen. Sie machten ein Blutbild. Der Leukozyten-Wert war auffallend hoch. Ich wurde also operiert, und es stellte sich heraus, dass der Blinddarm kurz vor dem Durchbruch war. Glück gehabt!

(Ani Reiner)

Wohneinrichtungen haben in der Regel nicht die Möglichkeit, eine Begleitung für die Behandlung im Krankenhaus zu stellen, sodass häufig ganz selbstverständlich erwartet wird, dass ein Elternteil mit in der Klinik verbleibt, um die Versorgung zu gewährleisten. Ist das nicht möglich, wird die Aufnahme des betroffenen Menschen nicht selten abgelehnt, oder er wird mit Medikamenten ruhiggestellt, um ihn »pflegeleichter« zu machen. Fähigkeiten und Kompetenzen werden den betroffen

Menschen abgesprochen, man spricht und verhandelt nicht mit ihnen, sondern mit den Bezugspersonen.

Leider ist das alles auch heute noch schlimme Realität. Aber aufgrund der Häufigkeit autistischer Störungen trifft man inzwischen überall und in jedem Bereich auch auf Menschen mit Autismus als Patienten. Daher ist es dringend notwendig, auch abseits der Psychiatrie medizinische Fachleute zu informieren und zu qualifizieren. Auf sehbehinderte oder gehörlose Menschen stellt man sich selbstverständlich ein, und genauso selbstverständlich muss das auch beim Autismus geschehen. Die Betroffenen sind keine gemeingefährlichen Monster, die man ruhigstellen muss, um sich mit ihnen beschäftigen zu können.

Mögliche Hilfen

Eine optimale Versorgung von Menschen mit Autismus bei Krankenhausbehandlung könnte man sich z. B. so vorstellen:

- Fest benannte Pfleger sind für bestimmte Patienten kontinuierlich zuständig (Bezugspflege). Die Pflegekraft sorgt für Sicherheit beim Patienten, indem sie sich ihm als seine Bezugspflegekraft vorstellt und ihn mit der Station vertraut macht.
- Bei einer elektiven Aufnahme könnte sich das Team vorab zusammenzusetzen und sich ein Basiswissen zum Thema Autismus aneignen. Dies kann im Rahmen einer Teamsitzung stattfinden, bei der Experten (z. B. Pädagogen, Therapeuten etc.) »eine Einführung in die Besonderheiten des Autismus geben können, oder das Thema wird als Aufgabenstellung an einzelne Kollegen (z. B. Mentoren) zur Aufarbeitung delegiert« (Frech 2014, 19).
- Der autistische Mensch bringt bei der Aufnahme eine Mappe mit Kopien aller wichtigen Unterlagen und Informationen mit (Vorbefunde, Namen und Telefonnummern von Angehörigen, Hausarzt und Therapeuten; Informationen zu Erkrankungen, Medikamenten, Allergien etc.).
- Bei Bedarf gibt es Unterstützung für die Formalitäten, z. B. bei der Aufnahme.
- Es kann dem Patienten helfen, die pflegerische Anamnese bzw. andere Dialoge schriftlich durchzuführen.
- Alle notwendigen Maßnahmen werden mit dem Patienten rechtzeitig besprochen, um ihm ein bisschen Sicherheit zu gehen.
- Alle Beteiligten bemühen sich um eine eindeutige, klare und unzweifelhafte Kommunikation.
- Für Überforderungssituationen und zum Rückzug stehen entsprechende Räumlichkeiten bereit, das kann manchmal auch eine wenig frequentierte Sitzecke in ruhiger Lage oder die Klinikkapelle sein.
- Diagnostische Untersuchungen und Behandlungsverfahren werden mit viel Fingerspitzengefühl gemeinsam geplant und realisiert. Falls das gewünscht wird, kann auch eine Bezugsperson bei der Untersuchung dabei sein; dies kann sehr zur Beruhigung beitragen.

- Im Hinblick auf die empfindlichen Sinne sollte man mit Licht, Farben und Gerüchen sparsam umgehen und für eine reizarme Untersuchungssituation sorgen.
- Vorgesehene Zeiten werden insbesondere bei Menschen mit Autismus bestmöglich eingehalten, weil man um die Problematik weiß.
- Bestehende Regeln und Routinen innerhalb der Klinik können bei besonderen Bedürfnissen individuell angepasst werden.
- Die Bereitstellung eines Unterstützers ist im Bedarfsfall kurzfristig möglich.
- Wiederholtes Nachfragen und das Äußern von Ängsten sind möglich; nochmalige Aufklärung kann in diesen Fällen zu mehr Gelassenheit beitragen.
- Bei unverständlichem Verhalten seitens des Patienten wird ebenfalls nachgefragt, statt zu verurteilen.
- Menschen mit Autismus und ihre Angehörigen sind Experten in eigener Sache und werden als solche behandelt.
- Die enge Zusammenarbeit zwischen Klinikpersonal, Patienten, Angehörigen und Betreuern ist selbstverständlich, da sie ganz wesentlich zu einem besseren Behandlungsergebnis beiträgt. Gemeinsam mit allen Beteiligten wird geplant, welche weiteren Maßnahmen im Einzelfall wichtig sind und was beachtet werden muss.
- Die Entlassung und ggf. die ambulante Weiterbehandlung werden gut geplant; die Informationen dazu erhält der betroffene Mensch schriftlich, weil man weiß, dass er sie sich in Situationen der Aufregung andernfalls vielleicht nicht merken kann.
- Es gibt eine Bereitschaft, die menschliche Vielfalt nicht nur zu respektieren, sondern wertzuschätzen und als schön und bereichernd anzusehen. Alle bemühen sich, die Rahmenbedingungen so zu gestalten, dass sich jeder einzelne Mensch wohlfühlen kann.

Sind das nun Selbstverständlichkeiten oder Utopien? Vermutlich beides. Aber man kann Wünsche ja mal äußern – sonst kommt eben auch niemand auf die Idee, sie zu erfüllen. Und glücklicherweise gibt es durchaus auch positive Erfahrungen aus Kliniken, wo man intuitiv fast alles richtig gemacht hatte, oder Lösungsansätze, die sich aus früheren schlechten Erfahrungen ableiten lassen:

»Ich kam also ins Krankenhaus, zusammen mit meiner Schwester, bei der ein Nabelbruch operiert wurde. Wir waren auf demselben Zimmer – leider dem größten der ganzen Kinderstation, sodass dort noch drei weitere Kinder lagen. Etwas mehr Ruhe hätte mir sicherlich gut getan (…). Die Operation an sich war nicht schlimm, auch die Narkose vertrug ich gut und hatte auch keine Angst. Wenn ich gut informiert bin – und dafür versuche ich meist durch neugierige Fragen selbst zu sorgen – dann machen mir Krankenhäuser keine Angst« (D. Leineweber, in: Preißmann 2013a, 161).

Für die Krankenpflege ist die Information über den Autismus unabdingbar, denn vor allem bei der Pflege entsteht eine Form der körperlichen Nähe, die sich oft nur schwer ertragen lässt. Das kann ich aus Erfahrung anhand etlicher großer Operationen aus der Zeit vor meiner Diagnose nur bestätigen. Doch auch hier lassen sich die Unannehmlichkeiten bei der Pflegeverrichtung durch Fremdpersonen ein wenig reduzieren, z. B. durch Musik über

Kopfhörer oder durch ein Hörspiel bzw. Hörbuch. Alles ist besser, als sich in seiner Not zu verweigern oder unerreichbar in sich selbst zurückzuziehen. Ideal könnte auch ein ablenkendes Gespräch mit der Pflegekraft über das eigene Spezialinteresse sein, sofern diese bereit ist, sich darauf einzulassen.
(Simone Pinke)

Psychiatrische/Psychotherapeutische Kliniken

Die aufgeführten möglichen Hilfen gelten genauso natürlich auch für stationäre Behandlungen in psychiatrischen bzw. psychotherapeutischen Abteilungen. Zusätzlich muss hier oft auch das Behandlungssetting angepasst werden, denn verschiedene Angebote wie Gruppenaktivitäten, die vorhandenen Entspannungsverfahren etc. sind für autistische Menschen oft nicht geeignet, dafür müssen individuelle einzeltherapeutische Maßnahmen erarbeitet werden. Alle Beteiligten sind gefordert, um auch für diese Patientengruppe passende Angebote vorzuhalten. Wichtig sind Flexibilität und Offenheit gegenüber Menschen, die »anders« sind als die meisten anderen Patienten. Speziell in psychotherapeutisch orientierten Rehabilitationskliniken wird die Nachfrage von Menschen mit Autismus immer größer. Gründe dafür sind die verstärkten Bemühungen, die Betroffenen in Arbeitsprozesse einzugliedern, bei gleichzeitig immer ungünstigeren Arbeitsbedingungen (s. u.). Hier gilt es, stärker konkret-lebenspraktische Hilfestellungen zu geben als bei anderen Menschen.

Eine weitere Herausforderung stellt die Unterbringung von Menschen mit Autismus in Kliniken für Forensische Psychiatrie dar. Auch hier fehlen meist jegliche Grundkenntnisse, um gut helfen und therapeutisch sinnvoll intervenieren zu können. Die Vergehen sind ja in der Regel aufgrund von Missverständnissen und Unverständlichkeiten erfolgt, nicht jedoch aus bösem Willen heraus. Es gilt also, die Situationen zu analysieren und dem betroffenen Menschen konkret und verständlich zu erklären. Nur dann ist eine gute Prognose zu erwarten. Unerlässlich sind daher auch auf diesem Gebiet Aus- und Weiterbildung des Klinikpersonals und die passenden Rahmenbedingungen.

Häufige Begleiterkrankungen: Körperliche Erkrankungen

Akute oder auch chronische Erkrankungen können auch bei Menschen mit Autismus (wie bei allen anderen) auftreten. Nicht selten aber werden sie bei ihnen deutlich schwerer und später erkannt, weil der betroffene Mensch seine Beschwerden nicht immer klar und eindeutig wahrnehmen und äußern kann. So kommt es auch im Falle körperlicher Krankheiten manchmal lediglich zu einer unspezifischen Änderung des Verhaltens. Eine exakte Diagnose und eine frühzeitige Behandlung sind daher häufig schwierig, zumal auch die Fähigkeit des Betroffenen zur Mitarbeit bei der Untersuchung durch Angst, Aufregung, Schmerzen etc. eingeschränkt sein kann:

»*Wir hatten eine Situation in einem Wohnheim, wo ein junger Mann plötzlich anfing, kiloweise Schraubmuttern zu essen. Das war ein richtiges Problem, weil er auch immer aggressiver wurde. Es war ein langer Weg, die Ursache herauszufinden, bis schließlich der Vater sagte, dass sein Sohn vielleicht Gallensteine haben könnte. Dies sei eine Veranlagung in der Familie. Der Arzt drückte ihm bei der Untersuchung auf diese Vermutung hin sehr fest auf die Gallenblase, der junge Mann aber reagierte überhaupt nicht – nicht einmal ein Zucken im Lid war festzustellen! Da das Verhalten und die Probleme nicht enden wollten, setzte sich der Vater einige Tage später gegen den Arzt, der auf Grund seiner Untersuchung keine Veranlassung dazu sah, durch und bestand auf einer Röntgenuntersuchung. Diese zeigte eine heftigst entzündete Galle voller Steine kurz vor dem Durchbrechen. Der junge Mann hatte also die ganze Zeit schon fürchterliche Koliken, konnte diese aber nicht adressieren, d. h. er hatte nicht da oder dort Schmerzen, sondern er war für sich Schmerz*« (Rödler 2005, 90).

Epilepsie

Eine Epilepsie bezeichnet das wiederholte Auftreten unprovozierter Krampfanfälle, ausgelöst durch eine plötzlich auftretende synchronisierte Erregungssteigerung des Gehirns. Etwa 3 % aller Menschen erkranken im Laufe ihres Lebens an einer Epilepsie.

Bei Menschen mit Autismus ist das Risiko für ein begleitendes Krampfleiden deutlich höher, bei Erwachsenen schätzt man es auf 20 bis 35 % (Noterdaeme 2015).

Es bestehen zwei Erkrankungsgipfel, einmal zwischen dem dritten und fünften Lebensjahr, zum anderen in der Adoleszenz und im jungen Erwachsenenalter.

Epileptische Anfälle werden eingeteilt in partielle (fokale) und generalisierte Anfälle. Aber auch zunächst partielle Anfälle können generalisieren; zudem können sich Epilepsien ganz unterschiedlich darstellen, was ihre Diagnose nicht immer leicht macht. Die genaue Beobachtung des Anfallsgeschehens ist wichtig, denn hierdurch kann man manchmal Hinweise gewinnen, die Rückschlüsse auf die Entstehungsart des Anfalls im Gehirn erlauben.

Anfälle mit psychischen Symptomen können den Symptomen bei Depressionen oder Psychosen gleichen, und nach einem Anfallsgeschehen treten oft noch weitere psychische Auffälligkeiten auf wie Verwirrung, Schläfrigkeit oder Aggression.

Neben der genauen Beobachtung und Beschreibung ist ein EEG für die Diagnostik einer Epilepsie wichtig. Die Befunde geben dann Hinweise auf die Klassifikation des Anfallsleidens und damit auch zur Prognose und Behandlung. Bei der Erstmanifestation einer Epilepsie sollte außerdem eine bildgebende Untersuchung mittels Computertomographie (CT) oder Kernspintomografie (MRT) erfolgen.

Die medikamentöse Behandlung erfolgt in der Regel zunächst mit einem einzigen Präparat, bei ausbleibender Wirkung wird eine andere Substanz versucht oder eine Kombination verschiedener Antiepileptika eingeleitet.

Die Erfahrung zeigt, dass vor allem bei Menschen mit geistiger Behinderung ein höheres Risiko an psychiatrischen Nebenwirkungen bei der medikamentösen Behandlung von Epilepsien besteht (z. B. paranoide Psychosen, Depressionen, aber auch unspezifische Symptome wie Reizbarkeit, Aggressivität, Hyperaktivität oder Verlangsamung; vgl. Hübner 2002). Diese Nebenwirkungen können auch bereits in niedrigerer Dosierung als bei anderen Menschen auftreten.

Wichtig sind daher auch nichtmedikamentöse Maßnahmen zur Vermeidung von Anfällen, dazu gehören insbesondere Maßnahmen zur Tagesstrukturierung und zur Regulierung des Schlaf-Wach-Rhythmus. Und natürlich müssen anfallsbedingte Verletzungen durch Sturz vermieden werden; bei häufigen Ereignissen ohne Vorwarnung kann z. B. zeitweise das Tragen eines Fahrradhelms sinnvoll sein. Gefährliche Tätigkeiten (Teilnahme am Straßenverkehr, Schwimmbadbesuch, Bedienen von Maschinen etc.) dürfen in diesen Zeiten nicht bzw. nur in Begleitung ausgeübt werden. Eine gute neurologische Begleitung ist wichtig.

Sonstige körperliche Erkrankungen

Bislang existieren nur wenige Untersuchungen zu gehäuft auftretenden körperlichen Begleiterkrankungen bei Menschen mit Autismus, von der Epilepsie einmal abgesehen. Insgesamt gibt es aber Hinweise, dass auch Unfälle mit schwereren Verletzungen häufiger sind als in der Allgemeinbevölkerung (Dern & Sappok 2016), außerdem gastrointestinale Beschwerden und stressbedingte Erkrankungen wie Schlaganfall, Bluthochdruck oder Fettstoffwechselstörungen (Croen et al. 2015). Neben tatsächlichem Stresserleben sind hier ursächlich auch die Nebenwirkungen der häufig bei autistischen Menschen eingesetzten Neuroleptika zu bedenken.

Hirvikoski et al. (2016) konnten in einer groß angelegten Studie gar ein erhöhtes Risiko für fast alle ICD-Kategorien bei Menschen mit Autismus feststellen. Die Lebenserwartung der Betroffenen war durchschnittlich um 16 Jahre geringer, die Sterblichkeit etwa 2,5-mal höher. Die größten Zusammenhänge fanden sich mit Diagnosen im Bereich hormonelle Erkrankungen, Erkrankungen des Nervensystems (v. a. Epilepsien) und des Verdauungssystems (v. a. Verstopfung und Ernährungsbesonderheiten) sowie mit Suizid, aber auch die Wahrscheinlichkeit für Herzerkrankungen war deutlich erhöht. Insgesamt zeigen die Studien die dringende Notwendigkeit einer besseren medizinischen Versorgung von Menschen mit Autismus im präventiven wie im kurativen Bereich. Stressbedingte Erkrankungen scheinen eine größere Rolle zu spielen, als man bislang gedacht hat. Da sie im Rahmen der medizinischen Vorsorge gut frühzeitig erkannt und dann auch rechtzeitig behandelt werden können, muss man auch die Früherkennungsmaßnahmen für Menschen mit Autismus zugänglich machen.

Häufige Begleiterkrankungen: Psychische Erkrankungen

Prinzipiell kann natürlich jeder Mensch an jeder Erkrankung leiden. Das ist auch bei Menschen mit Autismus der Fall, aber es gibt doch solche Krankheiten, die gehäuft miteinander auftreten. Zudem erkennt man immer häufiger, dass Autismus-Spektrum-Störungen als Basisstörungen für sich sekundär daraus entwickelnde psychische Krankheiten fungieren können (Tebartz van Elst et al. 2013).

Psychische Begleiterkrankungen sind also bei Menschen mit Autismus ausgesprochen häufig (u. a. Joshi et al. 2013, Simonoff et al. 2008), in Untersuchungen fand sich bei über 70 % der Betroffenen mindestens eine komorbide psychische Störung, bei 40 % waren es sogar zwei oder mehr Begleiterkrankungen. In erster Linie sind Angststörungen, Zwänge, Hyperaktivität (auch ADHS) und vor allem Depressionen zu nennen. Auch bleiben Situationen, die sehr starke Emotionen hervorrufen, Menschen mit Autismus oft lange im Gedächtnis, ganz egal, ob sie positiv oder negativ gefärbt sind. Immer wieder denken sie darüber nach, was nicht selten zu schlaflosen Nächten oder starker innerer Unruhe und manchmal auch zu Anpassungsstörungen oder Belastungsreaktionen führt. Auch leiden nicht wenige autistische Menschen unter Schlaf- oder Essstörungen. Und schließlich beschreiben fast alle von ihnen einen erheblichen Stress, unter dem sie im Alltag stehen. In manchen Fällen kommt es auch zur Ausbildung einer Abhängigkeitserkrankung.

Psychische Komorbidität bei Menschen mit Autismus kann also sehr vielgestaltig sein und verursacht häufig einen erheblichen Leidensdruck. Auch deshalb erscheint es nicht angemessen, von einer »Modediagnose Autismus« zu sprechen. Soziale Beeinträchtigungen in Beruf, Privatleben und Alltag sind auch bei hochfunktionalen Formen als gravierend einzuschätzen (Riedel et al. 2016). Die Begleiterkrankungen der Betroffenen beeinflussen erheblich auch den Entwicklungsverlauf, das Funktionsniveau und damit die Prognose (Cholemkery 2016). Daher ist es wichtig, Menschen mit Autismus auch im Hinblick auf die psychische Gesundheit zu unterstützen, und dafür sind auch für nicht-medizinische Fachkräfte Grundkenntnisse der wichtigsten Begleiterkrankungen sinnvoll.

Intelligenzminderung

Früher ging man davon aus, dass bei mindestens 75% aller Menschen mit einer Autismus-Spektrum-Störung eine geistige Behinderung vorliegt. Neuere Untersuchungen ergeben einen Wert von knapp 40%. Dennoch ist die begleitende Intelligenzminderung die häufigste Komorbidität (Noterdaeme 2015, Sappok et al. 2010).

Von einer Intelligenzminderung spricht man bei einem Intelligenzquotienten unter 70. Man unterteilt je nach dem ermittelten Wert nochmals in leichte, mittelschwere, schwere oder schwerste Intelligenzminderung.

Da beim Asperger-Syndrom der IQ gemäß der Definition mindestens im durchschnittlichen Bereich liegt, betrifft die Intelligenzminderung ausschließlich Menschen mit frühkindlichem oder atypischem Autismus. Gerade hier aber ist die Intelligenz nicht selten sehr schwer zu messen und wird deshalb bei vielen Betroffenen lange völlig unterschätzt. Nicht jeder, der in der IQ-Testung schlecht abschneidet, ist tatsächlich auch geistig behindert, denn die einzelnen Untertests sind beim Autismus nicht immer sehr aussagekräftig. Daher können Studien zur Häufigkeit der Intelligenzminderung auch nur grobe Anhaltspunkte liefern.

Theunissen (2015) vertritt zudem die Meinung, man solle sich von der ausschließlichen Pathologisierung des Autismus verabschieden und im Hinblick auf die Intelligenz auch und vor allem die ganz besondere »autistische Intelligenz« beachten, die nicht als »minderwertig« zu bezeichnen sei. Das typische »Denken in Bildern, Assoziationen, Mustern und Strukturen oder auch detaillierten Fakten« kann gleichsam eine Leistungsstärke hervorbringen und umfasst auch höherschwellige kognitive Prozesse, sodass diese Erkenntnisse nicht nur für Menschen mit hochfunktionalem Autismus gelten, sondern auch für solche mit der frühkindlichen Form, denen eine zusätzliche kognitive Beeinträchtigung nachgesagt wird (Theunissen 2015, 18). Die geistige Behinderung ist bei vielen Menschen mit Autismus vor diesem Konzept der »autistischen Intelligenz« also kritisch zu hinterfragen, denn häufig tut man den Betroffenen damit unrecht und sorgt dann in der Konsequenz für eine ständige Unterforderung im Hinblick auf die alltäglichen Anforderungen:

»Es ist mir immer noch ein wichtiges Anliegen, dass Menschen, die mit Behinderten arbeiten, unterscheiden lernen zwischen geistiger Behinderung und Autismus. Auf den ersten Blick erkennt man vielleicht keinen Unterschied, aber es gibt ihn. Nicht sprechen können und sich komisch benehmen kann andere Gründe haben als eine geistige Behinderung. Nicht zu sprechen muss nicht heißen, dass keine Sprache da ist. Es gibt eine innere Sprache, und wer die hat, kann auch denken und kann verstehen, was gesprochen wird« (Zöller 2006, 84).

Depressionen

Depressionen gehören zu den häufigsten Begleiterkrankungen von Menschen mit Autismus und betreffen das gesamte Spektrum, insbesondere jedoch vermutlich die hochfunktionalen Autismusformen (u. a. Ghaziuddin & Zafar 2008, Lehnhardt et al. 2011). Das hat auch mit den Problemen zu tun, auf die die Betroffenen in den unterschiedlichsten Lebensbereichen stoßen, vor allem aber auch mit den gesellschaftlichen Anforderungen, die man an sie stellt und die sie meist nicht erfüllen können. Als Reaktion kommt es nicht selten zur Entwicklung einer manifesten behandlungsbedürftigen Depression. Es ist wichtig, die Symptome früh zu erkennen und richtig zu deuten, um rechtzeitig professionelle Hilfe in Anspruch nehmen zu können (u. a. Hautzinger 2010).

Depressionen – Allgemeines

Depressionen gehören auch in der Allgemeinbevölkerung zu den häufigsten psychischen Erkrankungen und können in jedem Lebensalter auftreten, auch bereits in der Kindheit. Die Wahrscheinlichkeit, im Laufe des Lebens an einer Depression zu erkranken, wird für Männer mit etwa 12% angegeben, bei Frauen besteht kulturunabhängig ein doppelt so hohes Risiko (ca. 25%).

Das klinische Bild einer Depression kann sehr vielgestaltig sein, bei jedem betroffenen Menschen sind die Symptome anders ausgeprägt. Häufige Auffälligkeiten sind (vgl. Dilling & Freyberger 2010):

- Gedrückte Stimmung in einem für die betroffene Person ungewöhnlichen Ausmaß,
- Interessenverlust oder Verlust der Freude an Aktivitäten oder Tätigkeiten, die normalerweise angenehm waren,
- verringerter Antrieb oder erhöhte Ermüdbarkeit (kann nicht selten als »Lustlosigkeit« oder »Faulheit« fehlinterpretiert werden),
- Verlust des Selbstvertrauens oder des Selbstwertgefühls,
- unangemessene Selbstvorwürfe oder Schuldgefühle, Gefühle von Wertlosigkeit,
- wiederholte Gedanken an den Tod oder an Selbsttötung,
- verringertes Denk- und Konzentrationsvermögen, Unentschlossenheit,
- Verlangsamung oder (seltener) auch Steigerung der Geschwindigkeit von Bewegungen und Aktivitäten (z. B. Gehen, Sprechen, Gesichtsausdruck),
- Tagesschwankungen des Befindens (meist: Morgentief, Abendhoch),
- Schlafstörungen aller Art (klassischerweise frühmorgendliches Erwachen mit dann bestehendem Grübeln),
- Verringerung oder auch Steigerung des Appetits mit Veränderung des Körpergewichts,
- Angst,

- zusätzliche Symptome können auch Wahnideen und Halluzinationen sein, die fälschlicherweise an eine psychotische Episode denken lassen,
- manchmal beobachtet man Unruhe, ängstliche Getriebenheit und hektisches Verhalten, das oft nicht als »typisch depressiv« erkennbar ist,
- manchmal kann sich die Depression auch eher durch körperliche Symptome bemerkbar machen mit z. B. verschiedenen Schmerzzuständen wie Kopf- oder Rückenschmerzen oder aber Druck- und Schweregefühl im Brust- oder Bauchbereich,
- viele Patienten fühlen sich erschöpft und insgesamt weniger leistungsfähig.

Grundlage der Behandlung einer Depression ist das verständnisvolle, stützende Gespräch (»supportive Psychotherapie«) mit der Erstellung eines Gesamtbehandlungsplans. Prinzipiell ist eine alleinige psychotherapeutische Behandlung möglich, eine ausschließlich medikamentöse Therapie oder eine Kombination aus beidem.

Die Auswahl der Medikamente richtet sich nach der Symptomatik der Depression und nach dem Nebenwirkungsprofil des Präparates. Manche Medikamente machen müde und beruhigen, diese Substanzklasse wird man also eher unruhigen, getrieben wirkenden Patienten verschreiben, andere Präparate helfen besser gegen die Störung des Antriebs. Die sorgfältige Auswahl durch einen Fachmann ist auch im Hinblick auf mögliche Nebenwirkungen sehr wichtig.

Antidepressiva machen nicht abhängig und verändern auch nicht die Persönlichkeit eines Menschen. Das ist etwas, das viele Patienten fürchten. Wichtig ist allerdings das Wissen, dass der stimmungsaufhellende Effekt von Antidepressiva in der Regel erst nach 10 bis 14 Tagen einsetzt und man deshalb nicht ungeduldig werden darf, wenn man nicht sofort eine Besserung verspürt.

Unterstützend stehen weitere Behandlungsmöglichkeiten zur Verfügung, z. B. die Lichttherapie bei saisonaler Depression oder die Schlafentzugsbehandlung. Auch körperliche Aktivität (v. a. moderates Ausdauertraining) und Physiotherapie (z. B. Schulter-Nacken-Massage) haben sich als begleitende Maßnahmen bewährt. Und auch Ergotherapie oder tagesklinische Maßnahmen können sehr sinnvoll sein, vor allem im Hinblick auf eine Tagesstrukturierung oder das Training von Konzentration und Ausdauer.

Auch bei der psychotherapeutischen Behandlung gibt es verschiedene Verfahren, die individuell ausgewählt werden (z. B. kognitive Verhaltenstherapie, tiefenpsychologisch fundierte Psychotherapie). Ganz besonders wichtig sind gegenüber depressiven Patienten emotionale Wärme, Wertschätzung und das Eingehen auf die ganz eigene Lebenssituation. Man muss sie ermutigen und ihnen die Hoffnung vermitteln, dass sie die Krankheit überwinden werden.

Vermeiden sollte man dagegen bei depressiv erkrankten Menschen:

- Aufforderungen an den Patienten, sich zusammenzureißen und sich mehr Mühe zu geben,
- die Empfehlung, sich abzulenken, also etwa in Urlaub zu fahren oder auszugehen, auch wenn das im Einzelfall natürlich durchaus sinnvoll sein kann. Meist wird

dadurch jedoch im Gegenteil die Verzweiflung eher noch verstärkt, da man sich unverstanden und unfähig fühlt,
- die Situation des Patienten zu bagatellisieren und ihm einzureden, dass es ihm doch gar nicht so schlecht geht,
- sich von der Depression »anstecken« zu lassen. Jammern, Klagen und Vorwürfe sind Krankheitssymptome und dürfen nicht persönlich genommen werden.

Depressionen bei Menschen mit Autismus

In der Autismus-Ambulanz einer Uniklinik haben 50% der Personen, die sich in der Sprechstunde vorgestellt haben, Symptome einer Depression bei sich selbst beschrieben (Riedel et al. 2016; Gawronski et al. 2012). Viele von ihnen waren auch schon wegen depressiver Störungen in fachärztlicher oder psychotherapeutischer Behandlung gewesen. Ein höheres Risiko für eine Depression tragen vor allem autistische Menschen mit einem höheren kognitiven Funktionsniveau und einer geringeren sozialen Beeinträchtigung (Noterdaeme 2015). Auch ist bei ihnen das Risiko für eine Selbsttötung im Rahmen der Depression deutlich erhöht (Hirvikoski et al. 2016). Diese Ergebnisse verdeutlichen die große Relevanz komorbider Depressionen bei Menschen mit Autismus und die Notwendigkeit einer früheren Behandlung schwer depressiver Betroffener, die die effektive Suizidprävention durch Früherkennung suizidaler Tendenzen einschließt.

Man muss oft die depressive Symptomatik gezielt erfragen, denn viele autistische Menschen berichten von sich aus nur wenig und zeigen nur eine spärlich ausgeprägte Mimik, sodass auch die Körpersprache häufig nicht verrät, wie es ihnen geht. Außerdem haben die Betroffenen meist Schwierigkeiten, ihre Gefühle richtig einzuordnen und über diese Gefühle auch zu sprechen. Es ist also oft nicht leicht, eine begleitende Depression zu erkennen. Die betroffenen Menschen sind dann nicht selten viel Unverständnis ausgesetzt, weil man ihr Leid nicht erkennt.

Manchmal zeigen sie nur ganz subtile Symptome, etwa lediglich die verringerte Fähigkeit, sich den alltäglichen Aktivitäten zu stellen, oder eine erhöhte Ermüdbarkeit, die Verlangsamung des Denkens oder eine Hemmung der Funktion des Entschließens und Handelns. Aber diese Befunde gehören oft schon zum Autismus als solchem. Diese und ähnliche Symptome müssen daher im Vergleich zum sonstigen Befinden des jeweiligen Menschen beurteilt werden, sodass es für die exakte Diagnose hilfreich ist, den Betroffenen gut zu kennen und seine normalerweise bestehende Stimmungslage und den Antrieb beurteilen zu können. Diese manchmal nur sehr feinen Unterschiede machen die Diagnose einer Depression bei Menschen mit Autismus nicht selten zur besonderen Herausforderung. Es ist also sehr wichtig, bei entsprechender Symptomatik an eine Depression zu denken und einen Facharzt aufzusuchen. Eine Depression lässt sich auch bei Menschen mit Autismus gut behandeln und sollte auch behandelt werden.

Man hat herausgefunden, dass die depressive Symptomatik bei vielen Betroffenen im Zusammenhang steht mit der Schwierigkeit, Beziehungen zu ihren Mitmenschen aufzubauen. Sie erkranken häufig dann an einer Depression, wenn sie sich eine Freundschaft oder Partnerschaft wünschen, aber gleichzeitig die bestehenden Defizite im sozialen und kommunikativen Bereich erkennen.

Depressive Episoden hängen oft auch mit Problemen am Arbeitsplatz zusammen oder mit der Tatsache, dass sich autistische Menschen sehr fremd und anders als alle anderen fühlen. Sie können aber ihr »Anderssein« nicht einordnen und verzweifeln oft daran, dass sie nicht wissen, was mit ihnen los ist. Häufig geben sie sich über viele Jahre hinweg selbst die Schuld am ständigen Versagen im privaten oder im beruflichen Kontext und suchen oft verzweifelt nach ihrer Identität. Gleichzeitig beeinträchtigen Depressionen aber auch die Fähigkeit, einer regelmäßigen Arbeit nachzugehen, sodass hier ein Teufelskreis entsteht. Ein besseres Verständnis von Ärzten und Therapeuten, aber auch Arbeitgebern und Kollegen über das Vorliegen einer Autismus-Spektrum-Störung kann dazu beitragen, erfolgreich und befriedigend arbeiten zu können und auch die depressive Symptomatik zu verbessern (Gerhardt & Lanier 2011).

Depressive Phasen treten auch besonders oft in Zeiten des Umbruchs und Übergangs (Pubertät, Schule, Beruf etc.) sowie in Krisenzeiten auf. Das ist verständlich, wenn man bedenkt, dass Stress zu den häufigsten auslösenden Faktoren für das Entstehen einer Depression gehört und Menschen mit Autismus gleichzeitig meist stärkeren Stress empfinden als andere Menschen, insbesondere eben in unsicheren Lebenssituationen:

»Wenn ich auf mein Leben zurückblicke, halte ich es selten für ein glückliches Leben. Meine Kindheit war zwar insgesamt noch sehr unbeschwert, aber dennoch von vielen Ängsten und dem Gefühl geprägt, nicht hineinzupassen in diese Welt. Das verstärkte sich in der Pubertät. Ich entwickelte suizidale Gedanken« (E. Jovin, in: Preißmann 2015a, 48).

Auch schwere Traumatisierungen, also z. B. lange Mobbingerfahrungen oder der sexuelle Missbrauch, den nicht wenige autistische Menschen erleben müssen, stellen Risikofaktoren dar für depressive Erkrankungen.

Eigene Persönlichkeitsfaktoren wie Überordentlichkeit, Genauigkeit, zwanghafte Züge, Aufopferungsbereitschaft, niedriges Selbstwertgefühl, eine niedrige Frustrationstoleranz und die starke Abhängigkeit von anderen Menschen können ebenso das Auftreten von Depressionen begünstigen. Diese Eigenschaften finden sich sehr häufig bei Menschen mit Autismus.

Auch das Verhalten der Umwelt spielt eine Rolle, insbesondere die fehlende Anerkennung der eigenen Person, auch unabhängig von der eigenen Leistung.

Manchmal gelingt es mit einiger Erfahrung, allmählich die eigenen Risikofaktoren für das Auftreten depressiver Episoden ausfindig zu machen:

In meinem Leben sind schwere depressive Phasen vor allem dann auftreten, wenn ich meine Stabilität bedroht sehe, wenn es also sehr viele Veränderungen auf unterschiedlichen Gebieten gibt, manchmal auch schon dann, wenn ich das nur vermute oder befürchte. Ich hatte also eine sehr schwere depressive Episode in einer Zeit, als ich mir Sorgen machte um meine Arbeitsstelle einerseits und um die Gesundheit meiner Eltern auf der anderen Seite. Das waren die beiden Bereiche, die für mich die größte Stabilität in meinem Leben bedeuteten, deshalb konnte ich es gut nachvollziehen, dass das einfach zu viele Unsicherheiten waren. Es ist leichter, wenn ich weiß, woran es zu liegen scheint, dass ich depressiv werde, und da ich im Gegensatz zu früheren Zeiten nun den Beginn einer depressiven Phase eher merke, kann ich rechtzeitig beginnen, etwas zu unternehmen. Das kann dann so aussehen, dass meine Therapeutin und ich die Frequenz meiner psychotherapeutischen Behandlung erhöhen oder ich ein paar Tage Urlaub nehme, um ohne Druck und Stress langsam meine körperliche und psychische Belastbarkeit wieder zu erhöhen. Manchmal hilft mir das, und es war sehr wichtig für mich, solche Lösungen zu erarbeiten. Seither komme ich mit den Depressionen deutlich besser zurecht.

Auch bei Menschen mit Autismus aber zeigt sich eine Depression individuell ganz unterschiedlich, deshalb sind nicht alle therapeutischen Bemühungen bei jedem gleich gut geeignet. Die lange Zusammenarbeit mit einem Arzt bzw. Therapeuten, der seinen Patienten gut kennt, ist daher besonders in einer depressiven Phase sehr hilfreich.

Insgesamt muss man also speziell im Hinblick auf den Autismus berücksichtigen, dass

- sich eine Depression oft dann entwickelt, wenn zu viel verändert wird und dadurch die persönliche Stabilität und Sicherheit bedroht sind, aber auch in Zeiten von Einsamkeit und Zurückweisung,
- viele Persönlichkeitszüge autistischer Menschen eine Depression begünstigen, also v. a. überkorrekte, perfektionistische Eigenschaften, zwanghafte Strukturen, aber auch die oft bestehende Abhängigkeit von engen Bezugspersonen,
- viele Persönlichkeitszüge autistischer Menschen aber auch die Diagnose einer Depression erschweren (zurückhaltende, antriebsarme Wesenszüge, sparsamer Gebrauch von Mimik, Gestik und Körpersprache, sozialer Rückzug usw.),
- die Schwierigkeit, über das eigene Gefühlsleben zu reflektieren, die psychotherapeutische Behandlung erschwert und oft die Behandlungsdauer deutlich verlängert, weil diese Fähigkeit zumindest in Ansätzen mühsam erlernt werden muss,
- eine Depression aber auch bei Menschen mit Autismus behandelt werden kann und behandelt werden sollte. Besonderes Augenmerk muss man dabei auch darauf legen, Selbsttötungstendenzen rechtzeitig zu erkennen, da ein erhöhtes Risiko für einen Suizid besteht. Deshalb ist es wichtig, dieses Thema dem Betroffenen gegenüber immer anzusprechen, ihn also direkt nach lebensmüden Gedanken zu fragen. Dabei braucht man keine Angst zu haben, dass er dadurch erst auf diese Idee kommt, sondern in der Regel wird es als Entlastung erlebt, dass dieses Thema ganz selbstverständlich besprochen werden kann.

Möglichkeiten zur Vorbeugung

Schließlich stellt sich die Frage, ob und ggf. wie es möglich ist, Depressionen bei Menschen mit Autismus zu verhindern. Wenngleich das nicht in letzter Konsequenz gelingen wird, lässt sich mit geeigneten Maßnahmen die psychische Situation der Betroffenen aber doch deutlich verbessern:

- Unnötige Veränderungen im Lebensalltag sollten möglichst vermieden, zumindest aber rechtzeitig angekündigt und gut begleitet werden.
- Wichtig sind ausreichend Routinen und Rituale. Abweichungen von ritualisierten Abläufen erzeugen bei autistischen Menschen oft große Irritationen und Angst. So müssen z. B. bei vielen Betroffenen spätestens am Ende einer Arbeitsphase sämtliche Utensilien wieder die alte Position einnehmen, Bücher müssen zurückgestellt, Lesezeichen entfernt werden. Eingespielte und immer gleiche Tagesabläufe sind von großer Wichtigkeit. Manchmal werden über Jahre hinweg exakt die gleichen Speisen zu den jeweiligen Mahlzeiten eingenommen. Auch die Kleidung wird oft immer gleich ausgewählt und viele Jahre lang getragen. Viele dieser Routinen sind kein Problem, für andere lassen sich Kompromisse finden.
- Ein fester Rahmen schafft Sicherheit, Unregelmäßigkeiten führen dazu, dass Stress erlebt wird. Wichtig sind also klare Strukturen und feste Rahmenbedingungen im Alltag und am Arbeitsplatz. Veränderungen der gewohnten Abläufe stören die eigene Konzentration und lenken ab, und sie können durch den empfundenen psychosozialen Stress auch Risikofaktoren für die Entstehung von Depressionen sein.
- Wichtig sind kontinuierliche wohlwollende Ansprechpartner für Fragen und Schwierigkeiten aller Art, das können Eltern, Freunde, Betreuer, Therapeuten oder andere Menschen sein, denen man vertrauen kann und die man mag.
- Eine enge Begleitung v. a. in Krisensituationen ist wichtig.
- Hilfreich ist die Hilfe beim Umgang mit eigenen Emotionen und den Gefühlen anderer Menschen. Hier kann man durchaus auch Erfolge erzielen.

Eine Depression bei Menschen mit Autismus ist also im Hinblick auf Vorbeugung, Früherkennung, Diagnostik und Therapie eine ganz besondere Herausforderung. Aber langfristig kann es durchaus auch gelingen, gut damit umzugehen:

Wenn ich versuche, mich an meine frühe Kindheit zu erinnern, so muss ich feststellen, dass ich wohl schon depressiv auf die Welt gekommen sein muss.

Ich war immer extrem pessimistisch eingestellt und befürchtete stets die schlimmste aller Möglichkeiten. Ich klammerte mich an meine Mama, eher in Gedanken als tatsächlich körperlich, und hatte stets große Angst, dass ihr etwas zustoßen könnte.

In Kindergarten und Grundschule ging es mir noch verhältnismäßig gut. Ich war zwar extrem schüchtern und introvertiert und brauchte lange, um Vertrauen zu fassen. Dann aber ging es recht gut. Der Sprung aufs Gymnasium hingegen war ein gewaltiger. Nicht leistungsmäßig, aber sozial. Schnell wurde klar, dass ich anders war, ich wurde zum Gespött der Klasse, wurde ausgegrenzt und gemieden. Ich floh in eine Parallelwelt, in der alles in

Ordnung war und ich mich wohl fühlte, und ich erzählte zu Hause nichts von den Schwierigkeiten in der Schule. Jahrelang litt ich still vor mich hin.

Heute kämpfe ich mit einer chronischen Depression. Ich habe jede Menge Antidepressiva schon versucht, derzeit probieren mein Psychiater und ich ein ganz neues, das erst seit kurzem auf dem Markt ist. Ich bin guter Dinge.

Wenn ich überlege, was mir in schwierigen Zeiten hilft, fällt mir zuallererst das Wort »Struktur« ein. Ich benötige sie, um zu funktionieren. Ich stehe morgens auf, habe meine Abläufe und Rituale, gehe zur Arbeit und denke, dass ich sie recht gut erledige. Ich arbeite in einem sozialen Beruf mit behinderten Kindern. Das ist eines meiner Spezialinteressen, welches ich zu meinem Beruf gemacht habe.

In Zeiten, als es mir sehr schlecht ging, habe ich täglich eine »Sonne« gebraucht. Also etwas Schönes am Tag, worauf ich mich freuen konnte. Das konnten ein Therapietermin oder Arzttermin sein oder aber eine Verabredung. Heutzutage bin ich nicht mehr so abhängig von den »Sonnentagen« und bin sehr froh darüber. Ich würde sagen, dass ich mein Leben recht gut im Griff habe und eigentlich ganz zufrieden bin. Ich habe mich damit abgefunden, die Depression wohl nie ganz zu verlieren, aber ich habe gelernt, damit zu leben und gut damit umzugehen, und ich möchte anderen Menschen Mut machen. Chronische Depressionen sind nicht unbedingt eine Endstation oder Sackgasse. Man kann noch immer einen guten Weg einschlagen und ein schönes Leben führen. Der Weg wird vielleicht nicht immer problemlos verlaufen und es wird Stolpersteine geben, aber man darf sich nicht aufgeben und sollte lernen, nach vorn zu schauen.

Ich habe in meinem Leben viele Dinge, auf die ich mich freuen kann. Ich besuche eine Asperger-Therapie-Gruppe, habe zusätzlich Einzeltherapie und einen sehr kompetenten Psychiater, mit dem ich schon viel erlebt habe. Außerdem habe ich eine beste Freundin, die ich nicht missen möchte, meine zwei Katzen und meine Familie, die zu mir steht, sowie eine Arbeit, die mir Freude bereitet.

(Nina Schäfer)

Ängste und Angsterkrankungen

Angst ist das mit großem Abstand häufigste Gefühl, das Menschen mit Autismus bei sich wahrnehmen (u. a. Grandin 1997, Schuster 2007), und auch manifeste Angststörungen sind sehr viel häufiger als in der Allgemeinbevölkerung. In einer Untersuchung wurde bei 44 % der Befragten eine Phobie diagnostiziert (Leyfer 2006). Angsterkrankungen sind daher von außerordentlich großer Relevanz.

Angsterkrankungen – Allgemeines

Unter dem Oberbegriff Angst- und Panikstörung fasst man unterschiedliche Erkrankungen zusammen, die durch massive Angstreaktionen bei gleichzeitigem Fehlen akuter extremer Gefahren und Bedrohungen charakterisiert sind. Angststörungen haben häufig gravierende Folgen auch im sozialen Bereich und können zu ausgeprägter Behinderung und Isolation führen.

Etwa 15% aller Menschen erkranken mindestens einmal in ihrem Leben an einer Angststörung, Frauen sind deutlich häufiger betroffen als Männer, etwa ab dem 45. Lebensjahr nimmt die Häufigkeit für eine Angsterkrankung ab.

Angst kann sich ganz unterschiedlich bemerkbar machen als seelische wie auch als körperliche Symptomatik (z. B. Schwindel, Herzrasen, Magen-Darm-Beschwerden oder auch nur eine verringerte Belastbarkeit. Hinter solchen unspezifischen Klagen verbirgt sich nicht selten auch eine Angsterkrankung). Die Bedeutung von Angststörungen wird aber nicht nur an Art und Schwere der Symptomatik gemessen, vielmehr stehen oft die direkten oder indirekten Folgen im Vordergrund. Dabei spielt vor allem die »Angst vor der Angst« eine große Rolle, die zu ausgeprägtem Vermeidungsverhalten führen kann und damit im sozialen Bereich bis hin zur sozialen Isolierung. Die Beeinträchtigung durch eine Angsterkrankung kann sehr groß sein, wenn der Auslöser häufig vorkommt und nicht vermieden werden kann.

Schwierig bei der Diagnostik ist die Tatsache, dass Angst als Symptom auch bei vielen anderen psychischen und körperlichen Erkrankungen auftritt, insbesondere bei depressiven Störungen, und auch die Abgrenzung zu »normaler« Angst oft nicht leicht ist.

Die Behandlung von Angsterkrankungen ist meist aufwändig und langwierig und erfordert in erster Linie die Motivation des Patienten, sich der Behandlung zu stellen.

Oft ist es sinnvoll, pharmakologische (z. B. Antidepressiva) und psychotherapeutische Strategien zu kombinieren. Ein wohlwollend-verständnisvolles stützendes Gespräch ist der erste Schritt. Die Klagen müssen ernst genommen werden, man muss dem Patienten vermitteln, dass seine Beschwerden nicht »eingebildet« sind.

Verhaltenstherapeutische Verfahren sind sehr wirksam, meist werden dabei die systematische Desensibilisierung und Expositionstechniken eingesetzt. Der Patient soll dafür seine Ängste hierarchisch gliedern, also von nur leicht angstbesetzten Reizen bis hin zum maximal angstauslösenden Stimulus (z. B. bei Angst, mit dem Fahrstuhl zu fahren, zunächst die Vorstellung an dieses Ereignis, dann das Annähern, Aufsuchen und Betreten des Fahrstuhls und schließlich die eigentliche Fahrt). Im Zustand der Entspannung wird der Patient dann zunächst nur in der Vorstellung, später auch in der Realität nacheinander mit diesen Auslösern konfrontiert. Im optimalen Fall wird auch bei stark ausgeprägter Angst durch einen Verbleib in der Situation die Symptomatik allmählich abklingen.

Die wesentliche Grundlage für diese verhaltenstherapeutischen Maßnahmen bilden Entspannungsverfahren. Man hat festgestellt, dass der Zustand der Entspannung weitgehend das Erleben von Angst ausschließt. Es folgt dann also auf den sonst Angst auslösenden Reiz keine Angstreaktion.

Wichtig sind daneben auch soziotherapeutische Strategien, die vor allem die soziale Isolation vermindern sollen (z. B. Gruppentherapien, evtl. berufliche Wiedereingliederung).

Formen von Angsterkrankungen

Man unterscheidet zwischen Panikstörung, generalisierter Angststörung und phobischen Störungen, die wiederum unterteilt werden in Agoraphobie, soziale und isolierte (spezifische) Phobien:

Bei der **Agoraphobie** (»**Platzangst**«) besteht eine große Angst, sich in Situationen oder an Orten (außerhalb der gewohnten Umgebung) zu befinden, in denen beim plötzlichen Auftreten von hilflos machenden oder peinlichen Symptomen eine Flucht nur schwer möglich oder aber keine Hilfe verfügbar wäre: in Menschenmengen, an öffentlichen Plätzen, auf Reisen und bei größeren Entfernungen von zu Hause etc.

Hauptmerkmal der **spezifischen Phobie** ist die anhaltende Angst vor einem bestimmten Objekt oder einer umschriebenen Situation. Am häufigsten sind: Angst

- vor Tieren (Zoophobie), besonders vor Hunden, Schlangen, Insekten oder Mäusen,
- beim Anblick von Blut, der über einen entsprechenden Reflex auch zu einer Verringerung der Herzfrequenz und zur Ohnmacht führen kann,
- beim Aufenthalt in geschlossenen Räumen (Klaustrophobie),
- beim Aufenthalt in großer Höhe,
- vor dem Fliegen,
- vor Ansteckung mit einer schweren Erkrankung (z. B. »AIDS-Phobie« als eine ausgeprägte Angst, sich mit HIV zu infizieren).

Die phobischen Objekte können im Laufe der Zeit auch wechseln. Während Tierphobien fast immer in der Kindheit beginnen, können die anderen Phobien auch noch im mittleren Erwachsenenalter auftreten. Häufig lassen sich die Angst auslösenden Objekte recht gut vermeiden und die Beeinträchtigungen somit über lange Zeit hinweg vor der Umgebung verbergen. Auch kann es manchmal gelingen, im Sinne einer Selbstbehandlung zu trainieren, sich also gezielt so lange den ängstigenden Faktoren auszusetzen, bis die Symptomatik allmählich abnimmt.

Die **soziale Phobie** ist eine anhaltende Angst vor Situationen, in denen die betroffene Person im Mittelpunkt der Aufmerksamkeit anderer steht. Die Angst wird auch selbst als übertrieben oder unvernünftig empfunden und führt in der Regel zu Vermeidungsverhalten, aber oft auch zu erheblichem Leidensdruck. Es bestehen folgende Charakteristika:

- Die soziale Phobie tritt vor allem dann auf, wenn man sich der prüfenden Beobachtung durch andere Menschen ausgesetzt sieht (z. B. bei der Notwendigkeit, in der Öffentlichkeit zu sprechen).
- Es besteht dann oft große Angst, etwas Lächerliches zu sagen oder gar nicht antworten zu können.

- Soziale Phobien sind häufig mit einem insgesamt niedrigen Selbstwertgefühl und Furcht vor jeder Art von Kritik verbunden.
- Typische Angstsymptome sind unter anderem Erröten, Händezittern, Übelkeit, Harndrang und das Vermeiden von Blickkontakt.
- In mehr als zwei Drittel der Fälle kommt es gleichzeitig zum Auftreten von weiteren psychischen Auffälligkeiten wie depressiven Störungen oder Abhängigkeitserkrankungen (in Form von Alkohol oder angstlösenden Medikamenten, die teils ein sehr hohes Abhängigkeitspotenzial haben).

Bei der **Panikstörung** bestehen folgende Charakteristika:

- Es handelt sich um eine ohne sichtbaren Anlass entstehende ausgeprägte Angst in Form von Panikattacken (das sind anfallsweise auftretende Angstattacken mit ausgeprägten körperlichen Symptomen wie Schwitzen, Herzrasen, Beklemmungsgefühl, Zittern, Benommenheit, Brustschmerzen, Atemnot, Kribbeln in den Händen bis hin zu der Angst, sterben zu müssen).
- Aufgrund der heftigen Symptomatik entwickelt sich schnell eine Erwartungsangst (»Angst vor der Angst«).
- Eine Panikattacke dauert meist zwischen 10 und 30 Minuten, sie kann aber auch einige Stunden andauern.
- Manchmal ist eine tatsächliche Herzerkrankung bei einem nahen Angehörigen der Auslöser für eine solche Angststörung. Für solche Mechanismen sind auch autistische Menschen, die meist nur sehr wenige Bezugspersonen haben, besonders anfällig.

Anfällig sind sie außerdem auch für eine **generalisierte Angststörung**, also eine lang anhaltende Angst, die nicht auf bestimmte Situationen und Objekte begrenzt ist. Dabei bestehen unrealistische oder übertriebene Befürchtungen bezüglich allgemeiner oder besonderer Lebensumstände, also z. B. die Sorge darüber, dass dem eigenen Kind, das sich real nicht in Gefahr befindet, etwas zustoßen könnte, oder grundlose Geldsorgen. Manchmal schwankt die Angst im Laufe der Zeit in ihrer Intensität.

Angst bei Menschen mit Autismus

Bei Menschen mit Autismus kann jede Form der Angststörung auftreten. Oft handelt es sich um phobische Ängste vor bestimmten Gegenständen oder Situationen im Sinne einer spezifischen Phobie bzw. einer sozialen Phobie, also um Angst, Unsicherheit und Verlegenheit in sozialen Situationen, dabei häufig um die Angst, abgewiesen, kritisiert oder verspottet zu werden. Viele entsprechende Erfahrungen in der Kindheit tragen zur Aufrechterhaltung dieser Ängste bei. Die soziale Phobie ist (insbesondere bei Mädchen) nicht selten auch eine wichtige Differenzialdiagnose; häufig wird die autistische Problematik nicht erkannt, weil die Angst ganz im Vordergrund steht:

Ich hatte Angst in Aufzügen, Menschenmengen usw. Die Angstsymptome begleiteten mein Leben. Meine Therapeutin versuchte, mich zu beruhigen. Es war sinnlos. Ich brach die Therapie ab. Viele Jahre später versuchte ich noch einmal eine Psychotherapie. Diese Therapeutin behandelte mich auf soziale Phobie und wir suchten beide intensiv nach Vorfällen in meiner Kindheit, die mich traumatisiert haben könnten. Erst, als sie aufgab und ich zufällig auf Asperger-Autismus kam, wurde mir klar, dass es für meine Ängste keinen äußeren Auslöser gab.
(Ilona Mennerich)

Leyfer (2006) fand in einer Untersuchung bei Menschen mit Autismus am häufigsten Ängste, die sich auf Menschenmengen, Injektionsnadeln oder laute Geräusche bezogen. Das Angstniveau ist dabei beim Asperger-Syndrom höher als bei den anderen Autismusformen, nimmt mit steigender Intelligenz zu und geht bei stärkerer Ausprägung häufiger einher mit psychotischen Symptomen (Weisbrot 2005).

Eine verhaltenstherapeutische Maßnahme im Sinne einer Desensibilisierung ist bei Menschen mit Autismus oft allein nicht wirksam, sodass es wichtig ist, sie mit einer autismusspezifischen Therapie zu kombinieren, die ganz gezielt auch die spezifischen Besonderheiten berücksichtigt. Begleitend können auch Medikamente versucht werden (insbesondere Citalopram bzw. Buspiron, vgl. Vasa 2014).

Eine Angststörung gegen Ende meines Studiums war für mich damals der Auslöser dafür, eine Psychotherapie zu beginnen. Das war mein großes Glück, denn natürlich versucht man vorher einiges an Behandlungsmöglichkeiten und wird ziemlich verzweifelt, wenn diese nicht greifen. Ich litt unter häufigen Panikattacken im Zug auf dem Weg zur Uni und habe mich nach einiger Zeit aus Angst vor erneuten Angstattacken kaum mehr getraut, dorthin zu fahren. Ich hatte meist dann Probleme, wenn ich unter vielen Menschen war. Aber ich hatte Glück, dass meine Therapeutin die Symptome richtig deutete und mir effektiv auch im Hinblick auf meine Grundproblematik helfen konnte.

Zwänge, Zwangsstörungen, zwanghaftes Verhalten

Zwangsstörungen – Allgemeines

Als Zwangsstörungen werden Krankheiten bezeichnet, bei denen Zwangsgedanken, Zwangsimpulse und/oder Zwangshandlungen im Vordergrund stehen. Unter der Bezeichnung Zwang fasst man Vorstellungen, Handlungsimpulse und Handlungen zusammen, die sich stereotyp wiederholen, die sich einem Menschen aufdrängen und gegen deren Auftreten er sich vergeblich wehrt. Zwangserscheinungen werden von dem Betroffenen als unsinnig und manchmal auch als bedrohlich erlebt und lassen sich nicht durch Ablenkung oder ähnliche Strategien vermeiden.

Zwangssymptome können im Rahmen anderer psychischer Erkrankungen vorkommen (z. B. bei Psychosen), aber auch bei gesunden Menschen findet man immer wieder zwangsähnliche Phänomene. Beispiele dafür sind das gedankliche Beharren auf einzelnen Worten, Sätzen oder Melodien. Auch das strikte Bedürfnis nach Aufrechterhaltung einer bestimmten Ordnung oder nach bestimmter Sauberkeit kann zwanghaften Charakter annehmen. Krankhafte Zwangsphänomene dagegen beeinträchtigen einen Patienten in seinem gesamten Denken, Handeln und sozialen Verhalten und können große Teile des Tagesablaufs in Anspruch nehmen. Auch kann es zu sozialer Isolierung kommen.

Zwangshandlungen sind ein Versuch, angstbesetzte Situationen oder Befürchtungen zu bewältigen. Hat eine solche Handlung zunächst Erfolg und reduziert die Angst vorübergehend, so kann sie sich im weiteren Verlauf ausbreiten und verselbstständigen. Die Handlung tritt dann praktisch an die Stelle der Angst, und beim Versuch, sie zu unterlassen, tritt wiederum starke Angst auf.

Die häufigste Zwangshandlung ist der Kontrollzwang. Meistens genügt es dabei nicht, beispielsweise beim Verlassen des Hauses ein- oder zweimal zu kontrollieren, ob die Türe auch wirklich abgeschlossen ist, sondern dies muss dann vielleicht dreißig Mal wiederholt werden. Der Patient ist sich dabei durchaus bewusst, dass die Türe verschlossen ist. Wenn er aber versucht, sich dem Handlungsimpuls zu widersetzen, erlebt er starke innere Anspannung und Angst.

Neben dem Kontrollzwang können auch Zwänge bezüglich Waschen bzw. Säubern, Nachfragen bzw. Beichten, Symmetrie und Ordnung, Zählen, Horten und Sammeln oder auch andere Handlungen auftreten.

Der Therapieerfolg besteht meist nicht in einem völligen Verschwinden der Zwangssymptome, sondern vielmehr in einer besseren Kontrolle derselben, sodass der Patient wieder in der gewohnten Weise am normalen Leben teilnehmen kann. Dafür können Medikamente (v. a. Antidepressiva) und psychotherapeutische Maßnahmen (v. a. Verhaltenstherapie) eingesetzt werden.

Zwangsphänomene bei Menschen mit Autismus

Zwangssymptome können über das gesamte autistische Spektrum hinweg auftreten. Sie sind häufig und können durchaus eine eigene Zusatzdiagnose darstellen (Noterdaeme 2015, Leyfer 2006). Neben den üblichen Ausprägungsformen können Menschen mit Autismus auch ein ungewöhnliches Zwangsverhalten ausbilden. Beispiele sind etwa das Bedürfnis, den Teller stets ganz sauber auskratzen zu müssen, oder der Zwang, bei einem Fernseher immer dieselben Sender in derselben Reihenfolge einschalten zu müssen. Bei hochfunktionalem Autismus können die Zwangshandlungen aber auch deutlich komplexere Formen annehmen. Bücher werden dann z. B. gleich arrangiert, der Tisch wird auf eine bestimmte Weise gedeckt, es müssen komplizierte Essgewohnheiten eingehalten werden. Bei Menschen mit Asperger-Syndrom ist das Zwangsverhalten oft eher geistiger Natur und findet hauptsächlich seinen Ausdruck in Spezialinteressen (Joergensen 2002).

Auffallend bei Menschen mit Autismus ist jedoch die große Zufriedenheit, die die Betroffenen empfinden, wenn sie diesem ihrem Interesse nachgehen können. Normalerweise werden Zwangshandlungen ja definitionsgemäß als unsinnig empfunden. Autistische Menschen dagegen genießen ihre Zwänge und Routinen, ja, sie profitieren sogar davon, weil sie dadurch Entspannung und Stressreduktion erfahren. Diese subjektive Zufriedenheit stellt ein wichtiges Unterscheidungskriterium zu einer Zwangsstörung im eigentlichen Sinne dar, man sollte daher bei autistischen Menschen eher von zwanghaften Verhaltensweisen oder zwanghaften Strukturen (bzw. bei entsprechender Ausprägung von einer zwanghaften Persönlichkeitsstörung) sprechen, um den Unterschied zu verdeutlichen.

Psychosen

Psychosen – Allgemeines

Eine Psychose ist eine Erkrankung, die mit einem zeitweiligen Verlust des Realitätsbezugs einhergeht. Mögliche Ursachen sind Stress, körperliche (Erkrankungen, Verletzungen, Medikamente, Drogen etc.) und viele andere Faktoren, auch besteht eine deutliche familiäre Häufung. Es kommt dann zu Wahnvorstellungen oder Halluzinationen, am häufigsten sind akustische Halluzinationen z. B. in Form von Befehle erteilenden, schimpfenden oder Handlungen kommentierenden Stimmen. Die Häufigkeit von Psychosen liegt bei etwa 1 %.

Psychosen bei Menschen mit Autismus

Vor allem bei Menschen mit Asperger-Syndrom kann es auch gelegentlich zu Symptomen einer Psychose kommen. Auch das sind Hinweise auf den großen Stress und die starke Anspannung, der vor allem hochfunktionale Betroffene ausgesetzt sind, die an den Anforderungen der Normalität gemessen werden. Der Wahn äußert sich bei autistischen Menschen oft als Wahnwahrnehmung, also als Verkennung oder Fehlinterpretation der Umwelt.

Beim Autismus und bei psychotischen Erkrankungen finden sich manchmal ähnliche Funktionsdefizite auf der neuropsychologischen Ebene (vgl. Bölte et al. 2000), insbesondere Defizite im Bereich der exekutiven Funktionen (der Fähigkeit zur gezielten, abgestuften Handlungsplanung) und der Theory of Mind, es gibt also durchaus Überlappungen. Bei entsprechender Erfahrung lassen sich jedoch beide Bilder in der Regel zuverlässig voneinander abgrenzen. Früher dagegen nahm man einen deutlichen Zusammenhang an zwischen Autismus und Schizophrenie.

Manchmal ist im Rahmen von Psychosen, bei paranoiden Ängsten oder auch bei schweren, wahnhaft gefärbten Depressionen der Einsatz von Neuroleptika notwendig. Besonders oft kommen bei autistischen Menschen Risperidon und Quetiapin zum Einsatz. Sie wirken nicht nur zuverlässig gegen Psychosen, sondern können auch eine Unterstützung sein bei schweren (Auto-) Aggressionen oder anderen auch subjektiv belastenden Verhaltensstörungen. Manchmal werden sie aber zu großzügig eingesetzt, um einen Menschen einfach nur »ruhigzustellen« und ihn »pflegeleichter« zu machen.

Psychotherapeutische Maßnahmen beschränken sich bei akut psychotischen Patienten meist auf eine supportive Therapie. Es geht darum, dem Patienten in realistischer Weise Mut und Hoffnung zu vermitteln. Auch Informationen über die Erkrankung und über Behandlungsmöglichkeiten sowie Hilfe bei den alltäglichen Anforderungen sind wichtig.

Schlafstörungen

Schlafstörungen – Allgemeines

Schlafstörungen gehören auch in der Normalbevölkerung zu den häufigsten Beschwerden beim Arztbesuch, sie sind also ein weit verbreitetes Problem. Im Kindesalter nehmen bei typischer Entwicklung die Auffälligkeiten bis zum Schulbeginn deutlich ab:

- bei Kindern unter 2 Jahren liegen in 30 % Schlafstörungen vor,
- im Alter von 2 bis 3 Jahren sind noch 23 % der Kinder betroffen und
- mit 4 bis 6 Jahren haben 14 % der Kinder Schlafstörungen (Ottaviano et al. 1996).

Man unterscheidet dabei Ein- und Durchschlafstörungen und Störungen des Tag-Nacht-Rhythmus.

Das Schlafbedürfnis ist individuell jedoch ganz unterschiedlich. Manche Menschen kommen mit vier oder fünf Stunden täglich aus, andere brauchen mehr als acht Stunden Schlaf, um leistungsfähig zu sein. Und mit zunehmendem Lebensalter ändert sich das Schlafprofil nochmals.

Der Schlaf-Wach-Rhythmus ist gesteuert durch Dunkelheit und Licht und auf die Dauer von 24 Stunden ausgelegt. Er ist wichtig für unterschiedliche Funktionen des Körpers:

- Entwicklung des Gehirns,
- Gedächtnis und Lernen,
- ausgeglichene Stimmung,
- gesundes Immunsystem,
- Ausschüttung der Hormone etc.

Ein gestörtes Schlafverhalten führt zu (vgl. Paavonen et al. 2000)

- Schläfrigkeit tagsüber,
- Hyperaktivität,
- Reizbarkeit und Depressivität,
- Angstzuständen,
- Störungen der Gedächtnisleistung und der Aufmerksamkeit,
- Störungen in der Kommunikation,
- geringerer kognitiver Flexibilität.

Es bestehen aber auch Auswirkung auf die Lebensqualität der gesamten Familie mit Paarproblemen, Arbeitsplatzverlust, einem erhöhten Risiko für Misshandlungen, Schlaflosigkeit auch der Eltern und Depressionen aller Beteiligten.

Schlafstörungen bei Menschen mit Autismus

Bei über 50 % der Kinder mit Autismus sind nahezu durchgehend Schlafstörungen vorhanden (Melke et al. 2008), besonders relevant ist hier eine Störung des Schlaf-Wach-Rhythmus infolge einer sehr niedrigen nächtlichen Melatoninsekretion im Urin, die nur etwa bei der Hälfte der Kontrollgruppe liegt und die negativ korreliert mit dem Schweregrad des Autismus (gemäß ADI-R; vgl. Schröder 2016, Melke et al. 2008). Dazu passt die Hypothese, dass bei Menschen mit Asperger-Syndrom der Schlafrhythmus und die Schlafarchitektur gestört sind. Man hat nämlich bei ihnen zahlreiche Auffälligkeiten in der Schlafcharakteristik festgestellt, etwa eine Reduktion der Schlafzeit im ersten Drittel der Nacht und das vermehrte Auftreten von REM-Phasen, die zugleich häufiger unterbrochen wurden als bei anderen Menschen (Godbout et al. 2000).

Schlafstörungen bei Menschen mit Autismus neigen zur Chronifizierung, falls sie unbehandelt bleiben. Meist aber können sie behandelt werden, ihre negativen Auswirkungen sind reversibel (Schröder 2016), und eine Behandlung der Schlafprobleme von Menschen mit Autismus lindert oft auch das als problematisch empfundene Verhalten (Cohen et al. 2014).

Ursachen und Behandlung

Die möglichen Ursachen von Schlafstörungen sind sehr vielfältig und reichen von situativen Faktoren über psychiatrische und neurologische Erkrankungen bis hin zu internistischen und anderen organischen Ursachen. Bei jüngeren Menschen liegen meist psychosoziale Belastungen vor, bei älteren treten organische Ursachen in den Vordergrund.

Bei den nicht-organisch bedingten Schlafstörungen spielen ursächlich eine erhöhte Angespanntheit (»Nicht-abschalten-Können«), schlafbehindernde Gedanken oder ungünstige Gewohnheiten (zu frühes Zubettgehen, zu späte üppige Mahlzeiten etc.) eine wichtige Rolle, außerdem emotionale Belastungen und Stresssituationen.

Nach dem Ausschluss organischer Ursachen sollten primär die Aufklärung über die Grundlagen des Schlafes und eine Beratung über die Schlafhygiene erfolgen. Vor allem im Heimbereich ist es ein häufiges Problem, dass die Bewohner zu früh schlafen gehen. Bei Zubettgehen um 20 Uhr und Wachliegen ab drei Uhr liegt dann aber eben keine Schlafstörung vor.

Viele verschiedene Schlafhilfen sind möglich, z. B.:

- Beseitigung von Lärm oder anderen schlafstörenden Faktoren,
- Schaffung eines optimalen Klimas (Schlafzimmertemperatur von 16–18 Grad),
- bequemes, passendes Bett mit guter Matratze,
- wenn man Schlafprobleme hat, sollte man sich wirklich nur zum Schlafen ins Bett legen, um die Konditionierung »Bett = Schlaf« nicht zu löschen. Kann man dann nicht einschlafen, so sollte man nicht passiv im Bett liegen bleiben, sondern möglichst aufstehen und sich aktiv beschäftigen, auf dem Sofa etwas lesen etc.,
- außerdem ist es sinnvoll, den Tag »ausklingen« zu lassen, also die Umschaltung von Spannung auf Entspannung zu ermöglichen. Dazu gehört es z. B., sich zumindest die letzte Stunde vor dem Zu-Bett-Gehen Zeit zu nehmen für entspannende Aktivitäten und nicht bis zur letzten Minute aufregende oder anstrengende Dinge zu tun (kein anstrengender Sport kurz vor dem Schlafengehen!),
- kein später Mittagsschlaf bei Schlafstörungen,
- ausgewogene, regelmäßige Nahrung, keine schweren Abendmahlzeiten,
- positive Rituale am Abend (»Gute-Nacht-Geschichte«; heiße Milch etc.),
- stets gleiche Abläufe beim Zubettgehen als Rituale,
- verhaltenstherapeutische Maßnahmen,
- Verkürzung der Schlafzeit; nicht alle Menschen brauchen gleich viel Schlaf,
- Entspannungsverfahren, beruhigende Bäderzusätze, Düfte, Tees etc.

Falls die Allgemeinmaßnahmen alleine nicht weiterhelfen, kann als nächster Schritt die Gabe von Melatonin oder schließlich anderen pharmakologischen Maßnahmen überlegt werden.

Melatonin wirkt dabei auf verschiedenen Wegen:

- es wirkt »einschläfernd« und kann somit den Schlaf induzieren,
- es erweitert die kleinen Kapillaren, z. B. in den Fingern, was zu einem angenehmen Wärmegefühl führt, das beim Einschlafen hilft,
- es normalisiert den »Schlaf-Wach-Rhythmus« durch eine Phasenvorverschiebung der biologischen Uhr. Das kann für Menschen mit Autismus günstig sein, da bei ihnen oft eine Verschiebung des Tagesrhythmus nach hinten, also in die Nachtstunden hinein, vorliegt.

Die weitere medikamentöse Schlafanstoßung erzielt man häufig mit solchen Präparaten, die nicht für diesen Zweck entwickelt wurden, man nutzt also deren Nebenwirkungen sinnvoll aus. Schlaffördernde Medikamente sind daher oft aus der Klasse der Antidepressiva, das kann günstig sein, wenn begleitend eine depressive

Verstimmung vorliegt. Auch beruhigende Neuroleptika kommen zur Anwendung. Beide Substanzklassen führen nicht zu einer körperlichen Abhängigkeit, die Wirksamkeit bezüglich der Schlafförderung kann aber im Verlauf nachlassen. Deshalb sollte die Einnahme möglichst zeitlich befristet sein und nur bei Bedarf, also nicht täglich, erfolgen. Und auch im Fall einer Pharmakotherapie sind begleitend die allgemeinen nicht-medikamentösen Maßnahmen wichtig.

Essstörungen

Essstörungen – Allgemeines

Essstörungen sind durch eine intensive Furcht vor dem Dickwerden, ein verändertes Essverhalten und eine Störung der Körperwahrnehmung charakterisiert.

Bei der Anorexia nervosa (Magersucht) kommt es zu erheblichem Gewichtsverlust mit den typischen Symptomen wie Müdigkeit, verstärkter Kälteempfindlichkeit, Haarausfall und Amenorrhoe, also dem Stoppen der Menstruation. Auch besteht oft eine gefährliche Verschiebung der Blutsalze, besonders das Kalium ist häufig vermindert, was bis hin zu lebensbedrohlichen Herzrhythmusstörungen führen kann.

Bei der Bulimia nervosa (Ess-Brech-Sucht) bestehen Heißhungerattacken mit anschließend selbst induziertem Erbrechen. Häufig sind sekundäre körperliche Veränderungen insbesondere im Bereich der Speiseröhre und der Mundhöhle die Folge (Ösophagitis, Zahnschäden etc.).

Die sozialmedizinisch bedeutsamste Form ist die krankhafte Überernährung (Adipositas). Sie wird in der Regel nicht als primär psychische Störung betrachtet, es gibt jedoch Hinweise darauf, dass der psychische Prozess, der das Entstehen von Adipositas begünstigt, dem psychischen Prozess bei Anorexie und Bulimie zumindest ähnlich ist.

Essstörungen finden sich am häufigsten bei jungen Frauen, nur etwa 10 bis 15 % der Betroffenen sind Männer. Es besteht eine hohe Dunkelziffer, da die Erkrankungen oft lange vor dem Umfeld verborgen werden können.

Häufig sind Frauen betroffen, die in einem überbehütenden Umfeld aufwachsen, die Konflikte eher vermeiden und nur geringe Konfliktlösefähigkeiten haben. Viele Patienten mit Essstörungen haben während ihrer Entwicklung Schwierigkeiten mit der Identitätsfindung und entwickeln nur unzureichende Fähigkeiten im Hinblick auf lebenspraktische Anforderungen. Oft bestehen ein starkes Gefühl der eigenen Insuffizienz sowie Schwierigkeiten bei zwischenmenschlichen Beziehungen und eine mangelnde Fähigkeit, das eigene Befinden wahrzunehmen. Auch liegt fast immer eine Störung in der Körperwahrnehmung vor, die meisten Patienten mit Essstörungen überschätzen ihren Körperumfang und fühlen sich deutlich zu dick. Sie kontrollieren sehr oft ihr Gewicht.

An die körperliche Stabilisierung sollte sich in der Regel eine langfristige Psychotherapie anschließen. Begleitend können Medikamente wie Antidepressiva oder Neuroleptika eingesetzt werden. Die Behandlung wird beeinträchtigt durch die meist sehr schlechte Mitarbeit der Patienten, die sich in der Regel nicht für krank halten.

Essstörungen bei Menschen mit Autismus

Bei der Beschreibung der Patienten findet man typischerweise junge autistische Menschen wieder, und es ist tatsächlich so, dass nicht wenige von ihnen unter einer Essstörung leiden, insbesondere spielt das Untergewicht eine große Rolle, ohne dass jedoch in der Regel eine Anorexie im eigentlichen Sinne festgestellt werden kann (Bölte et al. 2000b). Generell scheint das Thema Essstörungen bei Menschen mit Autismus außerordentlich relevant. Während in der Kindheit und im Jugendalter viele Betroffene deutlich untergewichtig sind, finden sich im Erwachsenenalter aber auch zahlreiche zu korpulente Betroffene.

Die Ablehnung der weiblichen Entwicklung hin zur Frau spielt bei vielen autistischen Frauen durchaus eine Rolle (vgl. Preißmann 2013c). Aber auch die Wahrnehmungsbesonderheiten sind im Hinblick auf die Nahrungsaufnahme wichtig (s. o.).

Reaktionen auf schwere Belastungen/Anpassungsstörungen

Belastungsreaktionen – Allgemeines

Es handelt sich hierbei um klinisch sehr unterschiedliche Erscheinungsbilder, die als Reaktionen auf bestimmte Belastungsfaktoren im psychischen oder sozialen Bereich auftreten. Je nach Art und Schwere einer Belastungssituation entwickeln auch sonst völlig gesunde Menschen reaktive Veränderungen im Gefühls- oder Verhaltensbereich. Solche Reaktionen sind oft sogar eine adäquate Form der Verarbeitung (z. B. Trauerreaktion).

Anpassungsstörungen umfassen verschiedene körperliche und seelische Symptome, die über eine normale und zu erwartende Reaktion auf die bestehende Belastung hinausgehen und die sich in der Regel auf die Leistungsfähigkeit in Schule bzw. Beruf sowie auf soziale Beziehungen auswirken. Typische Symptome sind Depression, Angst, Verzweiflung, Reizbarkeit, körperliche Überaktivität, Erregung oder Schlafstörungen. Diese Symptomatik ist jedoch individuell sehr unterschiedlich ausgeprägt, dasselbe traumatisierende Ereignis führt also bei verschiedenen Menschen zu ganz unterschiedlichem Erleben und zu unterschiedlichen Verhaltensweisen.

Typischerweise kommt es unmittelbar nach einem massiv traumatisierenden Ereignis zunächst zu einer Art »Betäubung« mit Bewusstseinseinengung, eingeschränkter Aufmerksamkeit, einer Unfähigkeit, Reize zu verarbeiten, und zu Desorientiertheit, in der Folge dann zur beschriebenen Symptomatik, die auch wechseln kann. Parallel treten vegetative Zeichen der Angst auf wie Schwitzen oder Herzrasen. Man spricht ja umgangssprachlich auch von einem »Nervenzusammenbruch«.

Normalerweise klingt dieses Stadium nach einigen Stunden bis Tagen weitgehend ab. Bei längerem Anhalten der depressiven Symptomatik und Beeinträchtigung der bestehenden sozialen Beziehungen spricht man je nach Dauer der Beschwerden von Anpassungsstörung oder posttraumatischer Belastungsstörung, die den betroffenen Menschen für eine Vielzahl anderer psychischer Störungen anfällig machen (Depressionen, Angststörungen, Abhängigkeitserkrankungen etc.).

Belastungsreaktionen bei Menschen mit Autismus

Menschen mit Autismus leiden oft erheblich länger als andere Menschen unter einschneidenden Erlebnissen oder Lebensveränderungen. Immer wieder wird das Erlebte ins Gedächtnis zurückgerufen, sodass eine dauernde Retraumatisierung entsteht. Der Faktor Zeit scheint bei Menschen mit Autismus nach einschneidenden Lebensereignissen keine so große Rolle zu spielen wie bei anderen Menschen (»Die Zeit heilt alle Wunden«): Sie empfinden auch lange zurückliegende Ereignisse als emotional genauso bedeutsam wie solche aus der jüngeren Vergangenheit. Vermutlich auch deshalb erleben sie Gespräche als Hilfe zur Verarbeitung emotionaler Situationen der Lebensgeschichte als nicht so sinnvoll und hilfreich wie andere Menschen. Möglicherweise muss man daher die psychotherapeutische Bearbeitung belastender Lebensereignisse bei Menschen mit Autismus modifizieren (Riedel et al. 2015).

Außerdem können auch solche Ereignisse, die bei anderen keine solch schwere Reaktion hervorrufen würden, bei autistischen Menschen eine Krise auslösen.

Und schließlich müssen viele Betroffene in ihrem Leben Erfahrungen von Mobbing, Misshandlung und Missbrauch machen, die durchaus auch eine posttraumatische Belastungsstörung auslösen können.

Dieses Erkrankungsbild ist also durchaus relevant bei der Arbeit mit Menschen mit Autismus.

Die beruhigende und unterstützende Begleitung steht vor allem bei akuten Formen ganz im Vordergrund. Diese Krisenintervention soll eine emotionale Entlastung erzielen. Die komplexe Symptomatik einer posttraumatischen Belastungsstörung erfordert meist eine langjährige Behandlung, zusätzlich zu psychotherapeutischen Maßnahmen werden oft beruhigende Medikamente aus verschiedenen Substanzklassen eingesetzt.

Ein ganz wesentlicher Aspekt scheint bei Menschen mit Autismus vor allem auch das Schreiben zu sein. Viele Betroffene können sich schriftlich sehr gut ausdrücken und beschreiben immer wieder, wie sehr es ihnen hilft, auf diese Weise ihre Gedanken an schwierige Erfahrungen und Erlebnisse mitteilen zu können:

»Man sollte autistische Menschen, wenn es eben geht, zum Schreiben bringen. Schreibend lassen sich nämlich die chaotischen Wahrnehmungen bewältigen« (Zöller 2006, 80).

Sucht-/Abhängigkeitserkrankungen

Abhängigkeitserkrankungen können Menschen mit Autismus in mehrfacher Hinsicht betreffen und sollen deshalb hier besprochen werden, wenngleich sie nicht ausgesprochen häufig als komorbide Störungen auftreten.

Stoffgebundene Sucht

Cannabis, Amphetamine und Alkohol sind die häufigsten Substanzen, die bei Abhängigkeitserkrankungen von Menschen mit Autismus anzutreffen sind.

Sie greifen zu diesen Substanzen bei aktuellen Belastungen und Stress, aber auch die Einsamkeit ist oft ein wichtiger Auslöser für einen Konsum, die Droge wird dann als »Problemlöser« zur Entspannung und Erleichterung eingesetzt. Besonders gefährdet scheinen diejenigen Betroffenen zu sein, die weitgehend eigenständig alleine leben, eine allenfalls leichte Intelligenzminderung haben, häufig oder lange arbeitslos sind, ein Leben am Existenzminimum führen und eine zusätzliche psychische Erkrankung haben (z. B. Depression; vgl. Theunissen 2004). Aber auch Menschen mit Asperger-Syndrom haben ein erhöhtes Risiko, eine Abhängigkeit zu entwickeln, bei ihnen spielen Alkohol und Drogen hauptsächlich als Mittel zur Bewältigung von psychischen Problemen (Ängsten, Stress, Behinderungs- oder Ausgrenzungserfahrungen, Diskriminierung oder sozialer Isolation) eine Rolle (Tinsley & Hendrickx 2008).

Viele Eltern befürchten aus drei Gründen, dass ihre autistischen Kinder eine Abhängigkeitserkrankung entwickeln könnten: Sie stellen sich vor, dass sich die Kinder durch das gemeinsame Konsumieren von Alkohol oder Drogen ein Zugehörigkeitsgefühl »erkaufen«, dass sie eine Art »Selbstmedikation« betreiben zur Bewältigung von Ängsten, Depressionen oder sozialer Unsicherheit und Isolation und dass sie schließlich durch den Konsum gegen die Abhängigkeit von der elterlichen Unterstützung rebellieren.

Auch ich habe in der Suchtmedizin immer wieder auch autistische Menschen gesehen, teils mit Diagnose, teils auch nicht diagnostiziert, aber mit ganz offensichtlichen Symptomen. Sie haben ohne eine längerfristige stationäre Therapie im Anschluss kaum eine Chance, wenn sie die Erfahrung machen, dass ihnen Alkohol oder auch Cannabis dabei helfen, sich zu entspannen, dass sie durch diese Substanzen aber auch geselliger und lockerer werden und leichter in Kontakt kommen. Es ist deshalb sehr wichtig, ihnen alternative therapeutische Möglichkeiten anzubieten, denn die Risiken bei Alkohol- und Drogenkonsum überwiegen den Nutzen bei weitem, deshalb sind diese Substanzen zur Selbstmedikation nicht geeignet.

Nicht-stoffgebundene Sucht

Die Beschäftigung autistischer Menschen mit ihren Spezialinteressen kann oft zwanghaften Charakter annehmen und kann vor allem dann, wenn es sich um Computerspiele, Internet oder Aspekte der eigenen beruflichen Tätigkeit handelt, schleichend der eigenen Kontrolle entgleiten und auf diese Weise auch den Charakter einer psychischen Abhängigkeit annehmen. Eine Hilfe ist hier ausgesprochen schwierig, da die intensive Beschäftigung mit dem Spezialinteresse sehr großes Wohlbefinden erzeugt, oft auch als Entspannung dient und daher nicht ohne weiteres durch sonstige Tätigkeiten ersetzt werden kann. Eine enge Verzahnung zwischen den Angeboten des Suchthilfesystems und autismusspezifischen Maßnahmen ist bei allen Suchterkrankungen betroffener Menschen unabdingbar und muss immer dem jeweiligen Einzelfall angepasst werden.

Tic-Störungen

Tics – Allgemeines

Tics sind unwillkürliche, unregelmäßige, plötzliche, schnelle, einschießende und wiederkehrende muskuläre Aktionen oder Lautäußerungen. Sie unterliegen ähnlich wie Zwangshandlungen nicht dem freien Willen und treten bei Anspannung häufiger, bei Entspannung seltener und ganz selten im Schlaf auf.

Tic-Störungen sind auch in der Allgemeinbevölkerung häufig, bis zu 15 % aller Kinder entwickeln zu irgendeinem Zeitpunkt Tics. Jungen sind drei- bis viermal häufiger betroffen als Mädchen.

Es gibt eine familiäre Häufung, außerdem bei leichteren Formen häufig psychogene Auslöser. Bei kombinierten Tics (Gilles-de-la-Tourette-Syndrom) geht man von einer Störung verschiedener Überträgerstoffe im Mittelhirn aus. Manche Patienten wechseln im Lauf der Erkrankung ihre Tics, dabei spielen auch Imitationen eine Rolle.

Man unterteilt in

- Motorische Tics:
  Einfach (v. a. im Gesichtsbereich: Blinzeln, Gesichtszucken etc.)
  Komplex (z. B. Hüpfen, Berühren von Gegenständen)
- Vokale Tics:
  Einfach (z. B. Räuspern, Grunzen)
  Komplex (Wörter oder ganze Sätze)

Zu den komplexen vokalen Tics gehört auch die Echolalie (zwanghaftes Nachsprechen von Wörtern oder auch Sätzen), die auch bei autistischen Menschen häufig auftritt. Die Grenzen zwischen den einzelnen Tic-Formen sind fließend, kombinierte Formen häufig. Die meisten Tics findet man im Gesichtsbereich.

Therapeutisch werden bei Tics schwerer Ausprägung, die auch subjektiv belastend sind, in erster Linie psychotherapeutische Verfahren angewandt, z. B. familientherapeutische Maßnahmen, Information und Beratung der Familie im Sinne einer Psychoedukation. Auch das übrige Umfeld muss meist informiert werden, z. B. Lehrer oder Ausbilder, da Laien die Tics häufig als schlechtes Benehmen fehlinterpretieren. Außerdem ist es wichtig, gezielt die Belastungssituationen zu erkennen und Bewältigungsstrategien wie Entspannungstechniken zu entwickeln.

Bei schweren Formen kann man auch einen medikamentösen Behandlungsversuch mit Tiaprid (Antiepileptikum) oder mit Neuroleptika unternehmen.

Wichtig zu wissen ist insgesamt, dass Tics, vor allem solche mit obszönen Gesten oder Fäkalworten, nicht mit schlechtem Benehmen verwechselt werden dürfen und auch kein Zeichen für eine geistige Behinderung sind. Wenn sie in der Öffentlichkeit auftreten, reagieren Umstehende aber oft mit Ärger und Empörung. Tics führen daher häufig zu einer umfassenden Beeinträchtigung durch Ausgrenzung und Mobbing.

Wichtig ist die Hilfe dabei, sich selbst und auch diese Verhaltensweisen zu akzeptieren und irgendwann zu lernen, ganz selbstverständlich damit zu leben.

Tics oder typisch autistische Verhaltensweisen?

Untersuchungen lassen Tics auch bei etwa 20 % der Personen aus dem autistischen Spektrum vermuten. In leichter Ausprägung und bei fehlendem Leidensdruck sind sie nicht behandlungsbedürftig (Tebartz van Elst 2013).

Die Unterscheidung zu den typischen Verhaltensweisen autistischer Menschen, die als »repetitiv« oder »stereotyp« bezeichnet werden und ein Diagnosekriterium für das Vorliegen von Autismus sind (also z. B. Schaukeln, mit den Händen flattern, Lichtschalter ständig ein- und ausschalten, Wörter oder Sätze permanent wiederholen etc.), ist oft nicht ganz einfach. Ein Kriterium ist aber auch hier (wie bei den Zwangssymptomen) das Wohlbefinden. Normalerweise können Tics nicht verhindert und nur selten zeitweise unterdrückt werden. Im Gegensatz zu den Stereotypien autistischer Menschen dienen sie nicht der Selbststimulierung, man würde sie gern sein lassen, aber es gelingt nicht. Oft leiden die betroffenen Menschen sehr unter diesen Verhaltensweisen.

Aufmerksamkeitsdefizit-Hyperaktivitätssyndrom

AD(H)S – Allgemeines

Schon 1845 beschrieb der Frankfurter Arzt Heinrich Hoffmann im »Struwwelpeter« einige typische ADHS-Verhaltensweisen (Zappelphilipp, Hans Guck-in-die-Luft). Hoffmann betrachtete dieses Verhalten damals aber als Erziehungsproblem und nicht als psychische Störung. Diese Auffassung ist inzwischen jedoch zum Glück längst widerlegt, es dauerte jedoch bis zu den 1970er Jahren, bis das Krankheitsbild in die Internationale Klassifikation der Erkrankungen (ICD) aufgenommen wurde. ADHS im Erwachsenenalter ist in Deutschland seit 2003 anerkannt.

Absolut gesicherte Zahlen gibt es nicht, man schätzt jedoch, dass etwa 4 bis 8 % aller Schulkinder eine Aufmerksamkeitsstörung aufweisen. Aus internationalen Angaben ergibt sich sogar eine Häufigkeit von etwa 9 %. Das bedeutet also, dass die Erkrankung vor allem an Schulen außerordentlich relevant ist. Jungen werden sehr viel häufiger diagnostiziert als Mädchen, vermutlich deshalb, weil Mädchen eher die Variante ohne Hyperaktivität aufweisen und daher oft nicht erkannt werden.

Besonders die Kernsymptome einer ADHS wie motorische Unruhe und Aufmerksamkeitsdefizite sind aber auch häufig auftretende Begleitsymptome bei Menschen mit Autismus. Insbesondere im Kindes- und Jugendalter bestehen viele Überlappungen hinsichtlich der Symptomatik. In zahlreichen Fällen wird deshalb auch zunächst eine ADHS diagnostiziert, später werden dann jedoch die Schwierigkeiten v. a. in der Interaktion mit Gleichaltrigen deutlicher, sodass schließlich (zusätzlich oder ersatzweise) die Diagnose einer autistischen Störung erfolgt.

Die ADHS gehört zu den häufigsten komorbiden Erkrankungen (je nach Untersuchung besteht in bis zu 80 % der Fälle eine begleitende Aufmerksamkeitsstörung, die dann auch für größere Schwierigkeiten im Alltag sorgt als der Autismus ohne zusätzliche ADHS), sie ist aber auch eine wichtige Differenzialdiagnose (vgl. Noterdaeme 2015). Zukünftig wird es wichtig sein, diagnostische Instrumente zu entwickeln, die Autismus und Aufmerksamkeitsstörungen bereits frühzeitig sicher voneinander unterscheiden, damit schon in einem frühen Lebensalter eine spezifische Behandlung begonnen werden kann. Bis dahin schlagen Gillberg et al. (2006) vor, dass diejenige Diagnose, die hinsichtlich der therapeutischen Bedürfnisse eine höhere Bedeutsamkeit hat, vorrangig gestellt werden sollte. Die Prioritäten können sich im Verlauf aber durchaus auch verschieben.

Symptomatik

Symptome der ADHS sind Hyperaktivität, Impulsivität, geringe Ausdauer, schlechtes Schriftbild, Ängste, Depressionen, Unaufmerksamkeit und Konzentrationsschwierigkeiten. Bei erwachsenen Betroffenen zeigen sich die Symptome oft in deutlich abgeschwächter Form, da viele von ihnen gelernt haben, einige ihrer Schwierigkeiten zu kompensieren.

Mögliche Symptome hinsichtlich der Unaufmerksamkeit:

Die Kinder

- sind häufig nicht in der Lage, die Aufmerksamkeit bei Aufgaben und beim Spielen aufrechtzuerhalten,
- hören häufig scheinbar nicht (zu), was ihnen gesagt wird,
- können nicht gut Aufgaben und Aktivitäten organisieren,
- verlieren häufig Dinge, die sie für bestimmte Aufgaben benötigen (etwa Bleistifte, Bücher, Spielsachen und Werkzeuge),
- werden häufig von äußeren Einflüssen abgelenkt,
- vergessen im Alltag immer wieder irgendetwas, können sich schlecht auf eine Aufgabe konzentrieren und diese auch zu Ende bringen.

Im Hinblick auf die Überaktivität bestehen u. a. folgende Auffälligkeiten:

Die Kinder

- sind körperlich unruhig (fuchteln häufig mit Händen und Füßen oder winden sich auf den Sitzen),
- springen während des Unterrichts auf und verlassen ihren Platz im Klassenraum oder in anderen Situationen, in denen das Sitzenbleiben erwartet wird,
- laufen herum oder klettern exzessiv in Situationen, in denen dies unpassend ist (bei Jugendlichen und Erwachsenen besteht oft nur noch ein Unruhegefühl),
- sind laut beim Spielen oder haben Schwierigkeiten bei leisen Freizeitbeschäftigungen.

Die Impulsivität kann sich wie folgt bemerkbar machen:

Die Kinder

- platzen häufig mit der Antwort heraus, bevor die Frage beendet ist,
- können häufig nicht in einer Reihe warten, bis sie beim Spielen oder in Gruppensituationen an die Reihe kommen,
- unterbrechen und stören andere häufig (mischen sich z. B. ins Gespräch oder ins Spiel anderer ein),
- reden exzessiv, ohne auf soziale Beschränkungen reagieren zu können.

Bewertung und Behandlung

Nach der übereinstimmenden Meinung vieler Experten sind heute nicht mehr Kinder und Erwachsene betroffen als früher. ADHS tritt aber verstärkt und offensichtlicher zutage. Man diskutiert die fortschreitende Vernetzung der Gesellschaft und die damit einhergehende Reizüberflutung durch ein Überangebot an Informationen, Kommunikation und medialen Reizen wie Fernsehen, Computer und

Handy als mögliche Ursachen, aber auch die gestiegenen Anforderungen an jeden Einzelnen im privaten und beruflichen Leben und die mangelnde Struktur in Familie, Schule und Gesellschaft. Deshalb sind die Herausforderungen für ADHS-Betroffene deutlich größer geworden, wenn es darum geht, ihr Leben zu gestalten.

Ein schwer betroffener Mensch zeigt ein gestörtes Sozialverhalten und hat ein stark erhöhtes Risiko, ein Suchtverhalten zu entwickeln oder in die Kriminalität abzurutschen. Die Gabe von Stimulanzien im Rahmen der medikamentösen Behandlung galt lange als zusätzliches Risiko für eine spätere Suchtentwicklung. Inzwischen wurde jedoch gezeigt, dass die Gabe von Methylphenidat (z. B. Ritalin) die Wahrscheinlichkeit einer Abhängigkeitsentwicklung nicht erhöht, sondern das Risiko für eine frühzeitige Nikotin-, Alkohol- bzw. Drogenabhängigkeit vielmehr sogar verringert.

Wichtig sind außerdem psychotherapeutische und strukturierende Maßnahmen und die Information des sozialen Umfelds.

Man sollte nicht Äpfel und Birnen miteinander verwechseln. Auch nicht Autismus und AD(H)S. Aber Äpfel und Birnen können durchaus gemeinsam vorkommen.

Ich selbst habe beide Diagnosen, sowohl AD(H)S als auch Autismus. Diese Kombination und beide Störungsbilder isoliert kommen auch in meiner Familie gehäuft vor.

Man hat dann mitunter einen nicht unerheblichen Leidensdruck: Man fällt überall auf, angefangen in Kindergarten und Schule, nachfolgend bei der Suche nach Freunden, Partnern oder einer geeigneten Ausbildungsstelle. Einige isolieren sich zunehmend, andere geraten durch den Versuch der Eigentherapie in eine Abhängigkeit von Alkohol oder Drogen.

Wenige Betroffene beider Störungsbilder kommen unauffällig durchs Leben. Wenige von ihnen haben einen Job, der sie oder ihre Familie ernähren kann. Wenige Betroffene entwickeln keine zusätzlichen Erkrankungen wie Depressionen o. ä.

Auch ich kenne dies. Aber ich habe Glück im Unglück, denn ich profitiere sehr vom Wirkstoff Methylphenidat. Und zwar meines Erachtens in beiderlei Hinsicht, sowohl im Hinblick auf den Autismus als auch hinsichtlich meiner Aufmerksamkeitsstörung.

(Regine Winkelmann – winkelmannregine@gmail.com)

Mögliche Ursachen für psychische Komorbidität: schwierige Lebenssituationen und Krisen

Krisen können sich natürlich in allen Lebenslagen ergeben, aber es gibt einige für Menschen mit Autismus besonders vulnerable Situationen, die häufig zu einer kritischen Zuspitzung der persönlichen Lage führen. Da diese für alle Beteiligten eine besondere Herausforderung darstellen, soll ihnen ein eigenes Kapitel gewidmet sein. In diesen Zeiten besteht nämlich ein besonderer Unterstützungsbedarf, gleichzeitig spielen auch komorbide psychische Erkrankungen und massive Verhaltensauffälligkeiten (Aggression etc.) eine große Rolle.

Übergänge zwischen den einzelnen Lebensphasen stellen für alle Menschen ein Krisenpotenzial dar, das durch Rituale, also standardisierte soziale Verhaltensweisen, abgemildert wird. So ist es nicht verwunderlich, dass auch autistische Menschen in diesen Zeiten verstärkt in Gefahr geraten, sich durch die Entwicklung von Ritualen und stereotypen Verhaltensweisen (zu denen im weiteren Sinn auch die Spezialinteressen gehören) Sicherheit zu verschaffen.

Die Auslöser einer Krisensituation sind bei Menschen mit Autismus oft nicht leicht zu erkennen, so dass die Hilfe häufig erst verzögert einsetzen kann. Bis dahin bringen heftige Verhaltensauffälligkeiten oft den Betroffenen selbst, vor allem aber das Umfeld deutlich an die Belastungsgrenze. Wichtig ist auch das Wissen, dass auch scheinbar ganz banale Ursachen solch massive Reaktionen hervorrufen können.

Unbedingt berücksichtigen muss man also die subjektive Bewertung der Situation durch den betroffenen Menschen, die oft die Intensität und die Dauer der Symptomatik bestimmt. Das können am besten die Menschen, die den Betroffenen am besten kennen, die Eltern also oder langjährige Therapeuten. Vor allem in Krisenzeiten ist es daher wichtig, eine enge Zusammenarbeit anzustreben.

Besonders schwierige und krisenanfällige Zeiten sind für autistische Menschen Übergangssituationen und Veränderungen, also z. B.:

- der Übergang von der Schule in den Beruf,
- der Wechsel des Arbeitsplatzes,
- die Phase der Pubertät,
- der Wohnortwechsel, insbesondere dabei das Verlassen des Elternhauses,
- das Ende der Berufstätigkeit und das Erleben des Älterwerdens,
- der Wechsel von Bezugspersonen (Eltern, Therapeuten, Betreuern etc.),
- schwere Erkrankungen und Tod naher Angehöriger,
- eigene schwere Erkrankungen.

Übergang Schule – Beruf

Dies stellt in der Regel eine der schwierigsten Umbruchsituationen des Lebens dar. Es wird nun alles neu, man macht sich Gedanken, wie es weitergeht, ob eine Berufsausbildung oder ein Studium in Frage kommen, wie die Wohnsituation gelöst werden kann und vieles andere mehr. Bei der Arbeit werden neue Anforderungen gestellt hinsichtlich Fähigkeiten wie Selbstständigkeit, Flexibilität, Zeit- und Stressmanagement, kommunikative Kompetenzen, den Umgang mit Konflikten und ein angemessenes Sozialverhalten. Man muss oft unter Zeitdruck arbeiten und sich gegenüber Kollegen und Vorgesetzten behaupten:

»*Was dann folgte, war eine der größten Umstellungen in meinem Leben. Morgens musste ich schon um 7.00 Uhr da sein und auch am Nachmittag ging es viel länger als noch zu Schulzeiten. Dazu musste ich mit dem Bus zum Ausbildungsbetrieb fahren und dabei auch einmal umsteigen. Den Arbeitstag fand ich so anstrengend, dass ich regelmäßig auf der Heimfahrt im Bus einzuschlafen drohte. Hätte ich die Bushaltestelle, an der ich aussteigen musste, verpasst, wäre das aufgrund meiner räumlichen Orientierungsprobleme eine Katastrophe gewesen*« (Lang 2015, 123).

Es ist wichtig, diese Übergangszeit gut zu begleiten, damit der Berufseinstieg gelingen kann. Hilfreich sind

- behutsames Anleiten und Heranführen an die kommenden Anforderungen schon während der Schulzeit,
- frühzeitige Einblicke in verschiedene Berufe, um sich informieren zu können über die Anforderungen und den Arbeitsalltag,
- Unterstützung auch für die Bewerbungsphase.

Die Bewerbung begleiten

Personalleiter ohne Kenntnisse des Autismus können beim Bewerbungsprozess irritiert sein durch

- Auffälligkeiten bei der Begrüßung (Probleme mit Blickkontakt oder Händeschütteln),
- eine unangemessene Selbstdarstellung (vielen betroffenen Menschen fällt es schwer, auf besondere Fähigkeiten hinzuweisen, zu verstehen, weshalb sie sich selbst in einem »günstigen Licht« darstellen oder bei Nachfragen über Sachverhalte informieren sollen, die sie bereits in den schriftlichen Unterlagen erwähnt haben),
- Schwierigkeiten, sich in die Denkweise ihres Gegenübers hineinzuversetzen,
- kommunikative Probleme (z. B. beim »Smalltalk«: Der Sinn von Einstiegsfragen wie »Haben Sie uns gut gefunden?« kann nicht nachvollzogen werden; metaphorische oder zweideutige Äußerungen werden nicht verstanden).

Es ist daher wichtig, gezielt Bewerbungsgespräche zu trainieren, etwa im Rahmen von Rollenspielen, mit Hilfe von Videomaterial etc. Manchmal ist auch eine Begleitung zum Vorstellungsgespräch durch eine Bezugsperson sinnvoll. Und schließlich sollte man überlegen, ob es sinnvoll ist, sein Gegenüber beim Vorstellungsgespräch über den Autismus zu informieren.

Individuelle Stärken nutzen

Manche Eigenschaften von Menschen mit Autismus können für den beruflichen Alltag außerordentlich günstig sein, wenn es gelingt, sie nutzbringend einzusetzen. Die Stärken der Betroffenen im Hinblick auf Arbeit und Beruf sind in erster Linie (vgl. Attwood 2008, 351, Preißmann 2013a und 2013b):

- Sorgfalt,
- gute Merkfähigkeit und logisches Denken: Diese Fähigkeiten gehören nicht selten auch zu den Vorlieben vieler Menschen mit Autismus. Häufig besteht eine Begabung auf mathematisch-naturwissenschaftlichem Gebiet, da hier logische Regeln und Gesetze bestehen, die sie lernen können. Nicht selten eignen sie sich solche Fähigkeiten auch autodidaktisch an, sodass sie auch ohne explizite Ausbildung durchaus ein Wissen auf Expertenniveau besitzen können,
- Aufmerksamkeit und Ausdauer: Im Vergleich zu anderen Menschen können sich viele Betroffene über einen längeren Zeitraum hinweg mit gleichbleibend hoher Aufmerksamkeit einer Aufgabe widmen. Besonders deutlich werden diese Fähigkeiten bei Routineaufgaben, die für andere Menschen zu stupide und langweilig erscheinen mögen, um dabei konzentriert bleiben zu können,
- Ordnungsliebe,
- Verlässlichkeit: Autistische Menschen sind sehr zuverlässige Mitarbeiter. Wenn man ihnen geduldig (die Gründe von) Regeln und Besonderheiten erklärt, befolgen sie diese verlässlich,
- Detailgenauigkeit: Menschen mit Autismus arbeiten detailgenau und erkennen so manchmal auch kleinste Fehler, die anderen Menschen gar nicht auffallen,
- Motivation und Interesse: Menschen mit Autismus sind in der Regel sehr daran interessiert, eine gute Arbeit zu leisten. Sie orientieren sich dabei stärker an einer Sache, also einer Aufgabe, und weniger an einer Person. Deshalb führen sie auch in Pausen oder nach Feierabend weniger persönliche, dafür oft eher fachliche Gespräche. Dies hilft ihnen dabei, sich auf das Wesentliche zu konzentrieren,
- Wahrheitsliebe: Menschen mit Autismus haben eine sehr offene, ehrliche Art und einen ausgeprägten Hang zur Gerechtigkeit, sie belügen oder täuschen andere Menschen in der Regel nicht,
- Verantwortungsbewusstsein: Menschen mit Autismus können durchaus Verantwortung für eine Sache (oder auch für Mitarbeiter) übernehmen und sind oft ganz beglückt, wenn man ihnen Verantwortung für einen überschaubaren Bereich überträgt,

- Loyalität: Auch wenn sie oft zurückhaltend sind und auf den ersten Blick nur wenig Interesse am Gegenüber zu haben scheinen, zeichnen sich Menschen mit Autismus durch ihre Loyalität und Zuverlässigkeit aus,
- oft sehr gute fachliche Qualifikation.

Bereits Hans Asperger hatte diesen Stärkenaspekt betont, der danach aber lange Zeit in Vergessenheit geraten war: »In der ganz überwiegenden Zahl der Fälle kommt es nämlich zu einer guten Berufsleistung und damit zu einer sozialen Einordnung, oft in hochgestellten Berufen, oft in so hervorragender Weise, dass man zu der Anschauung kommen muss, niemand als gerade diese autistischen Menschen seien gerade zu solchen Leistungen befähigt« (Asperger 1944, 133).

Daher darf sich die Teilhabe der Betroffenen am Arbeitsleben nicht nur auf eine Tätigkeit in einer Werkstatt für behinderte Menschen beschränken. Und es zeigt sich, dass Menschen mit Autismus nicht nur in vermeintlich »günstigen« Tätigkeiten eine gute Arbeit leisten können, sondern auch z. B. ein sozialer Beruf durchaus nicht unmöglich sein muss, falls ein entsprechender Wunsch besteht und eine individuelle Unterstützung ermöglicht werden kann.

Die Betriebe, die gerne Menschen mit Autismus einstellen, weil sie die Vorteile erkannt haben, sind mit der Produktivität der Beschäftigten hochzufrieden (Baumgartner et al. 2009, 140) und beschreiben häufig zudem, dass sich das Teamklima deutlich verbessert. Aber auch für Menschen mit Autismus selbst hat die Teilhabe am Arbeitsprozess eine sehr große Bedeutung. Sie verfügen oft nur über ein geringes soziales Netzwerk und genießen sehr die Kontakte, die sich bei der Arbeit ergeben. Auch erhalten sie gesellschaftliche Anerkennung und Bestätigung vor allem durch ihre Tätigkeit, was sie als sehr wesentlich beschreiben für ihre Lebenszufriedenheit, unabhängig davon, ob es sich um eine Tätigkeit in einer Werkstatt für behinderte Menschen handelt oder um den allgemeinen Arbeitsmarkt (Preißmann 2015a, Gödecker 2011). Häufig werden sie depressiv, wenn es ihnen über viele Jahre hinweg nicht gelingt, beruflich Fuß zu fassen, deshalb ist dieser Bereich auch im Hinblick auf ihre Gesundheit außerordentlich relevant.

Besonderheiten beim Lernen

Nicht-autistische Menschen lernen in Schule oder Beruf Neues, weil (vgl. u. a. Schirmer 2010)

- es ihnen Spaß macht,
- sie damit andere beeindrucken möchten,
- sie gute Noten haben möchten,
- sie von anderen dafür gelobt werden möchten,
- sie anderen damit eine Freude machen möchten,
- sie gern mit anderen zusammen sind.

Schon im Kleinkindalter lernen die Kinder vor allem deshalb ein Spiel, weil es ihnen Spaß macht, dies gemeinsam mit anderen Menschen (in der Regel Eltern, Geschwistern o. ä.) zu tun.

Menschen mit Autismus, für die der Beziehungsaspekt in aller Regel keine so entscheidende Motivation darstellt, unterscheiden sich in diesem Punkt aber ganz wesentlich. Sie lernen meist ausschließlich deshalb, weil es ihnen persönlich Freude bereitet.

Für andere Menschen sind also Beziehungen der wesentliche Faktor für den Lernerfolg, für Menschen mit Autismus sind es die Motivation und das persönliche Interesse. Das ist nicht besser oder schlechter, aber eben ein bisschen anders, und das ist der Grund dafür, dass viele Betroffene mit den üblichen pädagogischen Methoden nicht zurechtkommen.

Das bedeutet dann auch für Schule, Beruf oder Therapie, dass es notwendig ist, ihnen vor allem Material anzubieten, mit dem sie sich gern beschäftigen, bzw. ihnen das vorhandene Material so anzubieten, dass es für sie interessant ist. Auf diese Weise lassen sich die besten Lernfortschritte verzeichnen, und das muss man auch für die Berufsschule oder die täglichen Anforderungen in Betrieb und Alltag berücksichtigen.

Schwierigkeiten im Arbeitsalltag

Im Berufsalltag gibt es häufig Schwierigkeiten:

- Menschen mit Autismus brauchen in neuen sozialen Situationen länger als andere, bis sie die Abläufe im Betrieb und die sozialen Strukturen durchschaut und verinnerlicht haben. Sie brauchen für die Einarbeitung mehr Zeit, bis sie die Anforderungen bewältigen können. Dabei ist eine gute Einweisung nötig.
- Gerade in den Pausen ziehen sie sich häufig allein zurück, um abschalten zu können, deshalb sind sie im Kollegenkreis eher isoliert und erfahren auch wichtige Informationen nicht, die mündlich weitergegeben werden.
- Oft gelingt es ihnen nicht, bei Schwierigkeiten von sich aus um Unterstützung zu bitten oder bei Unklarheiten nachzufragen. Man muss ihnen manchmal gezielt beibringen, dies angemessen zu tun: »*Stephan ruft immer durch das ganze Büro, wenn er Hilfe braucht. Die Regel zu dieser Situation wäre: Wenn Sie Hilfe brauchen, stehen Sie auf und gehen zu der zuständigen Person hin, um Hilfe zu verlangen. Die Ausnahmeregel zu dieser Situation würde lauten: Nur wenn jemand in Gefahr ist, darf man laut um Hilfe rufen*« *(Hawkins 2013, 55)*.
- Im recht strukturierten Rahmen von Schule, Ausbildung und Studium spielen planerische Fähigkeiten (Exekutivfunktionen) sowie »Soft Skills« wie soziale Netzwerkbildung und das Einfügen in eine Hierarchie noch eine geringere Rolle, können hier Schwierigkeiten noch besser toleriert werden. Im späteren Arbeitsalltag dagegen ist die gesellschaftliche Akzeptanz von Einzelgängertum oder mangelnder Teamfähigkeit deutlich geringer, gleichzeitig nimmt die Unterstützung durch die Eltern ab. Dies erklärt möglicherweise die Tatsache, dass es vielen

autistischen Menschen zwar durchaus gelingt, eine Ausbildung oder ein Studium erfolgreich abzuschließen, sie danach aber beruflich nicht Fuß fassen können.
- Bei Veränderungen der Arbeitsanforderungen oder des beruflichen Umfelds sind Menschen mit Autismus häufig sehr verunsichert. Es ist wichtig, sie rechtzeitig darüber zu informieren, wenn sich etwas ändern wird. Wenn sie Veränderungen in ihrem Tempo erledigen können und dabei gut begleitet werden, können sie diese häufig durchaus bewältigen.

Hilfen im Arbeitsalltag

Durch gezielte Maßnahmen kann man Menschen mit Autismus unterstützen, damit sie eine gute Arbeit leisten können:

- Wichtig ist eine gute Einarbeitung, die bei autistischen Menschen manchmal länger dauert als bei anderen, dafür können sie dann aber meist zuverlässig die Tätigkeiten erledigen.
- Ein schriftlicher Tages- bzw. Wochenplan ist hilfreich.
- Der Arbeitsplatz sollte möglichst reizarm sein, auch Hilfsmittel wie Trennwände oder Ohrenstöpsel sind nützlich.
- Arbeitszeit und Pausen sollten individuell angepasst werden:
  »*Mein Arbeitgeber ist sehr darauf bedacht, dass die Arbeitssituation zusammen mit der Lebenssituation stimmig ist. So passen wir beispielsweise meine Arbeitszeit den Jahreszeiten an. Wird es am Abend wieder früher dunkel, beende ich meine Arbeit auch früher, damit ich nach Hause komme, solange es noch hell ist. Zudem unterbreche ich meine Tätigkeit in der Regel im Laufe des Nachmittags und gehe eine Runde in gutem Tempo spazieren. Diese Maßnahmen helfen mir, entspannt zu bleiben und somit auch glücklich zu sein*« (I. Köppel, in: Preißmann 2015a, 67).
- Besonders hilfreich sind konstante Bezugspersonen als erste Ansprechpartner bei Anliegen oder Fragen aller Art.
- Anweisungen und Ansagen müssen klar und deutlich formuliert werden; generell ist eine klare, eindeutige Kommunikation wichtig.
- Regelmäßig geplant werden sollten kurze Gespräche und Rückmeldungen.
- Häufig ist eine Beratung der Kollegen und Vorgesetzten sinnvoll (z. B. durch Fachleute), um Vorurteile abzubauen und sie dabei anzuleiten, wie sie gut mit dem autistischen Mitarbeiter umgehen können.
- Aber auch eine kontinuierliche Begleitung am Arbeitsplatz für alle Beteiligten (also für den autistischen Menschen wie auch für Mitarbeiter und Arbeitgeber), etwa in Form eines Job-Coachings, ist oft hilfreich, um Schwierigkeiten frühzeitig besprechen zu können.

Arbeit und Beruf – Möglichkeiten

Auch für Menschen mit Autismus gibt es ganz unterschiedliche Möglichkeiten, eine Berufsausbildung zu erlangen und beruflich tätig zu sein. Je nach Art und Schwere der Beeinträchtigung sind etwa folgende Lösungen denkbar:

- Hochschulstudium: Die Hochschulgesetze geben vor, dass Menschen mit Behinderungen nicht benachteiligt werden dürfen, entsprechend ist es auch im Studium möglich, für Menschen mit Autismus einen individuellen Nachteilsausgleich zu berücksichtigen, auch im Hinblick auf Prüfungen. Außerdem kann ein Integrationshelfer (Studienbegleiter) beantragt werden. Beratung und Informationen zu allen Fragen rund um das Studium sind erhältlich z. B. bei der Agentur für Arbeit, den Studienberatungsstellen und Dekanaten oder den Beauftragten der jeweiligen Universität für Studierende mit Behinderung (vgl. DSW 2013).
- Berufsausbildung in einem Betrieb auf dem allgemeinen Arbeitsmarkt: Auch hier gibt es unterstützende Möglichkeiten, z. B. durch eine berufsbegleitende Assistenz oder spezielle Trainingsmöglichkeiten unterschiedlicher Art: z. B. Gruppentraining zur Schulung der sozialen Kompetenzen, ergotherapeutische Vorbereitung bzw. Begleitung, Mitarbeiterschulungen, Integrationsfachdienste (Begleitung auf dem Weg in den allgemeinen Arbeitsmarkt und Unterstützung genau dort, wo es nötig ist), Jobcoach etc.:
»Ich brauche einen Jobcoach zur Aufmerksamkeit für den nächsten Arbeitsschritt und bei hohen Anforderungen, um Arbeitsanweisungen zu erklären. Der Jobcoach hilft mir zu erkennen, was ich zuerst machen soll« (Lang 2015, 89).
- Ausbildung oder berufsvorbereitende Maßnahme in einem Berufsbildungswerk: Hier ist man auf die besonderen Bedarfe von Menschen mit Behinderungen eingerichtet, angeschlossene begleitende Dienste ermöglichen eine medizinische, psychologische sowie heil- und sozialpädagogische Unterstützung. Die Absolventen werden nicht nur in den berufspraktischen Fertigkeiten für den allgemeinen Arbeitsmarkt ausgebildet, sie werden gleichzeitig auch durch verschiedene Angebote auf ein möglichst selbstständiges Leben vorbereitet (z. B. Baumgartner et al. 2009). In einigen Berufsbildungswerken gibt es spezielle Fachabteilungen für Menschen mit Autismus (vgl. Autismus Deutschland e. V. 2011).
- Berufsbildungsbereich der Werkstätten für behinderte Menschen (WfbM): Menschen mit Behinderung erlernen hier berufliche Fähigkeiten, die sie für die Arbeit in einer Werkstätte oder auf dem allgemeinen Arbeitsmarkt qualifizieren. Auch hier jedoch ist eine autismusgerechte Gestaltung des Arbeitsplatzes notwendig (Visualisierungs- und Strukturierungshilfen, spezifische individuelle Hilfestellungen etc.; vgl. Schabert 2012).

Einige erfolgreiche Projekte zur beruflichen Förderung von Menschen mit Autismus machen deutlich, dass vor allem eine professionelle Begleitung im Sinne eines Job-Coachings notwendig ist, um eine Hinführung an eine Tätigkeit auf dem allgemeinen Arbeitsmarkt zu ermöglichen. So besteht »der höchste Unterstützungsbedarf nicht in der Vermittlung von fachlichem Know-how, sondern im Fördern des Verständnisses für zahllose soziale Prozesse, die für Menschen mit Autismus immer wieder eine Herausforderung darstellen« (Dalferth 2014, 238). Findet sich jedoch eine solch effektive Hilfe, dann kann der Berufseinstieg auch für diese Menschen durchaus gelingen. Man darf sich dabei auch durch anfängliche »Fehltritte« nicht entmutigen lassen – ermutigende Beispiele von Betroffenen zeigen, dass durch eine förderliche Umgebung und eigenes Engagement vieles möglich ist:

»*Ausgehend von der Sonderschule habe ich ein Studium abgeschlossen und – nach vielen Umwegen – eine gute Anstellung in einer Universitätsbibliothek gefunden. Mein Leben hätte aber genauso gut in diversen Einrichtungen stattfinden können. Es hat in meinem Leben immer wieder Momente gegeben, in denen die Entscheidung in die eine oder andere Richtung hätte kippen können*« (Seng 2014, 253).

Häufig entwickeln sich Menschen mit Autismus dann im Verlauf zu kompetenten Fachkräften, die ihre Stärken am Arbeitsplatz vor allem dann gewinnbringend und bereichernd einsetzen können, wenn man sie dafür in hohem Maße begeistern kann:

Er arbeitet in seinem Spezialgebiet, daher lebt er fast ausschließlich für seine Arbeit. Er ist ein begeisterter, halb professioneller Radfahrer. Da wir uns über die Arbeit kennengelernt haben, kenne ich auch seinen Chef und einen Teil seiner Kollegen. Die halten ihn schon für »seltsam«, eigen und verschroben, schätzen aber seine akribische Arbeitsweise. Er hört nicht auf, bevor er die Lösung für etwas hat. Unterbrechen kann ihn dabei gar nichts.
(Cat Kaluba)

Mobbing und Aggression

Mobbing von Menschen mit Autismus

Das Thema Mobbing spielt bei autistischen Menschen eine große Rolle. Viel häufiger als nicht autistische Menschen werden sie ausgegrenzt und aus einer Gruppe ausgeschlossen, die anderen Kinder spielen nicht mehr mit ihnen, beantworten ihre Fragen nicht und wollen sie nicht bei Veranstaltungen und Aktivitäten dabeihaben. Manchmal stiften sie die betroffenen Kinder dazu an, Dinge zu tun, die verboten sind und die sie eigentlich niemals tun würden, aber der Wunsch, einer Gruppe anzugehören, kann sie dazu motivieren. Außerdem sind sie oft recht naiv und vertrauensselig und durchschauen die Absichten der anderen nicht.

So haben die anderen in der Schule immer mich ausgewählt, wenn es darum ging, die Lehrer zu ärgern. Sie haben mir vermittelt, dass sie das so beschlossen hätten und ich es auch tun müsste, dass es also eine Regel sei. Regeln waren wichtige Hilfen für mich im Hinblick auf das soziale Miteinander, deshalb hatte ich keine Chance, mich dagegen zu wehren. Im Nachhinein würde ich mir wünschen, man hätte mich nach diesen Aktionen direkt angesprochen und dazu befragt. Dann hätte man erkannt, dass diese Ideen nicht von mir ausgegangen waren. Stattdessen aber waren sich die Lehrer einig in ihrem Urteil: Ich war faul und böse. Noch heute tut mir das sehr weh.

In der Regel werden die Menschen zu Opfern von Mobbing, die irgendwie »anders« sind als die breite Mehrheit. Autistische Menschen sind meist schüchterner, zurückhaltender, unsicherer und haben weniger Freunde als andere Menschen, die sie unterstützen könnten. Sie haben oft Spaß am Lernen oder Arbeiten und werden deshalb vor allem im schulischen Umfeld als »Streber« beschimpft. Ihre Vorlieben erscheinen für die Umgebung merkwürdig und fremd, ihr Verhalten und ihr Äußeres (Kleidung, Hygiene etc.) entsprechen häufig nicht den üblichen Standards. Aus all diesen Gründen sind sie oft DAS perfekte Opfer:

Hänsel- und Mobbingattacken in der Schule blieben leider nicht aus, denn auch da bemerkte man meine Andersartigkeit. In der Schule kam ich mit manchen Mitschülern und Lehrern nicht immer so gut klar. Ich gehörte immer zu den guten Schülern, habe immer meine Hausaufgaben gemacht und war ehrlich zu meinen Lehrern und Mitschülern.

(Nico König)

»Alle aus der Klasse hassten mich. Alle. Und so viele Menschen konnten nicht irren. Viel eher hatte der alte Opa Unrecht, wenn er sagte, dass ich ganz toll sei. Nein. In Wirklichkeit war ich ein schlechter Mensch, viel schlechter als all die anderen. Denn die waren beliebt, hatten viele Freunde. Nur mit mir mochte nie jemand zusammen sein. In der Pause bespuckten sie mich. Vor dem Unterricht nahmen sie mir meine Hausaufgaben weg, schrieben sie ab, und ein paar Mal hatten sie sogar meine Hefte zerrissen, sodass ich ohne Hausaufgaben in den Unterricht musste. Im Sportunterricht ließen sie mich stolpern oder schubsten mich. Saßen wir im Klassenzimmer, warfen sie Papierkügelchen nach mir. Und wenn ich aufzeigte und etwas sagen wollte, lachten alle. Klar, Coline sagt ja auch immer nur ganz blöde Dinge. Weil Coline blöd ist. Und weil sie Wurstfinger hat. Und weil sie nur Müll ist. Ich weinte leise« (Schuster 2009, 126).

Es scheint vor allem die Kombination aus der »passiven« Auffälligkeit (z. B. durch körperliche Schwäche, motorische Unbeholfenheit und resultierende sportliche Ungeschicklichkeit, Unsicherheit, ängstliches Verhalten) und den »proaktiven« Auffälligkeiten (irritierende autismustypische Verhaltensweisen, provozierend wirkende Verhaltensweisen, Kommunikations- und Interaktionsprobleme etc.) zu sein, die anstiftend wirkt für Mobbing (Sofronoff et al. 2011).

Das Mobbing kann dabei ganz unterschiedliche Ausmaße annehmen, z. B. wiederkehrende Beleidigungen, ständiges Hänseln, Verspotten oder Schikanieren, Bedrohungen, Verletzungen durch Tritte, Schläge etc., Ausgrenzen, Wegnehmen privater Dinge, falsche Beschuldigungen oder Verleumdungen etc., also Formen emotionaler, verbaler oder körperlicher Gewalt. Am weitaus häufigsten betroffen ist der schulische Bereich, insbesondere an allgemeinen Schulen, wobei die meisten »Täter« (ca. 70 %) kaum Kenntnisse über Autismus haben (Butler & Gillis 2011).

Die Eltern der autistischen Schüler bemerken von den Demütigungen ihrer Kinder in aller Regel kaum etwas. Es ist daher sehr wichtig, Konzepte zur Prävention von Mobbing zu etablieren, die sich an alle Beteiligten richten:

- Aufklärung der Mitschüler und deren Eltern über Autismus und über die Besonderheiten des betroffenen Schülers (allein dadurch lässt sich in nahezu allen Fällen Mobbing deutlich verringern),
- Anleitung der Eltern autistischer Kinder zur speziellen Kommunikation mit dem Ziel, Erfahrungen von Mobbing bei ihren Kindern gezielt zu erfragen,
- Anleitung der Pädagogen mit dem Ziel, ein solches Verhalten der Mitschüler zu erkennen und durch geeignete Maßnahmen zu unterbinden,
- Maßnahmen für die betroffenen Menschen selbst: Trainingsprogramme zur sozialen Kompetenz etc. Vor allem Menschen mit geringem Selbstwertgefühl werden Opfer von Mobbing; auch an dieser Stelle müssen therapeutische Maßnahmen für autistische Menschen ansetzen.

Und auch eine Prävention ist möglich, denn die wirksamste Maßnahme gegen Demütigungen von Menschen, die anders sind als die Mehrheit, besteht in Aufklärung und Information. Im schulischen Alltag ist es also wichtig, sowohl die Lehrer als auch die Klassenkameraden betroffener Schüler dabei anzuleiten, wie sie den Umgang mit einem autistischen (Mit-)Schüler so gestalten können, dass er für alle Beteiligten angenehm und bereichernd wird. Dafür ist eine enge Zusammenarbeit mit Eltern und Therapeuten des betroffenen Schülers nötig:

»*Die Kinder fanden Frank komisch, er wurde gemobbt. Die Schule machte keine ernsthaften Versuche, dies einzudämmen; wehrte er sich, geschah dies so ungeschickt und offensichtlich, dass er als der Schuldige dastand und bestraft wurde (…). (Später, an einer anderen Schule, Anm. d. Autorin): Es gab einen einzigen Mobbingversuch von Seiten einer Schülerin. Dieser wurde sofort sanktioniert und klar herausgestellt, dass so etwas dort nicht geduldet würde – und das war es. So einfach können Dinge manchmal sein*« (E. Müller, zit. in Preißmann 2015b, 29–30).

Erfahrungen von Mobbing können schlimme Folgen für die Gesundheit der betroffenen Menschen haben. Alle Maßnahmen, die dazu dienen, Demütigungen zu vermeiden, dienen deshalb auch ganz unmittelbar dem Schutz der Gesundheit.

Fremdaggressives und selbstverletzendes Verhalten

Aggressionen sind kein typisches Merkmal von Autismus und weisen keinen signifikanten Zusammenhang mit Geschlecht, Intelligenz, sprachlichen Fähigkeiten und der Schwere des Autismus auf (Kanne & Mazurek 2011), sie treten vielmehr am ehesten reaktiv auf, wenn keine ausreichenden anderen Bewältigungsstrategien zur Verfügung stehen, besonders häufig dann, wenn die sprachlichen Mittel fehlen, um sich mitzuteilen. Aggressives Verhalten kann also z. B. beobachtet werden als Reaktion auf

- Mobbing und Demütigungen,
- Missverständnisse,

- Reizüberflutung oder andere Situationen, die Angst machen (etwa das Schubsen oder Stoßen im engen Gedränge, um sich einen größeren Sicherheitsabstand zu verschaffen),
- Veränderungen oder Eingrenzungen in der eigenen Lebensweise oder den eigenen Angewohnheiten durch die Umgebung (im Sinne etwa einer Befreiungsreaktion),
- negative Gedanken oder Gefühle (Wut, Frustrationen etc.).

Hilfen bestehen zunächst in einem Verstehen der auslösenden Problematik und nachfolgend in deren Umgestaltung. Auch therapeutische Maßnahmen (TEACCH-Ansatz bzw. Positive Verhaltensunterstützung) können zur Anwendung kommen. Wichtig sind Wertschätzung und eine vornehmlich verstehens- und weniger verhaltensorientierte Sichtweise: Schwieriges, herausforderndes und unverständliches Verhalten ist aus der Sicht des betroffenen Menschen meist ein »sinnvolles« Verhalten, weil es ihm hilft, problematische Situationen zu bewältigen. Um angemessen zu intervenieren, ist es notwendig, die Gründe für das Verhalten zu hinterfragen und herauszufinden, was der autistische Mensch mit seinem Verhalten ausdrücken möchte. Das ist Erfolg versprechender und sinnvoller, als zu versuchen, das Verhalten an vorgegebene Normen anzupassen:

»Martin, ein autistischer Junge, weigert sich, Anoraks, Mäntel oder Pullover mit Reißverschluss anzuziehen. Daraufhin kommt es immer wieder zu erheblichen Auseinandersetzungen (»Kämpfen«) mit seiner Mutter. Für Martin ist sein Verhalten zweckmäßig, weil er die Geräusche des Zuziehens eines Reißverschlusses nicht aushalten kann« (Theunissen 2016, 8).

Durch das Wissen um die Hintergründe kann man in diesem Fall ganz anders reagieren und leicht eine Lösung finden. Das Verhalten des Jungen ist also kontextbezogen und dient einem persönlichen Zweck, ist sogar als »Ressource« zu bezeichnen, weil es zunächst einmal eine effektive Strategie darstellt.

In einer schwierigen, von Aggressionen geprägten Situation geht es in erster Linie um die Sicherheit für alle Beteiligten, erst später sind pädagogische Maßnahmen angebracht. Dann kann man auch versuchen herauszufinden, welches die Gründe für das gezeigte Verhalten waren oder welche Maßnahmen hilfreich sein könnten:

Ich habe Wut- und Angstanfälle, bei denen ich nicht beschreiben kann, was genau in meinem Kopf passiert. Ich weiß nur in dem Moment, dass ich die Kontrolle verloren habe und dass es ein paar Sekunden dauert, bis ich sie wiederhabe (manchmal auch so lange, bis ich die Situation verlassen habe). Dabei schlage ich mir auf den Kopf und weine (das passiert bei dem Anfall aus Wut) oder ich fange nur unkontrollierbar an zu weinen (aus Angst). Ich muss dann die Situation komplett verlassen und allein sein. Läuft wieder eine Kleinigkeit schief (jemand kommt z. B. in mein Zimmer), geht das Ganze von vorne los und ich brauche erneut viel Zeit. In diesen Punkten muss ich lernen, schon eher die Situation zu verlassen, bevor es überhaupt zum Ausbruch kommt.

(Alexandra Preiß)

Pubertät

Die Pubertät ist meist für alle Beteiligten anstrengend, für autistische Heranwachsende gilt das noch mehr als für andere. Sie erleben diese Zeit, die bei ihnen manchmal deutlich länger dauert als bei den Gleichaltrigen, mit großer Angst, weil nun so viele neue gesellschaftliche Herausforderungen hinzukommen, die das Erwachsenwerden und Erwachsensein mit sich bringen:

- Im Privatleben: Eine Partnerschaft eingehen und in einer festen Beziehung leben, eine eigene Familie gründen, Kinder bekommen und Verantwortung für sie übernehmen; eine selbstbestimmte Sexualität leben.
- Hinsichtlich Arbeit und Beruf: Einen Beruf erlernen bzw. eine Qualifikation erlangen und weiterentwickeln, arbeiten gehen und Geld verdienen.
- Beim Wohnen: Auszug aus dem Elternhaus, eine eigene Wohnung aussuchen und gestalten.
- Unabhängigkeit, Selbstverantwortung: In vielen Lebensbereichen eigenständige Entscheidungen fällen und die Verantwortung für deren Folgen tragen, Verträge abschließen, politischen Einfluss nehmen durch Wahlen, Vermögenssorge und Vermögensaufbau einschließlich (finanzieller) Vorsorge etc.

All diese Aspekte sind, manchmal etwas modifiziert, prinzipiell auch bei Menschen mit Autismus zu bedenken. Und genau deshalb erleben nicht wenige hochfunktionale autistische Menschen in dieser Zeit eine erste schwere depressive Phase, weil sie eben realisieren, wie viel schwerer und oft auch vermeintlich unerreichbar das alles für sie ist.

Andere Jugendliche haben die Möglichkeit, das Erwachsenwerden in vielen kleinen Schritten einzuüben. Sie probieren sich in den unterschiedlichsten Bereichen aus, sammeln ihre Erfahrungen durch eine Teilhabe an verschiedenen Institutionen in der Gesellschaft und besprechen ihre Erfahrungen mit den Gleichaltrigen. All das bietet ihnen eine gewisse Sicherheit, dass der Weg, den sie für ihr Leben planen, dann auch funktionieren wird.

Diese Hilfen stehen für Menschen mit Autismus jedoch oft nicht zur Verfügung. Sie haben nur wenige Freunde und müssen sich nahezu ausschließlich an den Normen und Werten ihrer Eltern orientieren, die natürlich nicht schlecht sein müssen, die aber eben doch die Ansichten und Vorstellungen der Vorgängergeneration darstellen. Gleichaltrige, die Alternativen dazu aufzeigen, wären ebenso wichtig und notwendig wie eine Gesellschaft, die sie teilhaben und auf diese Weise Erfahrungen sammeln lässt. Nur wenn man mit den Möglichkeiten, die die Welt und das Leben bieten, in Kontakt kommt und diese vermittelt bekommt, kann man sie auch nutzen. Das gelingt Menschen mit Autismus nicht intuitiv, also muss man ihnen das gezielt vermitteln. Auch dies ist eine wesentliche Aufgabe der Bildungseinrichtungen – und all Derjenigen, die mit autistischen Menschen leben und arbeiten.

Die Betroffenen tun sich in der Regel schwerer als andere Menschen, wenn es darum geht, Veränderungen zuzulassen. Das gilt auch für die Veränderungen, die in und an ihnen selbst während der Pubertät geschehen. Es ist wichtig, sie behutsam darauf vorzubereiten und ihnen den Wechsel der unterschiedlichen Lebensphasen so zu veranschaulichen, dass sie sich ohne Angst und vielleicht sogar ein bisschen neugierig einlassen können auf das, was da geschieht, eben deshalb, weil sie darum wissen und weil es sinnvoll zu sein scheint – und auch für sie zu bewältigen.

Denn das ist vermutlich die größte Herausforderung, die Menschen mit Autismus in der Zeit des Erwachsenwerdens bewältigen müssen: Eine eigene Identität und ein eigenes Selbstbewusstsein zu entwickeln vor dem Hintergrund der Erfahrung, dass sie für die Verwirklichung ihrer Lebensentwürfe in erheblichem Maße auf Hilfe und Unterstützung angewiesen sind. Dabei können vor allem diejenigen Leute helfen, die dies selbst erlebt und diesen Schritt bereits bewältigt haben. Gerade im Jugendalter ist deshalb die Peerberatung, also die Beratung und Unterstützung durch andere autistische Menschen, von unschätzbarem Wert und sollte regelhaft Anwendung finden. Gleichzeitig muss man den Betroffenen teilhaben lassen an all dem, was auf das Erwachsenwerden vorbereitet und diesen Schritt erleichtert. Dazu gehören der unbehinderte Zugang zu Einrichtungen in den Bereichen Schule, berufliche Qualifizierung, Freizeit, Wohnen, die Unterstützung bei der Begegnung mit Gleichaltrigen und das Ermöglichen von Erfahrungen, die zur Identitätsbildung beitragen.

Verlassen des Elternhauses und Wohnortwechsel

Auch eine Veränderung des Wohnumfelds stellt für Menschen mit Autismus eine große Herausforderung und eine sehr krisenanfällige Situation dar, weil viele Änderungen zu erwarten sind, die man teilweise kaum planen kann.

Es müssen zahlreiche Fragen ganz individuell geklärt werden, z. B.:

- Wie und wo möchte ich leben und wohnen?
- Wie sehen die ganz konkreten Möglichkeiten aus?
- Welche Anforderungen bestehen, (wie) kann ich diese bewältigen?
- Welche Unterstützung benötige ich, wer kann mich unterstützen?
- Welche sozialen Beziehungen sind mir angenehm? (Wie) kann ich sie aufbauen bzw. halten?
- Was kann ich selbst dafür tun, dass der Wohnraumwechsel gelingen kann?

Bei der Beantwortung dieser und weiterer Fragen ist es oft notwendig, Menschen mit Autismus zu unterstützen und sie zu motivieren, ihre eigenen Wünsche zu äußern, die in jedem Einzelfall unterschiedlich sind. Häufig wird dabei die Vorstellung genannt, mit nicht-autistischen Menschen zusammenzuleben, auch in der

Hoffnung, sich selbst auf diese Weise besser weiterentwickeln zu können. Nicht in jedem Einzelfall werden Wohngruppen ausschließlich für Betroffene tatsächlich so ungünstig sein wie hier beschrieben, aber es ist doch notwendig, die verschiedenen Möglichkeiten zu bedenken und Vor- und Nachteile abzuwägen:

»Ich möchte entweder alleine oder in einer Wohngemeinschaft leben, in einem ganz gewöhnlichen Haus (…). Das heißt, es leben noch andere, ganz normale Mieter im Haus (…). Ich hoffe sehr, dass so ein Projekt umgesetzt werden kann, wenn erst mal alle, auch wirklich alle verstanden haben, dass Autistenwohngruppen nur autistisches Verhalten produzieren« (A. Leipert, in: Zöller 2006, 6–63).

»Offen gestanden, könnte ich mir am besten vorstellen, wie heute in einer Familie zu leben, die in grundehrlichen Beziehungen einen vertrauenden Austausch möglich macht (…). Sehr sinnvoll kann ich mir vorstellen, Menschen, die in verschiedenen Lebenssituationen sind und sich mit ihren Begabungen ergänzen können, zusammenleben zu lassen« (L. Bayer, in: Zöller 2006, 59–61).

Häufig leben die Betroffenen jedoch auch im jungen Erwachsenenalter noch bei ihren Eltern, weil es keine vorstellbaren Alternativen gibt und weil das Wohnen mit der Familie sich über die Jahre hinweg so eingespielt hat, wie es gut für sie ist. Die Eltern können ihr Verhalten am besten einschätzen, sie begegnen ihnen mit Wohlwollen und Verständnis, sie kennen die notwendigen Routinen und Rituale. Aber auch autistische Menschen wünschen sich doch irgendwann die Möglichkeit, sich vom Elternhaus ein Stück weit »abzunabeln« und etwas unabhängiger zu werden. Und auch die Eltern haben den Wunsch, ihre Kinder gut versorgt zu wissen und den eigenen Lebensabend gestalten zu können.

Es gibt noch längst nicht genug Angebote für Menschen mit Autismus im Hinblick auf die Wohnsituation. Und da zum Leben mehr gehört, als nur eine Wohnung oder ein Zimmer zu haben und versorgt zu sein, sind die Anforderungen vielfältig: »Zum normalen Leben gehören einerseits Autonomie und Selbstbestimmung sowie auf der anderen Seite ein Eingebunden-sein in soziale Netzwerke, in denen der Mensch für andere eine Bedeutung hat. Das schließt auch den Arbeitsbereich mit ein. Die Bereiche gehen ineinander über« (Gödecker 2011, 346). Auch die Grenzen aber müssen beachtet werden: »Einrichtungen können nur Hilfen in Form von Strukturen und Personal anbieten, aber sie müssen sich zurückhalten, was Sinnvorstellungen betrifft. Es geht um Vielfalt statt Einfalt, um ein breites Spektrum statt Normierung, Individualität statt Konformität und nicht Anpassung, sondern Zulassung« (Müller-Teusler 2014, 289–290).

Mögliche Alternativen für Menschen mit Autismus zum Leben im Elternhaus können z. B. sein:

- selbstständiges Wohnen,
- ambulant betreutes Wohnen; dabei wohnt der betroffene Mensch selbstbestimmt, kann aber auf flexible Hilfsangebote zurückgreifen (Beratungsgespräche, Unterstützung bei alltäglichen Aktivitäten wie Behördengängen, Einkäufen oder

Arztbesuchen etc.). In einem Projekt wurden drei junge Männer mit Asperger-Syndrom, die sich für diese Wohnform entschieden hatten, wissenschaftlich begleitet (Klauß 2008). Dabei konnte gezeigt werden, dass sie mit der Zeit erheblich selbstständiger wurden. Anfangs benötigten sie relativ viel Hilfe, allmählich aber konnten sie recht viele Anforderungen des Alltags eigenständig erledigen und waren oft nur noch auf beratende Hilfen angewiesen,
- sozialtherapeutische Wohngemeinschaften; diese Wohnform wird häufig als eine Übergangslösung nach dem Auszug aus dem Elternhaus in Anspruch genommen, sie kann aber auch eine dauerhafte Möglichkeit darstellen. Hier verrichten die Bewohner die notwendigen Organisations- und Haushaltstätigkeiten weitgehend selbstständig, es erfolgt aber eine Betreuung durch Fachkräfte. Der einzelne Bewohner hat meist sein eigenes Zimmer, daneben stehen Gemeinschaftsräume zur Verfügung, in denen angeleitete Freizeitangebote stattfinden (wichtig: Angebote, keine Verpflichtungen!),
- Wohnheime; in der Regel werden sie für Menschen mit Autismus mit relativ hohem Unterstützungsbedarf angeboten, weil alternative Angebote fehlen oder nicht finanziert werden. Da es viel Bedarf und nicht allzu viele Angebote gibt, ist es für den betroffenen Menschen oft nicht möglich, sich das Heim und die Mitbewohner selbst auszusuchen. Das führt nicht selten zu unglücklichen Zuständen für alle Beteiligten und zur Beschreibung von »Schicksalsgemeinschaften« (Leuchte 2015b, 411). Es gibt aber durchaus auch positive Beispiele von gut geführten Heimeinrichtungen mit motivierten Mitarbeitern. Wichtig ist, dass neben Gruppenangeboten auch individuelle Aufmerksamkeit und Zuwendung gewährleistet werden,
- Hofgemeinschaften etc.; manche autistische Menschen ziehen das Leben auf dem Land dem in der Stadt vor, leben dann z. B. auf einem Bauernhof oder in einer Hofgemeinschaft.

Viele dieser Möglichkeiten sind den Betroffenen selbst oft gar nicht bekannt, deshalb ist es wichtig, sie darüber zu informieren und ihre eigenen Vorstellungen und Ideen zum Ziel zu nehmen.

Menschen mit Autismus und ihre Eltern wünschen sich oft für sich selbst bzw. für ihre Kinder (vgl. Preißmann 2013a und 2015a sowie Kapitel »Barrierefreiheit«)

- eine möglichst langfristige und umsichtige Wohnplanung,
- eine ruhige Wohngegend, die dennoch genug Möglichkeiten bietet, am sozialen Leben teilzunehmen (die also u. a. den Anschluss an öffentliche Verkehrsmittel gewährleistet und Einkaufsmöglichkeiten bietet),
- ein nicht zu hellhöriges Haus mit übersichtlichen Wohneinheiten,
- ruhige Nachbarn und insgesamt eine möglichst hohe Reizabschirmung,
- Ansprechpartner für den Fall technischer oder handwerklicher Probleme,
- einen geregelten und strukturierten Alltag,
- ein eigenes Zimmer als Rückzugsort (z. B. beim Leben in Wohnheim oder WG), wo sie ungestört sein können,

- regelmäßige angeleitete Freizeitaktivitäten einschließlich sportlicher Möglichkeiten, damit sie auch die freie Zeit gut genießen und mit anderen Menschen in Kontakt kommen können,
- feste und flexible Unterstützung: gewisse Stundenanzahl (je nach individuellem Bedarf), zusätzlich bedarfsgerechte Hilfe (immer dann, wenn man sie braucht) bei Veränderungen und besonderen Lebensumständen,
- Unterstützung im Haushalt: beim Kochen, Putzen, Einkaufen etc.,
- Unterstützung in der Freizeit, bei der Abendgestaltung,
- Unterstützung bei Behördengängen oder Arztbesuchen,
- wohlwollende, gut geschulte Mitarbeiter, die über die besonderen Bedürfnisse von Menschen mit Autismus Bescheid wissen,
- ein »Notfallsystem« mit telefonischer Erreichbarkeit eines Menschen, der in Krisensituationen weiterhelfen kann. Deutlich wird hierbei, dass die Fähigkeit zum Telefonieren als eine ganz wesentliche Kompetenz angesehen werden muss, um selbstständig wohnen zu können (vgl. Terinde & Schweigstill 2014). Nur so ist es jederzeit möglich, in Kontakt zu bleiben und sich Hilfe zu holen. Diese wichtige Fähigkeit muss also schon in früheren Jahren trainiert werden, falls sie Schwierigkeiten bereitet.

Insgesamt kann man feststellen, dass mit der geeigneten Unterstützung oft eine sehr befriedigende Wohnsituation für Menschen mit Autismus erreicht werden kann. Notwendig dafür sind auch hier ganz individuelle Hilfen und die Bereitschaft, sich den Anforderungen zu stellen:

»Heute habe ich zusammen mit meinem Hund eine eigene Wohnung. Ich bin froh über diesen Rückzugsbereich. Außerdem werde ich durch meine Assistentinnen und Assistenten im Alltagsleben unterstützt. Ich erhalte immer dann Hilfe, wenn ich sie brauche. So zum Beispiel bei Putzarbeiten, beim Kochen, zum Teil bei der Gestaltung des Abends, bei Arztbesuchen oder ähnlichem. Ab und zu machen wir einen gemeinsamen Ausflug. Meine Helfer reagieren sehr flexibel auf meine Bedürfnisse. Gibt es eine Veränderung, erfolgt auch unverzüglich eine Anpassung der Begleitung. Oft bin ich über meine Wohnsituation glücklich«
(I. Köppel, in: Preißmann 2015a, 67–68).

Inzwischen bin auch ich in eine eigene Wohnung gezogen, denn es war mir wichtig, diesen Schritt zu tun, solange es meinen Eltern gutgeht und sie mich dabei noch begleiten können. Ich habe also eine Wohnung in ruhiger Lage gefunden, direkt an einem großen Feld, wo ich laufen gehen kann, auf der anderen Seite aber auch mit guter Verkehrsanbindung in die Innenstadt. Beides war mir sehr wichtig. Mich dort einzugewöhnen, fiel mir schwerer als erwartet, aber es war gut für mich, diese Veränderung in meinem Tempo bewältigen zu können: Ich habe also anfangs zwei Nächte in der Woche in meiner Wohnung geschlafen, die übrigen Nächte bei meinen Eltern, und allmählich die Zeiten in meinen eigenen vier Wänden ausgebaut. Dabei wurde ich gut unterstützt durch meine Psycho- und Ergotherapeutinnen, die mir auch Tipps gegeben haben für die Einrichtung. Noch immer ist nicht alles fertig, es hängen noch keine Bilder, aber ich fühle mich wohl und bin sehr glücklich, dass ich diesen Schritt gewagt habe. Und ich habe viel Glück mit einer sehr lieben Nach-

barin, die mir immer wieder ihre Hilfe anbietet und mich sehr unterstützt. Schwierig ist für mich noch immer die Einsamkeit, ich kann nicht gut auf andere Menschen zugehen und bleibe alleine, ich habe nur wenige Kontakte. Angeleitete Freizeitaktivitäten wären deshalb gut für mich. Nun wird in unmittelbarer Nachbarschaft ein Mehrgenerationenhaus gebaut mit der Möglichkeit, auch dann die dort angebotenen Aktivitäten zu nutzen, wenn man nicht im Haus wohnt. Vielleicht ist das eine gute Möglichkeit für mich, und es würde mich sehr glücklich machen, auch auf diesem Gebiet eine Lösung für mich zu finden. Manchmal freue ich mich über meine Wohnsituation, in anderen Momenten vermisse ich meine Eltern, wenn ich allein bin, und fühle mich einsam. Insgesamt überwiegt das Glück, aber das Leben ist nicht einfach.

Älterwerden mit Autismus

Da Autismus-Spektrum-Störungen erst in den letzten etwa dreißig Jahren ein größeres Interesse erfahren, gibt es noch nicht viele Erfahrungen mit den spezifischen Besonderheiten von Menschen mit Autismus im höheren Lebensalter, weder in Deutschland noch in anderen europäischen Ländern. Inzwischen hat man aber die Notwendigkeit erkannt, sich schwerpunktmäßig auch damit zu befassen, um neue Konzepte entwickeln zu können (z.B. Happe & Charlton 2012), die auch älteren Menschen mit Autismus ein freundliches, angenehmes Klima und Lebensumfeld ermöglichen. Die Notwendigkeit dafür wurde bereits von Hans Asperger vor 80 Jahren erkannt: »Die Auseinandersetzung wird zweifellos viel fruchtbarer werden, wenn wir zeigen, was aus unseren Kindern wird, wenn sie erwachsen sind« (Asperger 1944, 136). Derzeit aber bereitet eine Beschäftigung mit diesem Thema vielen Betroffenen (und auch ihren Eltern) Sorge.

Insbesondere müssen kognitive und körperliche Aspekte, psychische Begleiterkrankungen (v.a. Depressionen und Ängste), Möglichkeiten der psychosozialen Unterstützung für diesen Lebensabschnitt, passende Wohnmöglichkeiten, Angebote zur Tagesstrukturierung auch nach der aktiven Berufstätigkeit und Besonderheiten im Rahmen einer Pflegebedürftigkeit Beachtung finden. Aber auch die Themen Tod und Sterben darf man nicht ausklammern, auch sie gehören zum Leben des älter werdenden Menschen dazu.

Wenngleich Menschen mit Autismus oft noch lange recht jugendlich wirken (aufgrund der nur spärlich eingesetzten Mimik haben sie häufig nur wenige Falten im Gesicht), finden sich die »normalen« Anzeichen des höheren Lebensalters auch bei ihnen: Die körperliche Kondition wird schlechter, das Tempo langsamer, die Belastbarkeit schlechter, es sind häufigere Ruhepausen notwendig. Schließlich nimmt die Selbstständigkeit ab. Der Hilfebedarf wird nicht geringer (obwohl schwere Verhaltensauffälligkeiten häufig abnehmen), aber er verändert sich, »weil es weniger um Fördern als vielmehr um das Erhalten von Kompetenzen geht« (Yekrangi & Müller-Teusler 2016, 31).

Selbstverletzendes und zwanghaftes Verhalten sowie »autismusspezifische Merkmale« wie repetitive Interessenmuster und stereotype und repetitive motorische Manierismen scheinen im höheren Lebensalter abzunehmen (Esbensen et al. 2009), stattdessen scheint es bei älteren betroffenen Menschen eher Vorlieben für Rituale und das Bedürfnis nach einer Gleichförmigkeit des Lebensalltags zu geben. Häufig nimmt auch die sensorische Empfindsamkeit zu im Hinblick auf Lautstärke oder Menschenansammlungen (Yekrangi & Müller-Teusler 2016).

Entsprechend der ganz persönlichen Auffälligkeiten und Bedürfnisse muss eine individuelle Lösung gefunden werden, vor allem im Hinblick auf berufliche Anforderungen im fortgeschrittenen Alter, die eventuell modifiziert werden müssen, sowie in der Freizeit mit dem Alter angepassten Aktivitäten. Insbesondere ist auch weiterhin eine Tagesstruktur notwendig, die aber ebenfalls verändert und angepasst werden muss: »Wie das Leben dann gestaltet wird, hängt von vielen Faktoren ab: von der Ausprägung des Autismus, vom personellen und räumlichen Umfeld, von der Erziehung und den Lebensentwürfen, die Menschen mit Autismus haben. Manche Menschen konnten sich eine Nische im Leben erkämpfen, in der sie glücklich sind, andere hadern, kämpfen gegen ihre Beschränkungen an und wünschen sich ein Leben ohne Autismus« (Becker 2014, 315).

Soziale Kontakte

Anders als nicht-autistische Altersgenossen haben Menschen mit Autismus oft nicht die Möglichkeit, im Ruhestand einen Sportverein zu besuchen, Hobbys zu pflegen oder in einer Bar ein Bier zu trinken. Es bleibt ihnen also meist nichts anderes übrig, als zu Hause zu bleiben. Wichtig sind daher für diese Altersstufe ruhigere gemeinsame Aktivitäten, als sie für jüngere Betroffene angeboten werden, etwa Kurse zur Erwachsenenbildung, Kurzreisen und Ausflüge, Konzert-, Theater- und Museumsbesuche, Musikabende, Spiel und Unterhaltung, Spaziergänge etc. Einsamkeit lässt Menschen schneller altern, eher krank werden und früher sterben (Spitzer 2016), und eine aktive soziale Teilhabe wird auch als die vermutlich wichtigste Präventionsmaßnahme gegen geistigen Abbau propagiert (ebd.).

Dann, wenn die Herkunftsfamilie nicht mehr zur Verfügung stehen kann, müssen also gute »neue« Bezugspersonen gefunden werden, und wahrscheinlich sind autistische Menschen im Alter sogar in besonderem Umfang auf eine adäquate Betreuung angewiesen, auch diejenigen von ihnen, die in jüngeren Jahren nicht betreut wurden. Während sie zu dieser Zeit meist über ein gut funktionierendes Netzwerk von Hilfsangeboten verfügten (Eltern oder sonstige Bezugspersonen, Therapeuten, Ärzte etc.), ist zu befürchten, dass sie beim Wegfall desselben zunehmende Unterstützung benötigen. Daher ist es unumgänglich, entsprechende Konzepte für Menschen mit Autismus im Alter zu erarbeiten.

Versorgung auf unterschiedlichen Gebieten

Becker (2014, 320) beschreibt folgende Grundbedürfnisse älterer Menschen mit Autismus:

- Das Bedürfnis nach Gesundheit und Wohlbefinden,
- das Bedürfnis nach Sicherheit, Geborgenheit und Kontinuität von Lebensgewohnheiten, Bezugspersonen und der Umgebung,
- das Bedürfnis nach einem ruhigeren Lebensrhythmus,
- das Bedürfnis nach Aktivität,
- das Bedürfnis nach individueller Zuwendung und Betreuung.

Auch eine zusätzliche therapeutische Unterstützung ist auch noch im höheren Lebensalter sinnvoll. In einer Befragung fand sich bei den Betroffenen Gesprächs- und Klärungsbedarf insbesondere im Hinblick auf folgende Aspekte (vgl. Elichaoff 2015):

- die Auswirkungen der eigenen Autismusdiagnose und das Bedauern darüber, diese nicht früher erhalten zu haben,
- die oft lebenslange depressive Stimmungslage und die häufig frustrierenden Behandlungsversuche, die scheiterten, weil nicht gleichzeitig Maßnahmen zum besseren Umgang mit der autistischen Problematik angeboten wurden,
- Erfahrungen mit dem psychiatrisch-psychologischen Hilfesystem,
- die verhältnismäßig gute berufliche Ausbildung bei gleichzeitig nur als ungenügend empfundenen Karrierechancen; hierfür werden u. a. dauernde Missverständnisse in Gesprächen und in Gruppensituationen verantwortlich gemacht,
- soziale und kommunikative Probleme, die von den betroffenen Menschen als im gesamten Lebensverlauf schwerwiegend beurteilt werden und die ihr Arbeitsleben genauso beeinflusst haben wie Freundschaften und Beziehungen oder Freizeitaktivitäten (Interessenverbände, kirchliche oder andere Organisationen und Gruppen),
- den Wunsch, selbst als »Experte in eigener Sache« aktiv zur Verbesserung der Lage von Menschen mit Autismus beizutragen.

Die Biografie älterer Menschen mit Autismus ist oft geprägt von einem langjährigen Aufenthalt in Sondereinrichtungen, die nicht den heutigen Standards entsprechen. Ihre Sozialisation erfolgte außerhalb der »normalen« Gesellschaft, und wenn sie berufstätig waren, dann meist in speziellen Werkstätten. Zahlreiche wichtige lebenspraktische und soziale Erfahrungen sind ihnen dadurch verschlossen geblieben.

Dies alles gilt es auf der einen Seite zu berücksichtigen, wenn entsprechend der heutigen Standards eine größtmögliche Eigeninitiative hinsichtlich Entscheidungen, Aktivitäten etc. gefordert wird. Viele Betroffene haben genau das schlicht nicht lernen können. Sie hatten ihren festen Rahmen, ihre festen Strukturen und haben sich damit arrangiert.

Auf der anderen Seite aber realisieren manche Menschen mit Autismus auch genau dieses Dilemma und hadern mit ihrem Schicksal, weil sie scheinbar so vieles von dem, was für andere Menschen »das Leben« ausmacht, verpasst haben. Es ist zu erwarten, dass nachfolgende Generationen betroffener Menschen dies so nicht mehr erleben werden, da sich Konzepte und Vorgehensweise in Einrichtungen und Organisationen inzwischen grundlegend geändert haben, aber das macht es nicht leichter für diejenigen, die heute genau das erleben. Sie brauchen Unterstützung auch bei der Bewältigung ihrer Enttäuschungen und beim Betrauern ihrer verpassten Möglichkeiten.

Vielen Eltern autistischer Menschen fällt es außerdem schwer, sich vorzustellen, was aus ihrem Kind werden soll, wenn sie sich nicht mehr kümmern können, und den Betroffenen selbst geht es oft nicht anders, sie »wissen durchaus um ihren Unterstützungsbedarf und versuchen, Lösungen zu generieren. Bezüglich des Wegfalls der Eltern macht sich aber vor allem Angst und Unsicherheit breit, wenn sie in Anbetracht des fortschreitenden Alters der Eltern in das Bewusstsein rückt« (Gödecker 2011, 355). Manchmal wird das Thema so lange hinausgezögert, bis es nicht mehr anders geht und schließlich auf die Schnelle eine Lösung gefunden werden muss. Dies ist aber gerade für die Betroffenen die schlechteste Möglichkeit, denn die plötzliche massive Veränderung der eigenen Lebenssituation führt dann nicht selten zu einer schweren Krise. Der Abschied von den gewohnten Lebensumständen, dem Elternhaus, dem Garten und der Umgebung kann sehr schmerzhaft und traurig sein, gerade dann, wenn das bekannte Umfeld als stabil und stabilisierend erlebt wurde.
 Wichtig ist es also, schon frühzeitig darüber nachzudenken, wie das Leben auch dann gelingen kann, und diesen Schritt gut zu begleiten, damit er im eigenen Tempo erlebt werden kann, was ein ganz wichtiges Bedürfnis autistischer Menschen darstellt (vgl. Preißmann 2015a). Hilfsmöglichkeiten (therapeutisch, lebenspraktisch etc.) müssen rechtzeitig etabliert werden, die Wohnsituation ist zu bedenken, und eine gute medizinische Betreuung ist in diesem Lebensabschnitt noch wichtiger als zuvor.

Für den Fall einer Pflegebedürftigkeit müssen u.a. folgende Besonderheiten berücksichtigt werden:

- die erhöhte Sensibilität gegenüber Sinnesreizen (schreiende Mitbewohner im Heim etc.),
- das oft verringerte Schmerzempfinden (Erkrankungen, Verletzungen, Druckgeschwüre etc. werden deshalb ggf. erst spät erkannt),
- motorische Ungeschicklichkeit (erhöhte Sturzgefahr),
- Berührungsempfindlichkeit (wichtig bei Pflegeverrichtungen),
- die Notwendigkeit ruhiger Rückzugsmöglichkeiten (manchmal nur Mehrbettzimmer im Heim),
- Besonderheiten bezüglich der Ernährung
- und individuell weitere Aspekte.

Spezielle Konzepte werden dann notwendig, und auch das Pflegepersonal muss Fortbildung und Anleitung erhalten. Dies sind wichtige neue Herausforderungen für die kommenden Jahre.

Emotionale Aspekte

Aber auch, wenn scheinbar alles gut geregelt ist und alle Zuständigkeiten geklärt sind, bleibt oft ein Rest an Sorge, mit dem Eltern von Menschen mit Autismus meist bis zuletzt leben müssen: die Frage nach der emotionalen Zuwendung. Man wünscht sich Freunde und andere Menschen für das eigene Kind, die ihm liebevolle Bezugspersonen werden können. Es gibt Fragen, auf die man scheinbar keine Antworten findet, und dieselbe Sorge haben auch viele Betroffene selbst:

Es geht mir ganz gut derzeit, ich gehe gern arbeiten, habe nun auch eine Lösung für meine Wohnsituation gefunden, die zwar schwieriger ist als gedacht, aber langfristig machbar scheint. Allerdings ist der Gedanke daran, dass meine Eltern nicht mehr unbegrenzt lange gesund sein und irgendwann schließlich sterben werden, für mich noch immer sehr schlimm. Wer wird mir dann beistehen? Wer wird mich lieb haben? Wer wird mir vermitteln, dass ich gewollt und willkommen bin? Wer wird mit mir in schönen Momenten lachen und mich in traurigen Zeiten trösten? Wer überlegt sich schöne Kleinigkeiten, die den Tag zu etwas Besonderem machen, kleine Aufmerksamkeiten, die speziell für mich bestimmt sind und die mir Freude machen? Mit wem kann ich Weihnachten feiern, wenn meine Eltern nicht mehr da sind? Und wer wird sich wirklich tief im Herzen freuen, wenn er mich sieht? Wird es jemanden geben, der meine liebenswerten Seiten erkennt? Das alles sind Fragen, auf die ich noch keine Antworten habe und die mich immer wieder sehr traurig machen.

Dietmar Zöller malte bereits im Alter von 15 Jahren ein Bild mit dem Titel »Alter Autist trägt sein Schicksal«. Später erweiterte er die Beschreibung seines Werkes um folgenden Text: »Die Bürde seines Lebens ist schwer. Er geht seinen Weg einsam und ohne Freunde. Dennoch umgibt ihn ein Glanz, den kein Außenstehender deuten kann« (Zöller 2006, 18). Dies führt er noch etwas aus:

»Ich malte mich ›von einem Glanz umgeben‹. Und darum ist mein Bild vom alten Autisten kein pessimistisches Bild, sondern es vermittelt auch eine Hoffnung, die mir heute viel deutlicher ist als damals. Ich weiß heute besser, was den Glanz ausmacht, der mich umgibt. Ich habe die Erinnerung, und von der Erinnerung kann ich Kraft schöpfen. Ich weiß mich geborgen, auch über das Leben meiner Eltern hinaus« (ebd.).

Zöller beschreibt zudem das, was auch viele andere Menschen mit Autismus bei sich wahrnehmen: dass sie nun älter oder gar alt werden, ohne eigentlich wirklich jemals jung gewesen zu sein, weil sie es nicht anders kennen, als versorgt werden zu müssen:

»Mein Leben war von Anfang an von Krankheit und Schwäche gezeichnet (...). Alles war von Anfang an nicht der Norm entsprechend, und darum fällt es mir schwer, mir mein Alter

vorzustellen. Das Alter wird vermutlich anders verlaufen als bei Menschen, die ein normales Leben führen konnten. Das kann ein Vorteil sein, aber es kann auch dazu führen, dass es mir besonders schlecht geht. Ich muss schließlich auch mit den verpassten Chancen fertig werden« (Zöller 2006, 35).

Auch das Wahrnehmen des fortschreitenden körperlichen (und vielleicht auch kognitiven) Abbaus bei den eigenen Eltern und das Realisieren, dass diese irgendwann sterben werden, kann autistischen Menschen viel Angst bereiten. Manchmal sind Söhne und Töchter mit Autismus aber auch auf einmal wichtige Helfer, weil sie Aufgaben übernehmen können, die den Eltern allmählich zu schwer werden (schwere Einkaufstüten tragen, Rasenmähen, Aufräumen und Kochen etc.). Die erwachsenen Kinder, die ihr Leben lang erfahren haben, dass sie bei allem Unterstützung brauchen und die Eltern alles für sie tun, merken nun plötzlich, dass sie auch stark sind und auch selbst die Eltern unterstützen können. Das ist manchmal eine ganz neue und nicht selten auch beglückende Erfahrung, die dazu motivieren kann, sich an noch weitere Aufgaben heranzuwagen, die bislang undenkbar schienen.

Trauer, Tod und Sterben

Eltern neigen oft dazu, traurige Ereignisse von ihrem Kind mit Autismus fernzuhalten, weil man ihm keinen allzu großen Schmerz zumuten möchte. Doch damit verhindert man eben auch, dass belastende Situationen verarbeitet werden können. Grundsätzlich ist es so, dass autistische Menschen in demselben Ausmaß trauern wie andere. Manchmal merkt man es ihnen aber nicht an, weil sie scheinbar unbeeinträchtigt ihren üblichen Alltag leben, und weil sie oft nicht in der Lage sind, ihre Gefühle angemessen zu äußern:

»Als ich erfuhr, dass meine Großmutter gestorben ist, wollte ich einfach alleine sein. Ich wollte kein Reden, keinen Körperkontakt, sondern meine Ruhe. Danach wollte ich normalen Alltag, ohne meine Oma und ihren Tod zum Thema zu machen. Mein Kopf dachte in der Zeit sehr viel nach, aber ich war nicht in der Lage, darüber zu sprechen. An der Beerdigung nahm ich sehr unbeteiligt teil, und danach ging mein Alltag äußerlich unverändert weiter. Ohne Besuche auf dem Friedhof, ohne Teilnahme an Gottesdiensten und ohne Gespräche mit meiner Familie über das, was passiert war. Nach außen hin sah es so aus, als ließe mich die Situation komplett kalt. Dies war für alle, die mich kannten, unerklärlich, denn ich war meiner Oma sehr nah, hatte viel mit ihr gemeinsam und habe sehr viel Zeit mit ihr verbracht. Umso unverständlicher war es für alle, dass ihr Tod mir scheinbar gleichgültig war (...). Mein Alleinsein war meine Art der Bewältigung dieses für mich sehr großen Verlustes« (N. Höhlriegel, in: Preißmann 2013a, 93–94).
»Ich habe Verständnis für die Grenzerfahrungen des Lebens und kann solche Erfahrungen auch verarbeiten, was allerdings nicht heißt, dass ich nicht leide. Ich empfinde Leid und Freude nicht anders als andere Menschen« (Zöller 2006, 28).

Es ist sehr wichtig, die Betroffenen im Falle einer lebensbedrohlichen Erkrankung eines nahestehenden Menschen zu unterstützen. Man sollte sie rechtzeitig über die Krankheit informieren, ihnen Gelegenheit zum Abschiednehmen geben und auch begleitende Gespräche führen über das Sterben und den Tod (und, entsprechend der eigenen Überzeugung, eventuell auch über das Leben nach dem Tod). Ist der nahestehende Mensch gestorben, kann man Abschiedsbriefe schreiben und diese in den Sarg legen, zusammen die Trauerfeier gestalten, Blumen und Lieder aussuchen etc. Oft macht die gemeinsame Beschäftigung mit diesen praktischen Dingen den Schmerz ein kleines bisschen leichter, vor allem dann, wenn die Familie zusammenkommt, miteinander redet und sich gemeinsam unterstützt. Auch zu Hause lassen sich schließlich kleine Rituale finden, Kerzen aufstellen etc. Langfristig kann man dann zur Erinnerung das Grab besuchen, Lieblingslieder des Verstorbenen hören, Bilder ansehen usw.

Wechsel der Bezugspersonen

Die Bezugspersonen autistischer Menschen nehmen einen ganz besonderen Stellenwert ein. Meist sind das die Eltern, aber oft eben auch Therapeuten, Pädagogen oder Angehörige anderer Berufsgruppen, die viel Zeit mit den Betroffenen verbringen und zu wichtigen Vertrauenspersonen geworden sind. Das Problem ist aber, dass sie in der Regel nur befristet zur Verfügung stehen können. Durch berufliche Neuorientierung, Wohnortwechsel, Schwangerschaft und Gründung einer Familie oder durch Urlaub und Erkrankung gibt es immer wieder Zeiten, in denen die Bezugsperson nicht oder nicht mehr zur Verfügung stehen kann. Das kann autistische Menschen in eine schwere Krise stürzen.

Menschen kommen und gehen – das wird immer wieder im Leben vorkommen. »Mitarbeiter sind Gast im Leben der Bewohner«, so formuliert es Müller-Teusler (zit. in Becker 2014, 321), und meine Psychotherapeutin, eine sehr liebe und kluge Frau, ergänzt: »Liebe Bezugspersonen sind Geschenke, die wir eine Zeitlang genießen dürfen und für die wir dankbar sein sollten, die wir aber nicht dauerhaft behalten können.« Das trifft es wohl recht gut.
 Auch Herbert Grönemeyer betont dies:
»Du bist ein Geschenk.
Seit ich Dich kenne
trag ich Glück im Blick (…).
Du bist das Geschenk aller Geschenke.
Seit ich Dich kenne
trag ich Glück im Blick« (Herbert Grönemeyer: »Glück«).

Es ist ein unendlich wertvolles Geschenk, Hilfe, Unterstützung oder gar Zuneigung von einem Menschen erhalten zu können. Es ist gut, dafür dankbar zu sein und den

Augenblick zu genießen. Die Situation wird so nicht bleiben – aber man darf sich daran erfreuen, dafür dankbar sein und dann auch darauf hoffen, dass sich auch künftig Menschen für uns finden lassen werden, mit denen es uns gutgeht.

Barrierefreiheit im Alltag für Menschen mit Autismus

Am 26.03.2009 ist die Konvention der Vereinten Nationen über die Rechte von Menschen mit Behinderungen (UN-BRK) in Deutschland in Kraft getreten. Sie wurde vom Bund und allen 16 Bundesländern ratifiziert. Für Politik, Verwaltung und für die Gerichte sind die Vorgaben seit diesem Zeitpunkt verbindliches Recht. Das Behindertengleichstellungsgesetz des Bundes (BGG) sowie dem folgend die Gleichstellungsgesetze der Länder bezeichnen Barrierefreiheit als die Gestaltung der baulichen Umwelt und von Information und Kommunikation in der Weise, dass diese von Menschen mit Behinderung in gleicher Weise genutzt werden können wie von Menschen ohne Behinderung. »Unabhängig vom Schweregrad der Beeinträchtigung ist grundsätzlich von einer lebenslangen Bildungs- und Entwicklungsfähigkeit des Menschen auszugehen. Prinzipiell verfügen Menschen damit über die Möglichkeit der Entwicklung, die aber nur dann verwirklicht werden kann, wenn ihnen in ihrer Umwelt und in ihrem sozialen Umfeld die dafür erforderlichen Bedingungen und Voraussetzungen geschaffen werden« (Lanwer 2006, 23).

Die Maßnahmen zur Barrierefreiheit beschränken sich dabei jedoch in aller Regel auf Hilfen für Menschen mit Gehbehinderungen, da sie sich für diesen Personenkreis gut definieren und vergleichsweise leicht umsetzen lassen. Wenn man aber gesellschaftliche Hürden für Menschen mit Beeinträchtigungen abbauen möchte, muss man den Personenkreis um Menschen mit Seh-, Hör-, geistiger oder seelischer Behinderung sowie Autismus erweitern. Da reicht es nicht, Rollstuhlrampen oder Fahrstühle zu installieren, sondern es müssen in Abstimmung mit den Fachverbänden und den betroffenen Menschen weitere Lösungen gefunden werden.

Natürlich ist bei einer bestehenden Gehbehinderung die Notwendigkeit rollstuhlgerechter Einrichtungen schon auf den ersten Blick ersichtlich. Aber auch Menschen mit Autismus sind im alltäglichen Leben zahlreichen Hürden ausgesetzt, die ihr Wohlbefinden und auch ihre Gesundheit einschränken und gefährden können, und oft wird der Autismus erst im sozialen Kontext der gesellschaftlichen Bedingungen auch zur Behinderung.

Es ist daher wichtig, auch für autistische Menschen Maßnahmen zur Barrierefreiheit zu definieren und einzufordern. Die bestehenden Schwierigkeiten sind bei jedem Betroffenen unterschiedlich, aber einige allgemeine Hilfen, die teils sehr einfach umzusetzen sind, sollten doch angeregt werden, um den Alltag auch für Menschen mit Autismus einfacher und lebenswerter zu machen.

Wahrnehmung

Bei Besonderheiten im Bereich der Wahrnehmung, die bei Menschen mit Autismus sehr oft zu finden sind, können folgende Maßnahmen hilfreich sein (vgl. Miller 2016):

- Akustische oder visuelle Hilfsmittel (z. B. Tonsignale, Beschilderungen, Beschriftung von öffentlichen Anlagen, Markierungen, Symbole, Piktogramme, wechselnde Bodenbeläge, Einsatz von Farben etc.),
- Möglichkeiten, akustische Reize zu verringern (z. B. Ohrenstöpsel oder Kopfhörer, schallschluckender Teppichboden, ruhige Wohnung, gut schließende Fenster, piepsende elektronische Geräte aussortieren, unvermeidbaren Lärm vorher ankündigen, ruhiger Arbeitsplatz in Schule oder Beruf etc.),
- Möglichkeiten, optische Reize zu verringern (z. B. Sichtblenden, Sonnenbrille, Verdunklungsrollos, angenehme, nicht blendende Farbgestaltung im Wohnbereich, Verzicht auf Neonröhren oder blinkende Leuchtreklame etc.),
- Möglichkeiten, taktile Reize zu verringern (z. B. Herausschneiden störender Etiketten im T-Shirt, Verzicht auf Wolle oder andere Stoffe, die als unangenehm empfunden werden, Nutzung von Hilfsmitteln bei der Nahrungszubereitung, um Lebensmittel bestimmter Konsistenz nicht berühren zu müssen etc.),
- Möglichkeiten, olfaktorische Reize zu verringern (z. B. geruchsneutrale Waschmittel, Seifen, Cremes etc. verwenden; schlechte Gerüche »übertönen«, etwa durch das Aufsaugen von etwas Vanillezucker oder Kaffeepulver nach dem Beutelwechsel des Staubsaugers; einen angenehmen »Not-Duft« bei sich tragen wie Zitrone, angenehmes Parfum, Gewürz etc.),
- Möglichkeiten, Reize zu vermeiden, die durch zu viele Menschen entstehen (z. B. Trennwände in großen Räumen; Einkauf am frühen Morgen oder am späten Abend; Online-Bestellungen etc.),
- Möglichkeiten bei schlechter Körperwahrnehmung (z. B. bei Schwierigkeiten, Hunger rechtzeitig wahrzunehmen, stets einen kleinen Snack mit sich führen; gezieltes »Essen nach Plan« bei fehlendem Sättigungsgefühl etc.),
- Hilfen zur Strukturierung der Abläufe (z. B. Ablaufpläne; Tages- und Wochenkalender; bei sozialen Kontakten vorher die Dauer des Treffens festlegen; Ordnung schaffen und halten etc.).

Kontakt und Kommunikation

Im Hinblick auf die Schwierigkeiten bei Kontakt und Kommunikation von Menschen mit Autismus können im Sinne einer »barrierefreien Kommunikation« folgende Maßnahmen angeregt werden (vgl. Bauerfeind 2016, Leuchte 2015):

- Verwendung von einfacher, unmissverständlicher Sprache,
- Verzicht auf Redewendungen und doppeldeutige oder ironische Äußerungen oder aber unmittelbares Erklären derselben bei Verwendung,

- Verzicht auf die Äußerung mehrerer Anforderungen in unmittelbarer Reihe; stattdessen besser schriftliche Information über mehrere Anforderungen,
- Erklären der verwendeten Mimik und Gestik, wenn diese nicht erkannt und nicht verstanden werden kann,
- Einsatz neuer Medien mit kommunikations- und computergestützten Hilfen, falls diese individuell als hilfreich wahrgenommen werden,
- Alternative Möglichkeiten der Kommunikation anbieten, wenn die Verbalsprache nicht erlernt werden kann, z. B. Gebärdensprache, Kommunikation über Schreibtafeln, Computer, Bildkarten etc.,
- Klare Absprachen treffen und einhalten, feste Strukturen im Alltag und entsprechende Zeitpläne entwickeln,
- Ruhepausen und Rückzugsmöglichkeiten bei längeren Kontakten einplanen,
- Bedenken, dass autistische Menschen in erster Linie dann den Kontakt suchen, wenn sie Sachinformationen austauschen möchten. Die Kommunikation mit ihnen sollte darauf ausgerichtet sein.

Kindheit und Schule

Die Schule stellt für viele autistische Menschen die schlimmste Zeit ihres Lebens dar. Es ist daher extrem wichtig, für diesen Lebensabschnitt Unterstützung anzubieten. Folgende Maßnahmen können hilfreich sein (vgl. auch Preißmann 2013a, Schirmer 2010):

- Möglichkeit, die Pausen im Schulgebäude zu verbringen, z. B. im Klassenraum oder in der Schülerbibliothek,
- Auch andere Klassen- bzw. Schulregeln werden für den Schüler mit Autismus ggf. angepasst (Verbot von Kopfhörern etc.),
- Der autistische Schüler kann sich ebenso wie alle anderen gleichwertig einbringen und ist genauso willkommen: »Wenn das Recht der Kinder auf inklusive Schulen verwirklicht ist, dann muss nicht mehr das Kind zeigen, dass es zur Schule passt. Die Lehrerinnen und Lehrer, die Schulleitung und alle Verantwortlichen fragen, wie die Schule sein muss, damit alle willkommen sind. Die Schule ist für die Kinder da, nicht die Kinder für die Schule. Das ist das Prinzip der Inklusion« (Klauß 2010, 47),
- Raum- und Arbeitsplatzgestaltung: Anpassungen des Klassenraums bzw. des Stundenplans für den betroffenen Schüler; ruhige Rückzugsmöglichkeit für den Bedarfsfall überlegen (freier Nebenraum etc.); überschaubarer Arbeitsplatz,
- Individualisiertes Curriculum für alle Schüler mit inhaltlichen sowie methodischen Modifikationen; dies erfordert Zeit und ausreichend Personal,
- Berücksichtigung des Bedürfnisses nach Struktur und Vorhersehbarkeit, nach gleichförmigen, geordneten Abläufen. Veränderungen sollten frühzeitig angekündigt werden, damit der autistische Schüler sich rechtzeitig darauf einstellen kann und dadurch weniger Angst erlebt (die regelmäßige Rotation der Sitzplätze im Klassenzimmer etwa gehört für viele Betroffene zu den schlimmsten Maßnahmen, die man ihnen antun kann),

- Zur Steigerung der Lernmotivation kann gut das spezielle Interessengebiet genutzt werden (z. B. kann die Anforderung »Objektbeschreibung« auch auf etwa die Waschmaschine, den Strommasten oder einen Weihnachtsmarktstand bezogen werden statt auf Federmäppchen oder Schulranzen etc.). Auch die oft ungeliebte Geometrie kann anhand des Spezialinteresses oder anhand von Alltagsbeispielen verdeutlicht werden, die oft sehr viel anschaulicher und einprägsamer sind (auch für andere Schüler),
- Feste Ansprechpartner z. B. aus der Lehrerschaft für Fragen aller Art, in Krisensituationen und als Hilfe, um mit den Klassenkameraden in Kontakt zu kommen,
- Ritualisierung durch tägliche Routinen und feste Abläufe,
- Leistungskontrollen können im Bedarfsfall in individuell abgestimmter Form erfolgen (z. B. schriftlich statt mündlich; Gruppenarbeit behutsam anleiten),
- Schulbegleiter als Integrationshelfer, der den autistischen Schüler auf dem Schulweg, im Unterricht, in den Pausen, bei Klassenausflügen etc. unterstützen, aber auch ein Miteinander mit den Gleichaltrigen vermitteln kann,
- Spezifische Unterrichtsinhalte für den betroffenen Schüler, z. B. Training sozialer und kommunikativer Kompetenzen, Umgang mit Veränderungen und Unvorhergesehenem, Einbezug von Spezialinteressen, sportliche Förderung etc.,
- Begleitende langfristige therapeutische Unterstützung,
- Die Eltern der betroffenen Kinder müssen als »Experten in eigener Sache« gleichberechtigt einbezogen werden, ein regelmäßiger konstruktiver Austausch mit Eltern, Therapeuten etc. ist notwendig,
- Weitere individuelle Maßnahmen können sinnvoll sein (vgl. z. B. Küpperfahrenberg 2011).

Maßnahmen hinsichtlich einer Inklusion autistischer Schüler sind für alle Beteiligten wichtig; die Kinder können voneinander profitieren. Manchmal ist aber auch eine (zumindest zeitweilige) Beschulung in einer Förderschule sinnvoll, um z. B. wichtige Kompetenzen für den Umgang mit den Klassenkameraden zu erlernen, bei starkem Mobbing oder in anderen Situationen. Es ist daher wichtig, neben allen Bemühungen, die betroffenen Schüler in den Klassenverband einzugliedern, auch die Förderschulen zu erhalten.

Notwendig für alle Maßnahmen ist eine positive Grundeinstellung der Lehrkräfte. Pädagogische Fachkräfte mit speziellen Kompetenzen müssen unterstützend eingesetzt werden, Kenntnisse über den Autismus sind jedoch für alle Mitarbeiter notwendig, eine entsprechende Fortbildung muss gewährleistet sein.

Studium

Inzwischen gibt es auch an vielen Universitäten Erfahrungen mit autistischen Studenten. Insgesamt sind etwa fünf bis sieben Prozent aller Studierenden von einer Behinderung betroffen und auf Sonderregelungen verschiedenster Art angewiesen. Mit baulichen Veränderungen wie Aufzügen und Rampen ist es dabei aber oft nicht getan. Daher ist es wichtig, rechtzeitig Beratungsstellen aufzusuchen, um für die eigene Person passende Rahmenbedingungen zu finden. Dann kann man durchaus auch mit einer Autismus-Spektrum-Störung erfolgreich ein Studium absolvieren.

Beratung und Information sind möglich an der jeweiligen Universität (Fachschaft, psychologische Beratungsstelle für Studierende, Behindertenbeauftragte etc.) oder an zentralen Stellen (Informations- und Beratungsstelle Studium und Behinderung IBS beim Deutschen Studentenwerk DSW).

Ein Nachteilsausgleich wie in der Schule ist auch im Studium möglich, das beinhaltet auch für den Bedarfsfall die Möglichkeit eines Studienbegleiters.

Mögliche weitere Maßnahmen umfassen:

- Sonderregelungen bei Prüfungen (separater Raum, größere Zeitvorgabe etc.),
- Modifikationen bei Praktika (Einzel- statt Gruppenarbeit; Vermeidung von Körperkontakt etc.),
- digitale Aufbereitung von PowerPoint-Präsentationen im Rahmen der Vorlesungen, damit sie später nochmals in Ruhe durchgesehen werden können,
- Struktur durch feste Wochenpläne o. ä.,
- Rückzugsmöglichkeiten für Pausen und Freistunden,
- Aushang wichtiger Informationen statt mündliche Weiterleitung unter den Studierenden,
- weitere individuelle Maßnahmen.

Arbeit und Beruf

Eine Unterstützung hinsichtlich Arbeit und Beruf ist Menschen mit Autismus extrem wichtig auch hinsichtlich ihrer Lebenszufriedenheit (z. B. Preißmann 2015a), und wenn man sich verdeutlicht, dass sehr viele von ihnen keinen Zugang zum Arbeitsmarkt haben, ist das mehr als verständlich. Gerade Menschen mit Asperger-Syndrom, für die die Tätigkeit in einer Werkstatt keine Option darstellt, sind in bis zu 80 bis 90 % von Arbeitslosigkeit betroffen. Früher ging man davon aus, das sei aufgrund der spezifischen Schwierigkeiten auch nicht anders machbar, inzwischen aber erkennt man, dass autistische Menschen auch viele Fähigkeiten und Ressourcen haben, die im Arbeitsleben wichtig sind (s. o.), und dass sie durchaus eine wertvolle Rolle im Arbeitsalltag spielen können.

Es ist jedoch notwendig, die Rahmenbedingungen so zu gestalten, dass eine berufliche Integration gelingen kann:

- Eine gute Einarbeitung sollte möglichst schriftliche Zusammenfassungen der wichtigsten Hinweise umfassen, damit man alles nochmals in Ruhe nachlesen kann.
- Wichtig ist eine ausreichende Struktur im Arbeitsalltag; die zeitlichen und inhaltlichen Vorgaben sollten transparent und festgelegt (und möglichst auch visualisiert) sein, auf unnötige Veränderungen sollte verzichtet werden.

- Für die Pausen sollte ein ruhiger Rückzugsort zur Verfügung stehen, um eine ausreichende Erholung zu ermöglich. Insgesamt sollte es möglich sein, auf den individuellen Pausenbedarf flexibel zu reagieren, vielleicht sogar die Arbeitszeiten insgesamt individuell zu gestalten.
- Generell sind für Menschen mit Autismus reizreduzierte Arbeitsplätze günstig (kein Großraumbüro o. ä., ggf. Hilfsmittel zur Reizreduktion wie Sonnenbrille, Ohrenstöpsel etc.). In jedem Einzelfall müssen störende Reize ermittelt und soweit wie möglich ausgeschaltet werden.
- Innerhalb des Unternehmens ist ein fester Ansprechpartner für Anliegen aller Art wichtig. Man muss vor allem den Kontakt zu den Kollegen im Blick haben, um einem möglichen Mobbing vorzubeugen und aufkommende Probleme bzw. Missverständnisse rasch klären zu können.
- Menschen mit Autismus erleben Pausen in großen Gruppen (z. B. beim Mittagessen) oft kaum als Erholung; sie möchten in diesen freien Zeiten meist lieber allein sein. Das sollte ihnen an einem ruhigen Ort gestattet werden, um ihnen eine wirkliche Entspannung zu ermöglichen.
- Zusätzliche Job-Coaches können sinnvoll sein: als kontinuierliche Begleitung und Unterstützung vor allem bei kommunikativen und organisatorischen Aspekten, als »Bindeglied« zwischen Arbeitgeber und dem autistischen Beschäftigten, als Hilfe für die ganz praktischen Aspekte am Arbeitsplatz vor allem in der Eingewöhnungsphase und als Ansprechpartner für Fragen und Schwierigkeiten aller Art (z. B. Müller-Remus 2012).
- Eine begleitende therapeutische Versorgung (Autismus-Therapie-Zentrum, Psycho-/Ergotherapie) sollte gewährleistet sein, um auf Schwierigkeiten und Krisen rasch reagieren zu können. Auch kann gerade bei jüngeren Betroffenen eine gute Kooperation mit den Angehörigen sinnvoll sein.

Wohnen

Im Hinblick auf das Wohnen müssen auf vielen verschiedenen Gebieten die Besonderheiten berücksichtigt werden:

- Dies fängt bereits an bei Architekten, Stadtplanern und Designern, denn auch die DIN-Normen für barrierefreies Bauen werden den unterschiedlichen Bedürfnissen von Menschen mit Autismus nicht gerecht. Zusätzlich müssen auch neurobiologische und psychosoziale Aspekte Berücksichtigung finden, um »mit der gesellschaftlichen Diversität durch eine geeignete Architektur in Dialog zu treten und das Umfeld für alle barrierefrei zu gestalten« (Kessel 2016, 23). Verhaltensauffälligkeiten der betroffenen Menschen sind häufig als ein gestörtes Verhältnis zwischen dem Individuum und der Umwelt (Personen, Dinge oder Begebenheiten) zu sehen, sodass dieses herausfordernde Verhalten dann zu verstehen ist im Sinne einer versuchten Problemlösung, keineswegs jedoch als gezielte Provokation oder gar Bösartigkeit (vgl. Theunissen 2016). Da auch Gebäude und Außenanlagen auf den Menschen und dessen Befinden einwirken, muss man eben auch diesen Aspekt berücksichtigen.

- Menschen mit Autismus profitieren von einer ruhigen Wohnumgebung, die aber dennoch auch die Möglichkeit bietet, durch einen gut erreichbaren Anschluss an öffentliche Verkehrsmittel auch am kulturellen Leben teilzunehmen, wenn man das möchte.
- Die Wohnräume sollten reizarm ausgestattet sein, viele Betroffene möchten auf überflüssige Dekoration verzichten, andere jedoch wünschen sich gerade eine persönliche Gestaltung. Licht, Akustik, Materialien, Farben, Struktur etc. müssen Berücksichtigung finden. Grelle Farben und helles Licht bedeuten oft eine Überforderung, hellhörige Räume sind unangenehm und können ebenso zu Reizüberflutung führen wie z. B. fiepende Elektrogeräte. Die Wohnung muss so ausgestaltet werden, dass sie ganz konkret für den autistischen Menschen Wohlbefinden, Konzentration, Lernmotivation, Kommunikation, Sicherheit und größtmögliche Selbstständigkeit bietet (vgl. Kessel 2016, 25). Gute Schallschutzfenster können ebenso sinnvoll sein wie die gezielte Anordnung der Fenster bei Neubauten.
- Maßnahmen zur Strukturierung der Tagesabläufe, konkrete Unterstützung im Haushalt und andere Hilfen müssen den Möglichkeiten und Wünschen des betroffenen Menschen angepasst werden. Wenn sich die Lebensbedingungen verändern, müssen auch die Hilfen angepasst werden (in Krisensituationen und vor allem dann, wenn die Eltern keine Unterstützung mehr bieten können, kann der Assistenzbedarf deutlich zunehmen).
- Klare und geordnete Strukturen und ein möglichst konstantes Umfeld sind wichtig. Langfristig verfügbare Betreuungspersonen, nicht quartalsweise wechselnde Nachbarn etc. tragen sehr dazu bei, dass die Betroffenen sich gut eingewöhnen und sich dann auch sicher fühlen können.
- Fachkenntnisse, spezifische Qualifikationen und Weiterbildung der Betreuer sind unabdingbar.
- Im Falle von Wohngemeinschaft oder Wohnheim ist unbedingt das Bedürfnis nach Rückzug zu berücksichtigen. Einzelzimmer, die durch eine Tür verschlossen werden können, gewähren die notwendige Privatsphäre.
- Angeleitete Freizeitaktivitäten sind sinnvoll, um die freie Zeit gut zu füllen und mit anderen Menschen in Kontakt kommen zu können.
- Eine angenehme Atmosphäre, Freundlichkeit, Herzlichkeit, Humor, Engagement und das Interesse, mit autistischen Menschen zu arbeiten und ihnen ein schönes Leben zu ermöglichen, haben den höchsten Stellenwert.

Öffentliche Einrichtungen, Gesellschaft und Mobilität

Auch die Teilhabe in der Gesellschaft ist für Menschen mit Autismus oft nur sehr eingeschränkt möglich. Zu viele Barrieren unterschiedlichster Art bedeuten große Hürden. Manches davon ließe sich kurzfristig und ohne große Investitionen lösen:

- Bei Großveranstaltungen in geschlossenen Räumen kann man auf einer Seite am Rand die Stühle mit etwas größerem Abstand zueinander stellen und gezielt

darauf hinweisen. Dieser Bereich sollte bezüglich der Beleuchtung so gestaltet sein, dass die Leuchtkraft reduziert und das Licht möglichst blendfrei ist.
- Für solche Veranstaltungen sollte ein separater Raum als ruhiger Rückzugsraum ausgewiesen werden.
- In Ämtern und Behörden muss eine klare und eindeutige Sprache vorherrschen. Schriftliche Hinweise, wie man auf der jeweiligen Behörde vorgehen muss, sind sinnvoll für die Menschen, die Schwierigkeiten damit haben, sich schnell zu orientieren und aktiv nachzufragen.
- Antragsformulare müssen verständlich formuliert sein, für Redewendungen ist hier kein Platz! Hilfreich wäre es, vieles auch online erledigen zu können. Bei erfahrungsgemäß langen Wartezeiten sollte es die Möglichkeit geben, im Voraus einen Termin zu vereinbaren.
- Der Bodenbelag von Treppenstufen, Rampen o. ä. muss so gestaltet werden, dass auch Menschen mit Wahrnehmungsbesonderheiten auf Anhieb den Höhenunterschied erkennen können.
- Für viele Betroffene ist es schwirig, öffentliche Verkehrsmittel zu benutzen. Vollbesetzte Züge sind im Bereich der zweiten Klasse eine schwere sensorische Herausforderung. Mit ihrem Schwerbehindertenausweis steht Menschen mit Autismus in Bus oder Bahn ein Sitzplatz zu, aber viele ältere Menschen schimpfen, wenn sie nicht aufstehen. Ihre Beeinträchtigungen sieht man ihnen nicht an. »Damit sich Menschen mit und ohne Autismus besser verstehen, müssten die Menschen weniger selbstbezogen sein (…). Im Behindertenausweis sollte es außerdem eine Erweiterung um ein Zeichen geben, zum Beispiel ›W‹ für Menschen mit Wahrnehmungsstörungen und Sinnesempfindlichkeiten. Mit diesem Zeichen sollte man zum Beispiel im Krankenhaus ein Einzelzimmer bekommen können, Behindertenfahrdienste nutzen oder erster Klasse fahren können« (s. Bruschke, zit. in Aktion Mensch 2016, 51).

Gesundheitspolitische Aspekte und Ausblick

Unter den noch immer unzulänglichen Rahmenbedingungen kann auch bei noch so großen Bemühungen eine befriedigende Arbeit für Menschen mit Autismus dauerhaft nicht gelingen. Es ist daher dringend erforderlich, auf die Missstände hinzuweisen und Verbesserungen einzufordern. Hier sind alle Beteiligten gefordert: Das medizinische Personal muss immer wieder auf die Notwendigkeit einer besseren Versorgung autistischer Menschen aufmerksam machen, auf die Besonderheiten und Schwierigkeiten in ihrer Arbeit für diese Personengruppe hinweisen. Aber auch die Betroffenen selbst und ihre Angehörigen müssen sich zu Wort melden und eine bessere Behandlung einfordern. Insbesondere ist zu fordern, dass der Mensch mit Autismus, wenn er krank wird, als Patient im medizinischen Versorgungssystem ernst genommen und mit Respekt behandelt wird.

Maßnahmen seitens der Gesundheitspolitik

Die Forderungen an die Adresse des Gesundheitsministeriums sollten konkret folgende Maßnahmen umfassen:

- Der Zeitaufwand für die gute medizinische Versorgung von Menschen mit Autismus ist höher als bei anderen Patienten. Aufgrund eines sehr hohen ökonomischen Drucks im Gesundheitswesen ist aber die Bereitschaft, sich mit besonderen und herausfordernden Patienten zu beschäftigen, oft nur gering ausgeprägt. Die Schaffung eines eigenen Budgets erscheint daher notwendig. Durch veränderte Abrechnungsbedingungen muss sichergestellt werden, dass die Fachkräfte, die sich dieser herausfordernden Aufgabe in größerem Umfang widmen, nicht durch finanzielle Einbußen benachteiligt werden; der Mehraufwand, der durch die Zusammenarbeit mit verschiedenen Berufsgruppen und mit den Angehörigen der Betroffenen entsteht, ist ebenso auszugleichen wie die schwierigere Erhebung der Krankengeschichte. Auch die Abrechnungssysteme im Fall von Klinikbehandlung bedürfen spezieller Regelungen für diese Patienten.
- Es sollten Anreize geschaffen werden, sich für eine Arbeit mit autistischen Menschen in größerem Umfang zur Verfügung zu stellen.
- Das direkte Ablehnen von Behandlungen bei Menschen mit Behinderung einschließlich Autismus darf aber nicht ohne Sanktionen bleiben. Die Sicherstellung der (fach-) ärztlichen Versorgung ist ein Menschenrecht auch für diese Personengruppe, und wer ohne triftigen Grund gegen dieses Recht verstößt, ohne eine

qualitativ gleichwertige Alternative bei einem Kollegen anzubieten, ist für dieses Vergehen zu melden. Vertragsärzte verpflichten sich schließlich zur Sicherstellung der ärztlichen Versorgung der Bevölkerung, und dazu gehören alle Menschen. Das Diskriminierungsverbot in Bezug auf Menschen mit Behinderungen ist weiterhin auch von allen öffentlichen und privaten Einrichtungen des Gesundheitswesens umzusetzen.
- Durch Fort- und Weiterbildungsmaßnahmen müssen Kenntnisse über Autismus-Spektrum-Störungen für alle Mitarbeiter des Gesundheitswesens vermittelt werden.
- Im Studium muss das Aneignen von Grundkenntnissen der häufigsten Behinderungen einschließlich Autismus verpflichtender Bestandteil des klinischen Studienabschnitts werden. Insbesondere sind dabei die Besonderheiten in der ärztlichen Betreuung der betroffenen Menschen zu vermitteln und in einem mindestens einwöchigen Praktikum zu vertiefen, um Menschen mit verschiedenen Behinderungen kennen- und verstehen zu lernen. Auch ethische Fragestellungen sind dabei zu berücksichtigen. Im vorklinischen Studienabschnitt sollte ein Teil des zweimonatigen Pflegepraktikums in einer Einrichtung für Menschen mit besonderen Bedürfnissen absolviert werden. Fortlaufende Lehrangebote zu Autismus-Spektrum-Störungen sollten an allen medizinischen Universitäten etabliert werden. Sie dürften aber nicht nur psychiatrischen Zentren zugeordnet werden, sondern müssten auch z. B. die »Allgemeinmedizin für Menschen mit Autismus« abdecken.
- Auch in der Facharztqualifikation sollten entsprechende Kenntnisse enthalten sein. Die Einführung einer von der Ärztekammer anerkannten Zusatzqualifikation für interessierte Ärzte (»Zusatzbezeichnung«; z. B.: »Medizinische Versorgung für Menschen mit Behinderungen und Autismus«) sollte überlegt werden.
- Der Zusammenschluss interessierter Ärzte zu einem Berufs- oder Interessenverband sollte angeregt werden, außerdem die Einführung einer bundesweiten Arbeitsgemeinschaft »Ärzte für Menschen mit Autismus«, um eine Chancengleichheit für die betroffenen Menschen angemessen vertreten zu können.
- Diese Maßnahmen können natürlich nur langfristig eine ausreichende Wirkung entfalten. Solange die ärztliche Versorgung nicht anderweitig ausreichend gewährleistet werden kann, ist die Schaffung medizinischer Behandlungszentren für Menschen mit Behinderungen einschließlich Autismus zu begrüßen (vgl. Mau et al. 2015). Hier müssen auch die Angehörigen ausreichend Beratung erhalten, auf Wunsch und bei Bedarf sollte außerdem eine gelegentliche Begleitung der Selbsthilfegruppen erfolgen. Und es wäre zu überlegen, ob es nicht, ähnlich wie bei Menschen mit geistiger Behinderung, über das Land verteilt vielleicht vier oder fünf Kliniken geben sollte, in denen auch disziplinübergreifend die betroffenen Menschen gut behandelt werden können. Das entspricht nicht der Forderung nach Inklusion, aber es könnte dabei helfen, die stationäre medizinische Versorgung von Menschen mit Autismus sicherzustellen, bis auch in den übrigen Kliniken ausreichend Fachkenntnisse vorhanden sind.

Maßnahmen durch die Autismusverbände

Maßnahmen von Seiten der Politik und des Gesundheitssystems sind notwendig, um die Situation für Menschen mit Autismus hinsichtlich der medizinischen Versorgung zu verbessern. Aber gleichzeitig müssen wir auch schauen, was wir vor Ort in den Vereinen und Verbänden, die sich mit autistischen Menschen beschäftigen, sonst noch tun können. Hier sind verschiedene Ansätze vorstellbar:

- Angebote für betroffene Menschen: Psychoedukation; Vermittlung wichtiger Kenntnisse hinsichtlich Ernährung, gesunder Lebensweise, Hygiene, Sport, Sexualität, Vorsorge etc. (s. o.).
- Eine weitere sehr wichtige Aufgabe der Autismusverbände bzw. Therapiezentren ist es, Informations- und Fortbildungsveranstaltungen für Ärzte und Therapeuten in der Region anzubieten, um die Berührungsängste zu verringern und vor Ort ein Netzwerk von Ansprechpartnern aufzubauen. Schule, Beruf, Freundschaft und Alltag für Menschen mit Autismus lassen sich auf diese Weise erleichtern – und vor allem verschönern.
- In Zusammenarbeit mit Menschen mit Autismus und ihren Angehörigen sollten Hilfen für die unterschiedlichen Lebensbereiche etabliert werden.

Maßnahmen seitens der betroffenen Menschen

Auch Menschen mit Autismus selbst können einiges dazu beitragen, um ihre Lage zu verbessern:

- Alle sollten mithelfen, den Autismus im Gesundheitswesen, aber auch in der Öffentlichkeit bekannter zu machen. Man kann immer wieder die Erfahrung machen, dass es durchaus Interesse gibt, man aber manchmal einfach unsicher ist und gar nicht weiß, wie man autistischen Menschen begegnen soll, und dann oft lieber gar nichts tut, um nichts falsch zu machen.
- Menschen mit Autismus sollten stärker einbezogen werden in die Erarbeitung von Konzeptionen, z. B. zur Psychoedukation, zu hilfreichen Maßnahmen der Barrierefreiheit etc.
- Manche von ihnen können vielleicht auch autistische Kollegen zu schwierigen Arztterminen, z. B. zu Besuchen beim Gynäkologen, begleiten. Wenn man also schon seit Jahren einen guten und engagierten Arzt hat, kann das eine große Hilfe auch für andere Betroffene sein.
- Die Selbsthilfearbeit hat eine sehr große Bedeutung auch bei Autismus (s. o.).
- Und auch die stärkere Einbeziehung betroffener Menschen in therapeutische Prozesse, etwa im Rahmen einer Peer-Beratung, erscheint überlegenswert. Viele von ihnen können sehr gut und reflektiert ihre Situation beleuchten und sind durch diese Fähigkeiten durchaus in der Lage, andere autistische Menschen oder auch deren Angehörige gut zu beraten und zu begleiten.
- Aber es ist ganz wichtig zu betonen, dass alle diese Maßnahmen die professionelle Hilfe natürlich nur ergänzen, nicht aber ersetzen können und sollen.

Anderssein als Chance

Alle Menschen sind unterschiedlich, jeder hat seine Fähigkeiten und Schwierigkeiten, jeder ist gleich viel wert. Es kann eine große Bereicherung darstellen, ein buntes Miteinander unterschiedlicher Menschen anzustreben, wo sich alle nach ihren Möglichkeiten einbringen können.

Der Autismus bringt viele Stärken hervor, die in Schule, Beruf und Alltag wichtig sind (Ehrlichkeit, Genauigkeit, Verlässlichkeit, Loyalität und Toleranz etc.). Durch die spezifische Wahrnehmung der betroffenen Menschen kommen noch weitere Fähigkeiten hinzu (Detailwahrnehmung mit der Möglichkeit, kleine Fehler zu entdecken; gezielte Aufmerksamkeit für scheinbar »monotone« Tätigkeiten über einen langen Zeitraum hinweg etc.).

Menschen mit Autismus möchten und können in vielen Bereichen teilhaben, wenn die Rahmenbedingungen passen. Aber es lohnt sich, immer wieder auch die Grenzen zu beachten. Nicht jeder möchte alles tun, was Anderen gefällt, nicht jeder möchte immer und überall dabei sein. Inklusion ist eine Chance, die wir immer dann nutzen sollten, wenn der betroffene Mensch sich das wünscht.

Allgemeines

Dringend notwendig ist eine Kultur des Nachfragens. Wenn man Verhaltensauffälligkeiten eines Menschen nicht richtig einschätzen kann, sollte man zunächst nach den Gründen fragen, statt sofort anzunehmen, es handle sich dabei um Boshaftigkeit, Provokation oder die Folge einer schlechten Erziehung. Vieles macht vielmehr subjektiv Sinn, wenn man die Hintergründe kennt.

Egal, wie die eigenen Wünsche, Bedürfnisse und Voraussetzungen auch sein mögen, mit der passenden Unterstützung ist es möglich, auch Menschen mit Autismus ein schönes und erfülltes Leben zu ermöglichen. Notwendig dafür sind engagierte, motivierte und verständnisvolle Menschen, die sich die Mühe machen, ganz individuelle Lebensentwürfe zu begleiten: »Keine zwei Personen sind gleich, auch nicht zwei mit derselben Behinderung (…). Dieser individuellen Verschiedenartigkeit entsprechen vielfältige und ganz unterschiedliche Möglichkeiten, das Leben zu bewältigen« (Pörtner 2008, 27).

Es gibt kein Recht darauf, gesund zu leben, das ist einzig und allein ein Geschenk. Aber jeder Mensch hat ein Recht darauf, dass alles Menschenmögliche getan wird, um seine Gesundheit zu erhalten oder wiederherzustellen. Das ist bei Menschen mit Autismus nicht anders – aber das ist noch keine Selbstverständlichkeit.

Wir alle müssen zusammenarbeiten und unseren Teil dazu beitragen, die Situation zu verbessern:

- Wir brauchen Ärzte und Therapeuten, die Zeit, Geduld, Mut und Engagement aufbringen, um allen Menschen ein passendes Behandlungsangebot zu machen.
- Wir brauchen die Verantwortlichen des Gesundheitssystems, die Aus-, Fort- und Weiterbildung im Bereich Autismus für alle Mitarbeiter des Gesundheitssektors

nicht nur anbieten, sondern als Pflichtelemente auch in den Richtlinien verankern müssen.
- Wir brauchen Politiker, die den gesetzlichen Rahmen dafür schaffen, dass jeder nach seinen Wünschen und Bedürfnissen gefördert werden kann, und die sich nicht scheuen, auch bestehende gesetzliche Regelungen im Bedarfsfall nachzubessern.
- Wir brauchen die Autismus-spezifischen Verbände und Therapiezentren, die sich kompetent und liebevoll um die betroffenen Menschen kümmern, die darüber hinaus aber auch ein Weiterbildungsangebot machen für alle, die sich informieren möchten, und die in ihrer Region ein Netzwerk aufbauen an Kooperationspartnern aus den unterschiedlichsten Bereichen.
- Wir brauchen die Angehörigen autistischer Menschen, die sich in Schule, Beruf, Öffentlichkeit und eben auch im Gesundheitswesen dafür einsetzen, den Autismus bekannter zu machen, die informieren und aufklären und auch in ihrem Umfeld (z. B. beim eigenen Hausarzt) ganz gezielt und selbstverständlich ein passendes Miteinander einfordern, die aber auch einschreiten, wenn sie das Wohl ihres Kindes bedroht sehen durch Fachleute, die dieses Miteinander verweigern.
- Wir brauchen die autistischen Menschen selbst, die sich im Rahmen ihrer individuellen Möglichkeiten und Fähigkeiten selbst zu Wort melden, um ihre Bedürfnisse und ihre Wünsche anzumelden, die aber auch für sie passende Wege beschreiten, um Aufklärungsarbeit zu leisten und die Situation für alle Betroffenen zu verbessern. Diejenigen, die ihre Wahrnehmungsbesonderheiten und ihre Strategien beschreiben können, die sie für ihr Leben entwickelt haben, müssen gefragt und gehört werden, um ihre Erfahrungen für alle Lebensbereiche nutzen zu können.

Es geht darum, jeden Menschen in seiner Einzigartigkeit ernst zu nehmen. Das ist die Chance der Inklusion:

»Insgesamt wird deutlich: Inklusion bedeutet für unsere Gesellschaft letztlich eine kulturelle Revolution von dem reduktionistischen Selbstverständnis des Individualismus hin zu einem Gemeinsinn, der nicht moralische Pflicht, sondern gelebte Lebensform ist. Hin zu einer Humanisierung der Verhältnisse, indem der alle vereinzelnde Wachstums- und Perfektionismuswahn, der heute offensichtlich auch in der Wirtschaft desolat wird, überwunden wird hin zu einer Solidargemeinschaft, die offensichtlich die einzig friedfertige, lebensbejahende und damit SINNvolle Antwort auf die zunehmenden globalen Krisen darstellt. So schwierig die Zeiten sind, sie sind auch chancenreich« (Rödler 2011, 54).

>*Das Geheimnis, mit allen Menschen in Frieden zu leben,*
besteht in der Kunst, jeden seiner Individualität nach zu verstehen.«
Friedrich Ludwig Jahn, Deutscher Pädagoge (1778–1852)

Literatur

Aichele, V. (2013). Das Menschenrecht auf gleiche Anerkennung vor dem Recht. Artikel 12 der UN-Behindertenrechtskonvention. Baden-Baden: Nomos.
Aktion Mensch (Hrsg.) (2016). Menschen – das Magazin, 4, 51.
Allik, H., Larsson J. & Smedje, H. (2006). Health-related quality of life in parents of school-age children with Asperger Syndrome or High-Functioning Autism. Health and Quality of Life Outcomes, 4, 4.
Aman, M. G., Arnold, L. E., Ramadan, Y., Witwer, A., Lindsay, R., McDougle, C. J., Posey, D. J., Swiezy, N., Kohn, A., McCracken, J. T., Shah, B., Cronin, P., McGough, J., Lee, J. S. Y., Scahill, L., Martin, A., Koenig, K., Carroll, D., Young, C., Lancor, A., Tierney, E., Ghuman, J., Gonzalez, N. M., Grados, M., Vitiello, B., Ritz, L., Chuang, S., Davies, M., Robinson, J. & McMahon, D. (2005). Randomized, controlled, crossover trial of methylphenidate in pervasive developmental disorders with hyperactivity. Archives of General Psychiatry, 62, 1266–1274.
Asperger, H. (1944). Die ›Autistischen Psychopathen‹ im Kindesalter. Archiv für Psychiatrie und Nervenkrankheiten, 177, 76–136.
Asperger, H. (1961). Heilpädagogik. Wien: Springer.
Attwood, T. (2008). Ein ganzes Leben mit dem Asperger-Syndrom. Stuttgart: Trias.
Autismus Deutschland e. V. (2011). Leitlinien: Bildung, Ausbildung und berufliche Teilhabe von Menschen mit Autismus. Hamburg.
Autismus-Forschungs-Kooperation (o. A., 1). Autisten beim Hausarzt. Berlin.
Autismus-Forschungs-Kooperation (o. A., 2). Psychotherapie bei Autismus und Asperger-Syndrom. Berlin.
Banik, B. (2009). Bewegung, Sport und Spiel. In S. Bölte (Hrsg.), Autismus (S. 420–430). Bern: Hans Huber.
Bauerfeind, S. (2016). Ein Kind mit Autismus zu begleiten, ist auch eine Reise zu sich selbst. Norderstedt: Books on Demand.
Baumgartner, F., Dalferth, M. & Vogel, H. (2009). Berufliche Teilhabe für Menschen aus dem autistischen Spektrum (ASD). Heidelberg: Universitätsverlag Winter.
Bayat, M. (2007). Evidence of resilience in families of children with autism. Journal of Intellectual Disability Research, 51, 702–714.
Becker, H. (2014). Bis ins (hohe) Alter. Tagesbetreuung von Menschen mit Autismus. In Autismus Deutschland e. V. (Hrsg.), Autismus in Forschung und Gesellschaft (S. 310–328). Karlsruhe: von Loeper.
Bielefeldt, H. (2016). Der Menschenrechtsansatz im Gesundheitswesen. In A. Frewer & H. Bielefeldt (Hrsg.), Das Menschenrecht auf Gesundheit. Normative Grundlagen und aktuelle Diskurse (S. 19–56). Bielefeld: Transcript.
Blodig, I. (2016). Hochfunktionale Autisten im Beruf. Paderborn: Junfermann.
Boehlke, E. (1992). Die Behandlung erwachsener geistig behinderter Menschen mit Psychopharmaka. Der Arzneimittelbrief, 26 (2), 81–84.
Böke, H. (2015). Über die Produktion einer Randgruppe. In M. Lang (Hrsg.), MAASarbeit (S. 127–133). Berlin: Weidler.
Bölte, S., Özkara, N. & Poustka, F. (2000b). Autism spectrum disorders and low body weight: is there really a systematic association? International Journal of Eating Disorders, 31, 349–352.
Bölte, S., Rudolf, L. & Poustka, F. (2000). The cognitive structure of higher functioning autism and schizophrenia: A comparative study. Comprehensive Psychiatry, 43, 325–330.

Bölte, S., Rühl, D., Schmötzer, G. & Poustka, F. (2006). ADI-R – Diagnostisches Interview für Autismus-Revidiert. Bern: Hans Huber.

Buescher, A., Cidav, Z., Knapp, M. & Mandell, D. S. (2014). Costs of autism spectrum disorders in the United Kingdom and the United States. JAMA Pediatrics, 168 (8), 721–728.

Bundesvereinigung Lebenshilfe e. V. (Hrsg.) (2014). Sexualpädagogische Materialien für die Arbeit mit geistig behinderten Menschen. Weinheim: Beltz.

Butler, R. & Gillis, J. (2011). The Impact of Labels and Behaviors on the Stigmatization of Adults with Asperger's Disorder. Journal of Autism and Developmental Disorders, 41, 741–749.

Cacioppo, J. T. & Patrick, W. H. (2011). Einsamkeit. Heidelberg: Springer Spektrum.

Carr, E. G., Dunlop, G., Horner, R. H., Koegel, R. L., Turnbull, A. P., Sailor, W., Anderson, J. L., Albin, R. W., Koegel, L. K. & Fox, L (2002). Positive Behvior Support: Evolution of an Applied Science. Journal of Positive Behavior Interventions, 4, 4–16.

Chen, W., Landau, S., Sham, P. & Fombonne, E. (2004). No evidence for links between autism, MMR and measles virus. Psychological Medicine, 34, 543–553.

Cholemkery, H. (2016). Klinische Symptomatik von Autismus-Spektrum-Störungen, ADHS und Angststörungen – ein Vergleich. Neuro aktuell, 3, 3–6.

Christensen, J. (2013). Prenatal Valproate Exposure and Risk of Autism Spectrum Disorders and Childhood Autism. JAMA, 309 (16), 1696–1703.

Cohen, S., Conduit, R., Lockley, S. W., Rajaratnam, S. M. W. & Cornish, K. M. (2014). The relationship between sleep and behavior in autism spectrum disorder (ASD): a review. Journal of Neurodevelopmental Disorders, 6, 44.

Corman-Bergau, G. & Saalfrank, B. (2015). Der Psychotherapieansatz im Bereich der Autismus-Spektrum-Störungen muss ein anderer sein. Interview. Psychotherapeutenjournal, 2, 130–133.

Croen, L. A., Zerbo, O., Qian, Y., Massolo, M. L., Rich, S., Sidney, S. & Kripke, C. (2015). The health status of adults on the autism spectrum. Autism, 19 (7), 814–823.

David, W. (2002). Ich weiß doch selbst, was mir guttut! In Bundesvereinigung Lebenshilfe für Menschen mit geistiger Behinderung (Hrsg.), Eine behinderte Medizin?! Zur medizinischen Versorgung von Menschen mit geistiger Behinderung (S. 34–38). Marburg: Lebenshilfe-Verlag.

Dern, S. & Sappok, T. (2016). Barriers to healthcare for people on the autism spectrum. Advances in Autism, 2 (1), 2–11.

Deutsches Studentenwerk DSW (2013). Studium und Behinderung. Informationen für Studieninteressierte und Studierende mit Behinderung und chronischen Krankheiten. Berlin.

Dilling, H. & Freyberger, H. J. (2010) (Hrsg.). Taschenführer zur ICD-10 Klassifikation psychischer Störungen. Bern: Huber.

Dose, M. (2014). (Wie) können Medikamente helfen? In Autismus Deutschland e. V. (Hrsg.), Autismus in Forschung und Gesellschaft (S. 163–176). Karlsruhe: von Loeper.

Duketis, E. (2011). Der Langzeitverlauf von Autismus. In Autismus Deutschland e. V. (Hrsg.), Inklusion von Menschen mit Autismus (S. 130–137). Karlsruhe: von Loeper.

Durocher, L. & Fortier, M. (1999). Programme d'education sexuelle des Centres jeunesse de Montreal. Montreal: Le Centre Jeunesse de Montreal – Institut Universitaire. Direction de la sante publique.

Elichaoff, F. (2015). What's it like being you? Growing old(er) with Autism Spectrum Conditions – A Scoping Study. The European Journal of Social and Behavioural Sciences, 1851–1864.

Esbensen, A. J., Seltzer, M. M., Lam, K. S. & Bodfish, J. W. (2009). Age-related differences in restricted repetitive behaviors in autism spectrum disorders. Journal of Autism and Developmental Disorders, 39, 57–66.

Esser, S. J., Latter, S. & Sibley, A. (2008). Psychological and educational interventions for atopic eczema in children. Cochrane Database Syst. Review, 3: CD004054.

Faller, H., Reusch, A. & Meng, K. (2011). Innovative Schulungskonzepte in der medizinischen Rehabilitation. Bundesgesundheitsblätter – Gesundheitsforschung – Gesundheitsschutz, 54, 444–450.

Frech, A. (2014). Barrierefreier Aufenthalt für Menschen mit Asperger-Syndrom im Krankenhaus. Eine Anleitung für Pfleger. München: Grin.
Freitag, C. M. (2011). Stand der Therapieforschung bei autistischen Störungen. In Autismus Deutschland e. V. (Hrsg.), Inklusion von Menschen mit Autismus (S. 126–127). Karlsruhe: von Loeper.
Gawronski, A., Pfeiffer, K. & Vogeley, K. (2012). Hochfunktionaler Autismus im Erwachsenenalter. Verhaltenstherapeutisches Gruppenmanual. Weinheim: Beltz.
Gerhardt, P. F. & Lanier, I. (2011). Addressing the needs of adolescents and adults with autism: A crisis on the horizon. Journal of Contemporary Psychotherapy, 41 (1), 37–45.
Gerland, G. (1998). Ein richtiger Mensch sein. Stuttgart: Freies Geistesleben.
Ghaziuddin, M. & Zafar, S. (2008). Psychiatric Comorbidity of Adults with Autism Spectrum Disorders. Clinical Neuropsychiatry, 5 (1), 9–12.
Gillberg, C. (2006). Autism Spectrum Disorders. In C. Gilberg, R. Harrington, H. C. Steinhausen (Hrsg.), A Clinician's Handbook of Child and Adolescent Psychiatry (S. 447–489). Cambridge: Cambridge University Press.
Godbout, R., Bergeron, C. & Limoges, E. (2000). A laboratory study of sleep in Asperger's syndrome. Neuroreport, 11, 127–130.
Gödecker, M. (2011). Selbstbestimmtes Wohnen und Leben von Menschen mit Autismus-Spektrum-Störung. In Autismus Deutschland e. V. (Hrsg.), Inklusion von Menschen mit Autismus (S. 344–358). Karlsruhe: von Loeper.
Grandin, T. (2005). Emergence: Labeled Autistic. New York, Boston: Warner.
Grandin, T. (1997). Ich bin die Anthropologin auf dem Mars. Mein Leben als Autistin. München: Droemer Knaur.
Happe, F. & Charlton, R. A. (2012). Aging in autism spectrum disorders: A mini-review. Gerontology, 58 (1), 70–78.
Hautzinger, M. (2010). Akute Depression. Göttingen: Hogrefe.
Hawkins, G. (2013). Fit für den Arbeitsmarkt. Ein Leitfaden für Menschen mit dem Asperger-Syndrom, ihre Familien und Job Coaches. Freiburg: Autismus Schweiz Elternverein.
Henning, A.-M. & Bremer-Olszewski, T. (2012). Make Love. Ein Aufklärungsbuch. Berlin: Rogner & Bernhard.
Herpertz-Dahlmann, B., Konrad, K. & Freitag, C. (2010). Autismus heute. Frühförderung interdisziplinär, 1, 3–12.
Hirvikoski, T., Mittendorfer-Rutz, E., Borman, M., Larsson, H., Lichtenstein, P. & Bölte, S. (2016). Premature mortality in autism spectrum disorder. The British Journal of Psychiatry: The Journal of Mental Science, 208 (3), 232–238.
Holt-Lunstad, J., Smith, T. B., Baker, M., Harris, T. & Stephenson, D. (2015). Loneliness and social isolation as risk factors für mortality: A meta-analytic review. Perspectives on Psychological Science, 10, 227–237.
House, J. S., Landis, K. R. & Umberson, D. (1988). Social relationships and health. Science, 241, 540–545.
Hübner, J. (2002). Epilepsiesyndrome bei Menschen mit geistiger Behinderung. In Bundesverband Lebenshilfe e. V. (Hrsg.), Eine behinderte Medizin?! (S. 120–130). Marburg: Lebenshilfe-Verlag.
Hurrelmann, K., Klotz, T. & Haisch, J. (2014). Lehrbuch Prävention und Gesundheitsförderung. Göttingen: Hogrefe.
Joshi, G., Wozniak, J. & Petty, C. (2013). Psychiatric comorbidity and functioning in a clinically referred population of adults with autism spectrum disorders: a comparative study. Journal of Autism and Developmental Disorders, 43, 1314–1325.
Joergensen, O. S. (2002). Asperger: Syndrom zwischen Autismus und Normalität. Weinheim, Basel: Beltz.
Kanne, S. M. & Mazurek, M. O. (2011). Aggression in Children and Adolescents with ASD: Prevalence and Risk Factors. Journal of Autism and Developmental Disorders, 41, 926–937.
Kanner, L. (1943). Autistic Disturbance of Affective Contact. Nervous Child, 2, 217–250.
Kassenärztliche Bundesvereinigung (2016). Gesundheitsvorsorge: Übersicht Früherkennungsuntersuchungen. Stand: 16.02.2016; Abruf: 21.06.2016: http://www.kbv.de/html/3503.php.

Kessel, T. (2016). Barrierefreiheit für Menschen im Autismus-Spektrum – Empfehlungen und Leitlinien. Autismus, 81, 22–27.
Kim, Y. S., Leventhal, B. L., Koh, Y.-J., Fombonne, E., Laska, E., Lim, E.-C., Cheon, K.-A., Kim, S.-J., Lee, H., Song, D.-H. & Grinker, R. R. (2011). Prevalence of Autism Spectrum Disorders in a Total Population Sample. American Journal of Psychiatry, 168 (9), 904–912.
Klauß, T. (2010). Auf dem Weg zur Schule für alle. In A. Hinz, I. Körner, U. Niehoff (Hrsg.), Auf dem Weg zur Schule für alle (S. 281–298). Marburg: Lebenshilfe-Verlag.
Klauß, T. (2008). Wohnen so normal wie möglich. Ein Wohnprojekt für Menschen mit Autismus (Asperger-Syndrom). Heidelberg: Universitätsverlag Winter.
Krennerich, M. (2016). Das Menschenrecht auf Gesundheit. Grundzüge eines komplexen Rechts. In A. Frewer, H. Bielefeldt (Hrsg.), Das Menschenrecht auf Gesundheit. Normative Grundlagen und aktuelle Diskurse (S. 57–92). Bielefeld: Transcript.
Küpperfahrenberg, B. (2011). Schule in Bewegung – Die Voraussetzung für erfolgreiches gemeinsames Lernen in der Schule. In Autismus Deutschland e. V. (Hrsg.), Inklusion von Menschen mit Autismus (S. 361–373). Karlsruhe: von Loeper.
Lang, M. (Hrsg.) (2015). MAASarbeit. Barrierefreiheit auf dem Weg in die Arbeitswelt für Menschen aus dem Autismusspektrum. Berlin: Weidler.
Lanwer, W. (2006). Methoden in Heilpädagogik und Heilerziehungspflege: Diagnostik. Troisdorf: Bildungsverlag EINS.
Lehnhardt, F.-G., Gawronski, A., Volpert, K., Schilbach, L., Tepest, R., Huff, W. & Vogeley, K. (2011). Autismus-Spektrum-Störungen im Erwachsenenalter: Klinische und neuropsychologische Befunde spätdiagnostizierter Asperger-Syndrome. Fortschritte der Neurologie-Psychiatrie, 79, 290–297.
Leuchte, V. (2015a). Barrierefreiheit. In G. Theunissen, W. Kulig, V. Leuchte, H. Paetz (Hrsg.), Handlexikon Autismus-Spektrum (S. 58–59). Stuttgart: W. Kohlhammer.
Leuchte, V. (2015b). Wohnen. In G. Theunissen, W. Kulig, V. Leuchte, H. Paetz (Hrsg.), Handlexikon Autismus-Spektrum (S. 407–411). Stuttgart: W. Kohlhammer.
Leyfer, O. (2006). Comorbid psychiatric disorders in children with autism: Interview development and rates of disorders. Journal of Autism and Developmental Disorders, 36, 849–861.
Limberg, K. (2015). Sport. In G. Theunissen, W. Kulig, V. Leuchte, H. Paetz (Hrsg.), Handlexikon Autismus-Spektrum (S. 349–350). Stuttgart: W. Kohlhammer.
Little, L. (2002). »Middle-class mothers« perceptions of peers and siblings victimization among children with Asperger syndrome and non-verbal learning disorders. Issues in Comprehensive Pediatric Nursing, 25, 43–57.
Lösel, F. & Farrington, D. (2012). Direct protective and buffering protective factors in the development of youth violence. American Journal of Preventive Medicine, 43, 8.
Luong, J., Yoder, M. K. & Canham, D. (2009). Southeast Asian parents raising a child with autism: A qualitative investigation of coping styles. Journal of School Nursing, 25 (3), 222–229.
Mandersson, S. (2015). Zwischen zwei Welten. Gelnhausen: Wagner.
Matoni, H. (2006). »Michael hat DAS nicht und wird ES auch nie haben!« – Ansichten, Einsichten und Schlussfolgerungen zum Thema Sexualität und Autismus. In Bundesverband Autismus Deutschland e. V. (Hrsg.), Tagungsbericht 11. Bundestagung 16.–18. 9. 2005 (S. 238–242). Hamburg.
Matzies, M. & Schuster, N. (2009). Colines Welt hat tausend Rätsel. Stuttgart: W. Kohlhammer.
Mau, V., Grimmer, A., Poppele, G., Felchner, A., Elstner, S. & Martin, P. (2015). Geistig oder mehrfach behinderte Erwachsene: bessere Versorgung möglich. Deutsches Ärzteblatt, 47, 1980–1984.
McCullough Jr., J. P. (2003). Treatment for chronic depression: Cognitive behavioral analysis system of psychotherapy (CBASP). Journal of Psychotherapy Integration, 13, 241–263.
McDougle, C. J., Holmes, J. P., Carlson, D. C., Pelton, G. H., Cohen, D. J. & Price, L. H. (1998). A double-blind, placebo-controlled study of risperidone in adults with autistic disorder and other pervasive developmental disorders. Archivs of General Psychiatry, 55, 633–641.
Melke, J., Goubran Botros, H., Chaste, P., Betancur, C., Nygren, G., Anckarsäter, H., Rastam, M., Ståhlberg, O., Gillberg, I. C., Delorme, R., Chabane, N., Mouren-Simeoni, M. C., Fauchereau, F., Durand, C. M., Chevalier, F., Drouot, X., Collet, C., Launay, J. M., Leboyer,

M., Gillberg, C. & Bourgeron, T. (2008). Abnormal melatonin synthesis in autism spectrum disorders. Journal of Molecular Psychiatry, 13 (1), 90–98.
Miller, M. (2013). Ergotherapie bei Frauen mit Autismus. In C. Preißmann (Hrsg.), Überraschend anders: Mädchen & Frauen mit Asperger (S. 171–182). Stuttgart: Trias.
Miller, M. (2016). Ergotherapie bei Autismus: Wahrnehmung und Hilfen. Vortrag Heimerer-Akademie, 15.10.16, München.
Miller, M. (2020). Ergotherapie bei Autismus. Stuttgart: W. Kohlhammer.
Minshew, N. J., Goldstein, G. & Siegel, D. J. (1997). Neuropsychologic functioning in autism: profile of a complex information processing disorder. Journal of the International Neuropsychological Society, 3, 303–316.
Müller-Remus, D. (2012). Präsentation auticon am 20.01.2012 am BBW Oberlinhaus Potsdam. Typoscript.
Müller-Teusler, S. (2014). Wo soll Ricardo bleiben? In Autismus Deutschland e. V. (Hrsg.), Autismus in Forschung und Gesellschaft (S. 279–294). Karlsruhe: von Loeper.
Nashef, A. & Mohr, L. (2015). Eine »gruppige« Erfahrung – Multifamilientherapie mit Asperger-Betroffenen und deren Familien. Autismus, 80, 34–42.
Nicolaidis, C. (2012). What can physicians learn from the neurodiversity movement? American Medical Association Journal of Ethics, 14 (6), 503–510.
Nicolaidis, C., Raymaker, D., McDonald, K., Dern, S., Boisclair, W. C., Ashkenazy, E. & Baggs, A. (2013). Comparison of healthcare experiences in autistic and non-autistic adults. Journal of General Internal Medicine, 28 (6), 761–769.
Noterdaeme, M. (2015). Komorbidität. In G. Theunissen, W. Kulig, V. Leuchte, H. Paetz (Hrsg.), Handlexikon Autismus-Spektrum (S. 230–235). Stuttgart: W. Kohlhammer.
O'Day, B. (1983). Preventing Sexual Abuse of Persons with Disabilities. Minnesota Program for Victims of Sexual Assault. St. Paul.
Oldhafer, M. (2016). Transitionsmedizin. Stuttgart: Schattauer.
Ottaviano, S., Giannotti, F., Cortesi, F., Bruni, O. & Ottaviano, C. (1996). Sleep characteristics in healthy children from birth to 6 years of age in the urban area of Rome. Sleep, 19 (1), 1–3.
Paavonen, E. J., Aronen, E. T., Moilanen, I., Piha, J., Räsänen, E., Tamminen, T. & Almqvist, F. (2000). Sleep problems of school-aged children: a complementary view. Acta Paediatrica, 89 (2), 223–228.
Petitte, T., Mallow, J., Barnes, E., Petrone, A., Barr, T. & Theeke, L. (2015). A systematic review of loneliness and common chronic physical conditions in adults. Open Psychology Journal, 8 (Suppl. 2), 113–132.
Pörtner, M. (2008). Ernstnehmen, zutrauen, verstehen. Stuttgart: Klett-Cotta.
Preißmann, C. (2007). Psychosoziale Versorgung erwachsener Menschen mit Asperger-Syndrom und High-functioning Autismus. Posterpräsentation. Frankfurt: Internationales Autismus-Symposium.
Preißmann, C. (2013a). Asperger – Leben in zwei Welten. Betroffene berichten: Das hilft mir in Schule, Beruf, Partnerschaft und Alltag. 2. Auflage. Stuttgart: Trias.
Preißmann, C. (2013b). Psychotherapie und Beratung bei Menschen mit Asperger-Syndrom. 3., akt. und erw. Auflage. Stuttgart: W. Kohlhammer.
Preißmann, C. (2013c). Überraschend anders: Mädchen & Frauen mit Asperger. Stuttgart: Trias.
Preißmann, C. (2015a). Glück und Lebenszufriedenheit für Menschen mit Autismus. Stuttgart: W. Kohlhammer.
Preißmann, C. (2015b). Gut leben mit einem autistischen Kind. Das Resilienzbuch für Mütter. Stuttgart: Klett-Cotta.
Rickert-Bolg, W. (2011). Gelebte Inklusion: Wie können die Autismus-Therapiezentren auch Menschen am Rande des Autismus-Spektrums unterstützen? In Autismus Deutschland e. V. (Hrsg.), Inklusion von Menschen mit Autismus (S. 272–281). Karlsruhe: von Loeper.
Riedel, A., Schröck, C., Ebert, D., Fangmeier, T., Bubl, E. & Tebartz van Elst, L. (2016). Überdurchschnittlich ausgebildete Arbeitslose – Bildung, Beschäftigungsverhältnisse und Komorbiditäten bei Erwachsenen mit hochfunktionalem Autismus in Deutschland. Psychiatrische Praxis, 43, 38–44.

Riedel, A., Hauke, L., Ebert, D. & Tebatz van Elst, L. (2015). Der Blick auf die Lebensspanne – die Wahrnehmung von Zeit, Lebenszeit und zeitlicher Entfernung bei Menschen mit Autismus-Spektrum-Störungen im Vergleich zu Kontrollpersonen. Vortrag 8. Wissenschaftliche Tagung Autismus-Spektrum, Augsburg, 26.–27. 3. 2015.
Rittmann, B. (2014). Gruppentraining für Erwachsene mit hochfunktionalem Autismus. In Autismus Deutschland e. V. (Hrsg.), Autismus in Forschung und Gesellschaft (S. 141–156). Karlsruhe: von Loeper.
Rödler, P. (2005). Pubertät als krisenanfällige Zeit. In Hilfe für das autistische Kind e. V. (Hrsg.), Krise ist immer auch Bewegung (S. 84–97). Hamburg.
Rödler, P. (2011). Inklusion – Zur Politik und Pädagogik der Umsetzung einer internationalen Übereinkunft. In Autismus Deutschland (Hrsg.), Inklusion von Menschen mit Autismus (S. 38–57). Karlsruhe: von Loeper.
Roth-Sackenheim, C. (2016). Psychische Erkrankungen zwischen Jugend- und Erwachsenenalter: Das Scheitern und Gelingen von Übergängen. NeuroTransmitter, 27 (7–8), 10–11.
Rühl, D., Bölte, S., Feineis-Matthew, S. & Schmötzer, G. (2004). Diagnostische Beobachtungsskala für Autistische Störungen (ADOS). Bern: Hans Huber.
Sappok, T., Bergmann, T., Kaiser, H. & Diefenbacher, A. (2010). Autismus bei erwachsenen Menschen mit geistiger Behinderung. Der Nervenarzt, 11, 1333–1145.
Sappok, T. & Dern, S. (2011). Menschen mit Autismus: Barrierefreier Zugang zur Versorgung. Deutsches Ärzteblatt, 108 (44), 2326–2328.
Schabert, M. (2012). Teilhabe am Arbeitsleben von Menschen mit Autismus-Spektrum-Störungen und hohem Assistenzbedarf. Karlsruhe: von Loeper.
Schatz, Y. & Schellbach, S. (2015). Lebensqualität. In G. Theunissen, W. Kulig, V. Leuchte, H. Paetz (Hrsg.), Handlexikon Autismus-Spektrum (S. 253–254). Stuttgart: W. Kohlhammer.
Schiek, H. (2016). Ziemlich stur. Welt am Sonntag, 22, 21.
Schirmer, B. (2010). Schulratgeber Autismus-Spektrum-Störungen. München: Reinhardt.
Schlaich, S. (2011). Stiefkinder der Medizin. Menschen mit Autismus in der Klinik. In Autismus Deutschland e. V. (Hrsg.), Inklusion von Menschen mit Autismus (S. 235–241). Karlsruhe: von Loeper.
Schmidt, M. (2009). Mein Mann ist etwas Besonderes. In S. Bölte (Hrsg.), Autismus. Spektrum, Ursachen, Diagnostik, Intervention, Perspektiven (S. 567–573). Bern: Hans Huber.
Schönberger, B. (2014). Erholung: Die Kunst, neue Kräfte zu sammeln. Psychologie heute, 8, 20–26.
Schöps, C. (2016). Wenn die Seele Hilfe braucht. Zeit Doctor, 5, 6–12.
Schröder, C. M. (2016). Schlafstörungen, zirkadiane Rhythmusstörungen, Autismus und Melatonin. Vortrag Tagung Autismus-Spektrum-Störungen und ihre Begleiterkrankungen am 4. 6. 2016. Homburg.
Schuster, N. (2007). Ein guter Tag ist ein Tag mit Wirsing. Berlin: Weidler.
Seligman, M. E., Stehen, T. A., Park, N. & Peterson, C. (2005). Positive psychology progress: empirical validation of interventions. American Psychologist, 60 (5), 410–421.
Seng, H. (2014). Zu Höchstleistungen motiviert. Asperger-Betroffene auf dem Arbeitsmarkt. In Autismus Deutschland e. V. (Hrsg.), Autismus in Forschung und Gesellschaft (S. 241–254). Karlsruhe: von Loeper.
Simonoff, E., Pickles, A., Charman, T., Chandler, S., Loucas, T. & Baird, G. (2008). Psychiatric disorders in children with autism spectrum disorders: prevalence, comorbidity, and associated factors in a population-derived sample. Journal of the American Academy of Child and Adolescent Psychiatry, 47 (8), 921–929.
Smeeth, L., Cook, C., Fombonne, E., Heavey, L., Rodrigues, L. C., Smith, P. G. & Hall, A. J. (2004). MMR vaccination and pervasive developmental disorders: a case-control study. Lancet, 364, 963–969.
Sofronoff, K., Dark, E. & Stone, V. (2011). Social Vulnerability and Bullying in Children with Asperger Syndrome. Autism, 15, 355–372.
Sommerauer, M., Hartl, D. & Engelhardt, C. (2015). Intervention/ Interventionsmethoden IX. In G. Theunissen, W. Kulig, V. Leuchte & H. Paetz (Hrsg.), Handlexikon Autismus-Spektrum (S. 209–214). Stuttgart: W. Kohlhammer.
Spek, A. (2012). Achtsamkeit für Menschen mit Autismus. Bern: Hans Huber.

Spitzer, M. (2016). Einsamkeit – erblich, ansteckend, tödlich. Nervenheilkunde, 11, 734–741.
Strunz, S., Schermuck, C., Bellerstein, S., Ahlers, C. J., Dziobek, I. & Roepke, S. (2017). Romantic Relationships and Relationship Satisfaction Among Adults with Asperger Syndrome and High-Functioning Autism. Journal of Clinical Psychology, 73 (1), 113–125.
Szczepanski, R. (2009). Patienten- und Angehörigenschulung. In H. Schlack, U. Thyen & R. von Gries, Sozialpädiatrie (S. 214–221). Heidelberg: Springer.
Tebartz van Elst, L. (Hrsg.) (2013). Das Asperger-Syndrom im Erwachsenenalter und andere hochfunktionale Autismus-Spektrum-Störungen. Berlin: Medizinisch-wissenschaftliche Verlagsgesellschaft.
Tebartz van Elst, L. (2015). Anamnese. In G. Theunissen, W. Kulig, V. Leuchte & H. Paetz (Hrsg.), Handlexikon Autismus-Spektrum (S. 28–29). Stuttgart: W. Kohlhammer.
Tebartz van Elst, L., Pick, M., Biscaldi, M., Fangmeier, T. & Riedel, A. (2013). High-functioning autism spectrum disorder as a basic disorder in adult psychiatry and psychotherapy. European Archives of Psychiatry and Clinical Neuroscience, 263, Suppl. 2, 189–196.
Terinde, R. & Schweigstill, K. (2014). Wie können Menschen mit Autismus-Spektrum-Störung mit ambulanter Unterstützung selbstbestimmt leben? In Autismus Deutschland e. V. (Hrsg.), Autismus in Forschung und Gesellschaft (S. 295–299). Karlsruhe: von Loeper.
Theunissen, G. (2004). Alkoholgefährdungen und Suchtprobleme bei Menschen mit geistiger Behinderung. In E. Wüllenweber (Hrsg.), Soziale Probleme bei Menschen mit geistiger Behinderung (S. 212–243). Stuttgart: W. Kohlhammer.
Theunissen, G. (2015). Autistische Intelligenz. Autismus, 79, 6–19.
Theunissen, G. (2016). Positive Verhaltensunterstützung bei Menschen aus dem Autismus-Spektrum. Ein evidenzbasiertes Konzept zum Umgang mit herausforderndem Verhalten. Autismus, 81, 6–21.
Theunissen, G., Kulig, W., Leuchte, V. & Paetz, H. (2015). Handlexikon Autismus-Spektrum. Stuttgart: W. Kohlhammer.
Tinsley, M. & Hendrickx, S. (2008). Asperger's Syndrome and Alcohol: Drinking to Cope? London: Jessica Kingsley.
UN-Ausschuss für wirtschaftliche, soziale und kulturelle Rechte (2016). Allgemeine Bemerkung Nr. 14: Das Recht auf ein Höchstmaß an Gesundheit (Artikel 12). In A. Frewer & H. Bielefeldt (Hrsg.), Das Menschenrecht auf Gesundheit. Normative Grundlagen und aktuelle Diskurse (S. 241–275). Bielefeld: Transcript.
Vasa, R. A., Carroll, L. M., Nozzolillo, A. A., Mahajan, R., Mazurek, M. O., Bennett, A. E., Wink, L. K. & Bernal, M. P. (2014). A systematic review of treatments for anxiety in youth with autism spectrum disorders. Journal of Autism and Developmental Disorders, 44 (12), 3215–3229.
Vogeley, K. (2012). Anders Sein: Asperger-Syndrom und hochfunktionaler Autismus im Erwachsenenalter – Ein Ratgeber. Weinheim: Beltz.
Von Uexküll, T. (2010). Psychosomatische Medizin. 8. Auflage. München: Urban & Fischer.
Weisbrot, D. (2005). The presentation of anxiety in children with pervasive developmental disorders. Journal of Child and Adolescent Psychopharmacology, 15, 477–496.
Welter-Enderlin, R. & Hildenbrand, B. (2012). Resilienz. Gedeihen trotz widriger Umstände. 4. Auflage. Heidelberg: Carl Auer.
Wepil, E. (2006). Veränderungen in meinem Leben bespreche ich in meiner Selbsthilfegruppe. In Autismus Deutschland e. V. (Hrsg.), Tagungsbericht 11. Bundestagung 16.–18. 9. 2005 (S. 228–232). Hamburg.
Werner, E. (1992). The Children of Kauai: Resiliency and recovery in adolescence and adulthood. Journal of Adolescent Health, 13.
Wilczek, B. (2015). Erwachsene mit hochfunktionalem Autismus in der psychotherapeutischen Praxis – Herausforderungen und Chancen. Psychotherapeutenjournal, 2, 120–129.
Willey, L. H. (2003). Ich bin Autistin – aber ich zeige es nicht. Freiburg: Herder.
World Health Organization (2009). Constitution of the World Health Organization as adopted by the International Health Conference, New York, 19–22 June, 1946; signed on 22 July 1946 by the representatives of 61 States (Official Records of the World Health Organization, no. 2, 100) and entered into force on 7 April 1948. In WHO, Basic Documents, 47th Edition (S. 1–18).

Yekrangi, N. & Müller-Teusler, S. (2016). Autismus und Alter(n). Autismus, 81, 28–33.
Zerbo, O., Massolo, M. L., Qian, Y. & Croen, L. A. (2015). A study of physician knowledge and experience with autism in adults in a lange integrated healthcare system. Journal of Autism and Developmental Disorders, 45 (12), 4002–4014.
Zöller, D. (2001). Autismus und Körpersprache. Berlin: Weidler.
Zöller, D. (2006). Autismus und Alter. Berlin: Weidler.